Pragmatism

プラグマティズム入門

パースからデイヴィドソンまで

著 ジョン・マーフィー
リチャード・ローティ
訳 高頭直樹

勁草書房

はしがき

トリニティ大学哲学科で行われた、カリキュラム改革プロジェクトの一貫として、故ジョン・マーフィー教授はプラグマティズムについての学部コースの開発を担当した。人文科学国家基金からの寛大なる補助金により、マーフィー教授はこの分野に関する資料を渉猟する時間を得て、本書を書き上げた。彼がこの計画を遂行する過程で、私たちは関連する問題のいくつかについて議論を行った。そして原稿ができあがったときに、そのコピーの一部が私のもとに届けられたのである。そこには、プラグマティズムについて実に明瞭で、また一貫した筋道が、極めて端的に描かれているように私には思われた。それは、パース、ジェイムズ、デューイ、クワイン、そしてデイヴィドソンの関係を極めて分かりやすい形で明らかにしてくれている。私は本書が出版されることを心待ちにし、私自身、講義で使いたいと考えていたのであった。

しかしながら、その原稿が完成してまもなく、マーフィー教授の悲劇的な早すぎる死が訪れたのである。私は、マーフィー夫人や同僚の支援を得て、ウエストビュー・プレスから原稿を出版するために編集作業を行った。その仕事のほとんどは、多少の形式上の変更を加える程度のものであり、そうした修正やタイプのミスを訂正する以外、私がマーフィー教授の書いたものに手を加えたところはほとんどない。私がこの本に加えた序文で書いたことすべてに、彼が同意してくれたかどうかは明らかでない。しかし、その大方については、受け容れてもらえるものと思っている。

メレディス・ガーモンと私は、各章ごとに、マーフィー教授が考えていた講義シラバスに含まれていて、彼の解釈に関係する主要な資料を挙げた文献一覧を加えた。この本をテキストとして使うことを望む人々の便宜を考え、その他の出版物（ほとんどはペーパーバックのアンソロジー）についてのいくつかの情報も加えた。参考資料のいくつかは、こうしたアンソロジーの中に見つけることができるはずである。また、プラグマティズムの研究者や学生が調べたいと思うであろうさまざまな一次・二次資料のリストも加えてある。

リチャード・ローティ
ヴァージニア大学

プラグマティズム入門　パースからデイヴィドソンまで　目次

凡　例

・本書は John P. Murphy, *Pragmatism: From Peirce to Davidson*, Westview Press, 1990 の全訳である。

・原書でイタリック体の箇所は、書名やラテン語などの場合を除いて傍点で示した。

・訳者による補足は〔 〕で示した。また、引用文中への原著者による補足は［ ］で示した。

・引用文に関しては、邦訳のあるものは適宜それを参照しつつ、独自に訳出した。

・原書における誤植は訂正して訳出した。

序　反表象主義としてのプラグマティズム

リチャード・ローティ

　プラグマティズムには依然として地域主義的雰囲気が漂っている。パース、ジェイムズ、それにデューイは、主に彼らの生まれ故郷、アメリカ合衆国で研究されているに過ぎない。英国の哲学者は、バートランド・ラッセルの『西洋哲学史』の中で描かれたジェイムズやデューイの思想に関するいささか侮蔑的な扱いをよく引き合いに出す。フランス、ドイツまたイタリアの哲学者が、記号論の確立者の一人としてのパースについて論じることはしばしばあるが、彼らの中でジェイムズやデューイがパースの中に見出した路線を進もうとする者はまずいない。こうした国々の哲学者は、こぞってクワインやデイヴィドソンについては研究しているが、このような現代の言語哲学者が、いわゆる言語論的展開以前に活躍したアメリカの哲学者と基本的な展望を共有しているという指摘には、肩をすくめる傾向がある。さらに、多くの分析哲学者がプラグマティズムを前‐言語論的（pre-linguistic）として肩をすくめてみせて終わらせようとするのと同じように、多くの「大陸側」の哲学者はハイデガーの「プラグマティズムという手段によるアメリカ主義のアメリカ的解釈は、いぜん形而上学の領域の外側に留まっている」という評価を信じ込んでいるのである。[1]

ハイデガーがこのなぞめいた文章を、褒め言葉として使ったとは考えられない。ハイデガーにとって形而上学的領域はギリシアの哲学者による仮象と実在の二分割によって侵害されたものであった。ハイデガーは、存在についてのギリシア的理解はわれわれの時代の技術文化で頂点に達した――すなわち、この文化ではすべてのものが搾取のための資源と見なされるのであり、アメリカ主義はまさにその系統を引くものなのだ――と考えたのである。それゆえ、彼のプラグマティズムについての表現は、おそらく、アメリカ人はあまりに未熟で、彼ら自身が生み出した科学技術の狂乱についての彼らの理解が、何らかの尊敬に値する哲学的形態を生み出すまでに至っていない、ということを意味していたのであろう。

しかしハイデガーは、プラグマティズムに敬意を払っていたのだと受け取ってもよいのかもしれない。アメリカは未だ仮象と実在という壊滅的区分に取り込まれていないだけに、幸いなことに、形而上学に汚染されていない、と彼は語ったのだと読み取ることも可能だろう。この本で取り上げられるアメリカの哲学者のほとんどは、そうした区分を回避したいという欲求を共有している。デューイは、ギリシア人が「われわれが日々生きる経験的世界は、思考だけが描きうる実在の仮象に過ぎないゆえに、その性質上著しく愚鈍、頑迷で、徹底してイデアからかけはなれて（un-ideal）いるものだ」[2]という見方を哲学の伝統に押し付けたと考えた。デューイはまた、「科学的実在論（scientific realism）」にも苛立ちを隠さなかった。すなわち、この説は経験的な科学的研究が人間の必要や関心からは独立したものの在りよう（what it is）、言い換えれば、その実在（a reality）をわれわれに明らかにしてくれるという主張であり、このような科学的実在論では「科学は、古き（すなわち、ギリシアの）認識論や形而上学が維持された場合にのみ、その真なる実在としての自然が、音、色、あるいは経験や利便性というようないかなる質も存在しない、単なる運動する質量（masses）の相互作用（interplay）に過ぎないということをわれわれに知らしめてくれると考えられる」[3]とデューイは指摘するのである。

形而上学であれ、経験科学であれ、あるいはそれ以外のものであれ、何らかの学問が、いつの日か仮像のヴェールを突き抜け、本来のものそれ自体としての事物をわれわれに垣間見させてくれるだろうなどと人々に考えさせるのは、デューイが知識に関する傍観者（spectator）理論と呼んだものぐらいだろう。その理論は、ヒラリー・パトナムが事物に対する「神の目からの眺望」と呼んだような何物かが存在していることを想定しているのである[4]。神の目からの眺望はわれわれの必要性や実践とは関係ないものである。このような眺望は、バーナード・ウィリアムズの言葉をかりるならば、「最大限にわれわれの視座やその特殊性から独立した方法で世界を表象する」[5]のである。

ウィリアムズのような反プラグマティズムの論者は、「事物がどのように（how）存在しているのかについての考察とは異なる、実践的推論、あるいは思慮（deliberation）のようなものが明らかに存在する。それは明確に同じではない[6]」と信じている。デューイは、ウィリアムズのような主張が明確なものではないことを説明しようと試み、ウィリアムズが明確であると考えた区分が曖昧であることを示そうとする試みに、その生涯を費やしたのである。デューイはパースがアレキサンダー・ベインの信念の定義を利用したことを手掛かりにして、信念は実在を表象するという考えを退けた。彼はこの考えを、信念は実在を扱うためのツール――信念を持つ有機体の行動（振る舞い）を指導する格率（maxims）――であるという考えにとって換えようとしたのである。

反表象主義――知識について「傍観者」の説明を放棄し、さらにその結果として仮象／実在の区分を放棄する――が、マーフィー教授の著書を貫くテーマとなっている。最近デイヴィドソンはこのテーマについて明快で包括的な見直しを提示した。すなわち、「信念は真か偽であるが、しかし信念は何物も表象してはいないのである。表象作用（representation）やそれにともなう、真理の対応説を退けることは良いことである。なぜなら、相対主義という考えを生み出してしまうのは、表象作用が存在するという考え、そのことだからである。表象作用は枠組み（schema）に相対的である。すなわち、ある地図がメキシコを表象しているとする――しかしそれはあくまで、メルカトル投影法に相対的に表象しているのであり、そうでないにしても他の投影法に相対的に表象していることになるのである」[7]。デイヴィドソンのこの最後の文章は、相対主義を、事物がわれわれから独立してどのように存在しているかという問題と、われわれが、われわれの必要に応じて、どのように事物を描くかという問題との間に設定されたウィリアムズのロック風の区分に代わる単なるもう一つの選択肢に過ぎないと非難する主張に対する有効な反論である。デイヴィドソンは文字表現や発声が真と見なされるかどうかは、実際、ある程度、それらがどのような言語による言明と考えられるかによるだろうと語ることで、このよくある非難に応えているのである。しかし、この種の相対主義は、平面上に何らかの形で表象された地球がメルカトル図法やその他、何らかの投影法に相対的に判断された限りでの正確さをもっていなければならないという事実と同様に、何ら危なっかしいものではない。しかし、そこに絶対性を望むと、メルカトル投影法は地球が実際に存在している在り方を最も真に表象するという主張に対応する何物かを要求することになるだろう。またそれは、例えば、物理学の言語が、事物そのものがまさに在る、その在り方についての最も真なる言語であるという主張が正当化されることを要求することにもなるだろう。

　地図の場合、こうした主張もある意味で理解することはできる。例えば、われわれはある投影法が他の投影法よりも、宇宙船からの眺めをより鮮明に思い起こさせる半球の地図を作り出すと語ることはできるのである。しかし記述的語彙の選択の場合、何がこうした地球の眺めの代わりを果たすことができるであろうか。唯一代わりの役割を果たすものといえば、パトナムが主張した、「神の目からの眺望」――トマス・ネーゲルは「どこでもないところからの眺め」と呼んでいるが――のような何物かである。ネーゲルやウィリアムズのような哲学者は、このような眺めや、このような眺めを具現化する言語の概念を、有用な概念であると考える。しかし、本書で議論される人々のほとんどはそうとは考えないのである。

　こうした人々のほとんどは、どちらかといえば、J・L・オースティンが考えたように、仮象／実在の区分を、比較的狭いコンテクストに限定した場合（本当の規模というよりは外見に表れた規模として、すなわち本当のクリームに対する、非乳製品のクリームというようなものとして）には有用と考えるが、伝統的な哲学の範囲にまで広げた場合には、有用ではないと考えるのである。彼らにとって、この語彙〔言語〕が他の言語よりも実在により近いかと問うことなど役には立たない。そもそも、それぞれ異なる語彙〔言語〕はそれぞれ異なる目的に有用なのであり、他の目的よりもより実在に近い目的などは存在しない。特に、事物の運動をどのように予測するかとか、その振る舞いをどのように説明するかなどの方法を明らかにする目的に対抗できるような、単に「どのように事物が存在しているかを明らかにする」目的など存在していないのである。ロックやウィリアムズと同じように、惑星の運動を予測する語彙の方が、その惑星に占星術上の権威を割り当てる語彙よりも物事が実在としてて存在するその在り方により密接に結びついていると言ったところで、得るものは何もない。なぜなら占星術が実在と関連していないと言ったところで、なぜ占星術が役に立たないかを説明することにはならないのであり、それは単に、表象主義者の用語を誤って使いながら、その事実を繰り返し述べているに過ぎない。

デイヴィドソンのような哲学者は、パースやパトナムが実在や真理といった語の「絶対的」意味を見出そうとした謙虚な試みに対してさえ疑念を抱いた。なぜならパースは〔アレクサンダー・〕ベインと彼のデカルト批判に同調しながら、依然として表象主義的概念に拘っていたし、パースが「探究するすべての人々が究極的には一致する運命にある意見が、われわれが真理という名で意味するところのものであり、この意見に表象された対象が実在である」[8]と語るとき、彼は表象主義の概念を用いているからである。パトナムはネルソン・グッドマンに従い、世界が存在する在り方（a way the world is）があるという考えを放棄しながら、最近の著書に『表象作用と実在』という題をつけている。彼は依然として、「理念〔想〕化された合理的受容性（idealized rational acceptability）」を真理の有用な定義として提案しているのである。[9]

私自身のように、デイヴィドソンのより徹底した表象主義的概念の否定を受け容れる者にとって、パースの「究極的には一致する運命にある」という表現やパトナムの「理念〔想〕化された」という表現は疑わしいものに思える。私たちはこのような表現が、「絶対的真理」または「絶対的実在」という概念を鮮明にすることになる何らかの方便に使われるのではないかと疑うのである。というのも、運命付けられた目的に到達することになるだろうと考えられるような、探究と呼ばれる唯一のプロジェクトが存在するなどということにわれわれは疑いを持っているからである。われわれはまた、「理念的受容性」とそれによって定義される、唯一の理念〔理想〕が存在するという考えにも疑いを持っている。われわれは「事物はどのように存在するかを見出すこと」あるいは「真理を発見すること」を人類の明確な目的（プロジェクト）とは考えないので、パースやパトナムの、絶対主義を「探究の目的〔最終結果〕」に読み替えようとする考え方は、誤った方向に進んでいるように思われるのである。

われわれには、両方の試みとも、自然科学の言語に他の語彙以上の特権を与えようとする——自然科学を人間のさまざまな目的を実現するための他の手段以上のものだと考えようとする——ロックやウィリアムズの不幸な欲求を共有しているように思われる。われわれはパトナムが論理実証主義を「われわれが科学と呼んで喜んでいるものの外側に、知識や理性が存在する可能性を考えることができなくなるほど、その成功でわれわれを催眠術にかけた(10)」考え方と見なした診断には心から賛同するのであるが、しかしわれわれはパトナム自身も依然として、時に同様の催眠術にかけられたままではないかと訝るのである。もし彼がそうでないとするなら、なぜ彼は、問題－解決を目指す科学者共同体が任意の課題について一つの解決方法へと纏まっていくように、彼が「人類の繁栄の探究」と呼ぶものが、世界についての唯一の記述へと収斂していくなどと考えるのだろうか。なぜ彼はパースのこのような収斂という考えを同じように持つのだろうか。そしてなぜ彼は、デイヴィドソンのように、相対主義と絶対主義の問題は横に置いておけば良いと主張するに留まらず、それ以上に「文化相対主義」を心配するのであろうか(11)。

私が主張する徹底した反表象主義の観点からすれば、プラグマティズムはここ一世紀ほどの経緯の中で、パトナムが描いた催眠術による恍惚状態の中から徐々に浮かび出てきたように思われる。それは、徐々にではあるが科学主義から逃れてきているのである。脱出のいくつかの兆しの中にはクワインの「冒険主義的な哲学的ピューリタニズム」としての頑迷なまでの物理主義的存在論に対するデイヴィドソンの批判や、クワインの「表面〔感覚面〕への刺激が……外的世界へのわれわれの唯一の糸口である(12)」というような、伝統的経験論の中の何物かを救おうとする試みに対する、デイヴィドソンが繰り返し加えている批判も含まれる。プラグマティズムは、かつてプラグマティズムを経験主義や功利主義と結び付けていた歴史的関連を徐々に打破してきているが、この関連が今でも依然として、ハーバーマスが技術的理性と呼んだもののもう一つの代表であるかのような印象を（特に、ハイデガー、アドルノ、ハーバーマス、さらにフーコーのような哲学者に）与えているのである。

このような点から見れば、プラグマティズムの最も優れた、最も純粋な代表者——還元主義的発想に最も感染していない代表者——はデューイとデイヴィドソンである。彼らは、伝統的二元論（プラトン、デカルト、カントの）を批判するとき、批判の出発点となるアルキメデスの点——すなわち、仮象／実在の二分法の実在側に位置する点——を見つけ出そうとする誘惑からほとんど完全に自由なのである。彼らはまた彼ら自身の哲学的視点が、物それ自体を表象しているのだと示唆したいという誘惑からも、ほとんど完全に自由なのである。

かつて、表象主義を克服しようと試みた哲学者は、多くがこの誘惑に屈したのである。例えば、ニーチェ、ベルグソン、ホワイトヘッド、さらにハイデガーは悪名高い例である。それに対し、デューイとデイヴィドソンは伝統的二元論を次々と取り上げ、それが導いた諸々の難点を指摘し、われわれが、そのような二元論を必要としないでやっていけることを示唆することで満足しているのである。これは、哲学としては、それほど劇的効果を生み出す方法ではない。彼らの仕事が、耳目を奪う劇的効果を欠いていることが、デューイには、単に冗長で単調なうんざりするような人物であるという根深い評判がたち、デイヴィドソンには、自ら忍耐強く否定しなければならなくなった接頭語（「実在論者」、「反実在論者」）を貼り付けようとする執拗な試みが繰り返された事情を説明してくれるであろう。

マーフィーと私がプラグマティズムについて説明するように、デイヴィドソンがデューイに付け加えたものは、反表象主義的言語哲学であり、これはデューイの知識に関する反表象主義を補完し、ある意味では、それに取って代わるものなのである。私は他のところで、哲学における「言語論的転回」は表象主義にとってのある種の最後の逃避所であり、後期ウィトゲンシュタインやデイヴィドソンを言語の写像論からの離反へと導いた論〔弁〕証はデューイを知識の傍観者理論からの離反を導いた論〔弁〕証と同じものだと論じた[13]。もしも、もはやさらなる逃避所を見出すことができないのであれば、デイヴィドソンは、最近の哲学的思考には「潮目の変化」が生じつつある――「変化はあまりに深く浸透しているのでわれわれはそれが起きていることを認識しないかもしれない」(14)――と書いたが、彼は正しかったということになるだろう。もしもデイヴィドソンが語った変化が起きたことがいずれ認識されたなら、マーフィー教授が本書で論じた哲学者たちは、それをもたらしたことについて、多大の評価を受けることになるであろう。そのような認識がなされれば、パース、ジェイムズ、そしてデューイは地域的人物として扱われることもなくなることであろう。彼らは私が考える、彼らにふさわしい地位を、西欧の知的進歩の歴史の中に与えられることになるだろう。

第一章　チャールズ・パース——デカルト主義の拒絶

チャールズ・サンダース・パースはプラグマティズムの創始者である。彼は一八三九年マサチューセッツ州ケンブリッジに生まれている。父、ベンジャミン・パースはハーバードの著名な数学と天文学の教授であった。科学的環境に生まれ育ったチャールズ・パースは幼いとき、すでに数学と実験諸科学の分野で将来を嘱望されるほどの才能を発揮していた。彼自身の説明に従えば、彼は六歳のときからその後相当の年齢に達するまでの間、実験室で生活したと言ってもよいほどなのである。そのように、彼は「実験主義者」として育てられ、彼の全生涯のほとんどをさまざまな実験者とのかかわりの中で過ごしたので、自分と同じ実験室での生活で形作られた精神の持ち主を理解することは容易であったし、また彼らには理解されるだろうという強い自信を常に持っていた。これは、彼が一八五五年、学生としてハーバード大学に入学するかなり以前の話であるが、彼のハーバードでの態度もこれと似たものであったであろうことは想像に難くない。

しかし一八五〇年代のハーバード大学は、哲学の研究にこのような実験的態度を持ち込むことができるような場所ではなかった。チョーンシー・ライト、ニコラス・セイント・ジョン・グリーン、さらにオリバー・ウェンデル・ホームズもパースと同様、同じ時代の一〇年間を「教養・道徳哲学」学科で学んだのであるが、ハーバード監視機構のある委員会は、一八六〇年一月、「この学科には、深刻な欠陥」がある、すなわち「それは、打ち捨てられたような困窮の中に」あると報告している(1)。その報告によると、形而上学、論理学、倫理学、また自然神学、啓示神学の講義は「削減され、大学教育の中で、それに相応しい地位から一歩一歩、追放されて」いたのである(2)。一八五〇年代のハーバードでの哲学の研究は「短縮され、性急で」、「理解よりも記憶の練習」であった(3)。このような状況が、父の指導の下ですでにカントの『純粋理性批判』を三回以上読み終え、科学の力に驚嘆を覚えていた一六歳の少年にとっていかに退屈なものであったか、想像してみよう。パースは一八五九年ハーバードで学士号を取得する。しかし彼の卒業成績は九一人中七一番に過ぎなかったのである。

カントを読みながらパースは時々、「実験室での思索過程を思い起こさせる、思考の緊張感に襲われた」(4)。それゆえにこそ彼はカントへ「傾倒」していく自分を感じたのであろう(5)。この結果として、すなわち、彼の勤勉さと彼の才能の結果として、一〇代のパースはカントの思考方法の多くに深く感化され、そこから自らを解放することができなくなったのである。「私が哲学の赤子であったとき、私の哺乳瓶はカントの乳房から搾り出されたもので満たされていた」と、彼は一八六〇年に書いている(6)。ハーバード時代を振り返りながらのことと思われるが、パースは自分のカント研究に向かう態度が、常に「研究室での研究者の態度であり、ただただ自分の知らないことを学ぶことに貪欲で、神学校で育てられた哲学者の態度とは違うものだった。彼らを支配する衝動は真理と考えられたものを教えることにあるのだから」と続けている[7]。

学士号を取得して一年後に、パースはダーウィンの『種の起源』を読むことになる。それは彼が合衆国沿岸測量調査機構のためにルイジアナの野生動物の調査をしていたときであった。彼は翌年この機構に常勤スタッフとして加わることになった。彼は一八六二年、翌年には化学の学士号を最優秀で取得することになるローレンス科学学校に在籍しながら、ハーバード大学で修士号を取得する。一八六四年から一八六五年には、パースはハーバードで科学哲学の講義を行っている。一八六六年に彼は、彼にとって生涯にわたる最大の関心事となる、数理論理学の先駆的研究に着手した。また一八六〇年代、パースはダーウィンの進化論を研究していた二人の研究者の思想に大きな刺激を受けた。すなわち、ケンブリッジで哲学者の中でも賢人としてあがめられる位置を得ていたチョーンシー・ライトとパースのハーバードでの同級生であったフランク・アボットである。アボットはライト同様、デカルトを、近代哲学を誤った道へ、すなわち懐疑主義へ導いた張本人と見なしていた。パースも一八六八年『思弁哲学』(*Journal of Speculative Philosophy*) に発表した二編の論文によって、反デカルト主義を唱える論陣に加わったのである。

デカルト主義という用語は多義的である。デカルトは人間の知識の再構成を野心的に試みた。彼の同時代人とその後継者たちはこの試みをさまざまな方向に発展させた。『哲学百科事典』(*The Encyclopedia of Philosophy*) が述べているように、発展の一つの系譜は、知識は観念を介して到達されるという、しばしばデカルトの特徴的な見解と考えられている主張を提示する際に、デカルトが用いた観念という用語の目新しい用法から遡ることができる。『第三省察』で導入されたように、「いわば事物のイメージ」としてのこの用語は、彼の著作の中ではさまざまに記述されており、その結果、その起源、本質について多くの疑問が生じた……ロックや彼の追従者たちは生得観念の問題には賛同しなかったが、デカルトの一般的な主張は受け容れたので、デカルト主義（Cartesianism）は、この語を［このように］適用することで、著しく広範な領域を覆うものと考えられてきた(8)。

「デカルト主義」によってわれわれが意味するものは、この用語が応用された広範にわたる。その応用範囲は、パースも言っているように、「ほとんどの近代の哲学者は、結局のところデカルト主義者である」ということになるほどの範囲に及ぶのである(9)。それこそがデカルトを近代哲学の父と呼ぶ理由でもあった。

彼は、クワインが後に「観念という観念（the idea idea）(10)」と呼ぶことになるものを理解した最初の哲学者であった。デカルトが大胆に使った「観念」は心的イメージ、あるいは心的像（mental pictures）である。すなわち、精神という内的空間に現われる像はすべてこれなのである。すべての思惟は対象として観念を持つ。これは、哲学の歴史において、まったく新しい見方であり、ロックは早々にこれ――人間が思考する際、悟性の対象となるあらゆるものを指し示すデカルトの「観念」の用法――を受け容れ、これを近代哲学の中核的用語としたのである。しかし、リチャード・ローティ

が指摘するように、

「観念」という用語の近代的用法は、ロックを経てはいるが、デカルトから派生したのである。アンソニー・ケニーが言うように、「デカルトは明らかにこの語に新しい意味を与えようとしていた。……この語を人間の精神〔こころ〕の内容のために体系的に使うことは、新しい出発であった」。もっと重要なことは、ギリシアや、中世の伝統では哲学的分野においてさえ、デカルト‐ロック的な「観念」の用法と合致する意味を持つ用語がまったく存在しなかったことである。また、痛みや、明晰にして判明なる観念が、ただ一つの内なる目の検閲を受ける内的空間としての人間の精神という概念もまったく存在していなかった。確かに、表に出ない思考、すなわち内なる場（*foro interno*）における決断というような概念は存在していた。デカルトの新しさは、肉体的・知覚的感覚（デカルトの言葉では「感覚（sense）と想像が混在した観念」）、数学的真理、道徳的規則、神の観念、また抑圧された気分、そしてその他、われわれが今日「心的（mental）」と呼ぶものすべてを擬似‐観察の対象とする、ひとつの内的空間という概念にあったのである。このような内的観察者を伴った内的場は、さまざまな点で、古代や中世の思想の中でも指摘されてきた。しかし、それは一つの問題の根幹をなすほど、十分長期間にわたり、真剣に取り上げられることは決してなかった。しかし、一七世紀はこれを真剣に取り上げ、観念というヴェールの問題を提起し、認識論を哲学の中心に位置付けたのである。(11)

観念の観念を持つことは、われわれが内省する能力を持っていると信じることである——すなわち、心〔精神〕の内容を決定するために、われわれが心の目の焦点を心的空間の中の諸観念に合わせる能力を持っていると信じることである。そして、デカルトはこの観念を発展させたわけであるが、それは、われわれが他の観念によって「決定される」観念（パースはそれらを「媒介的認識」と呼んでいる）と、そうではない観念（パースの「直感的認識」）とを区分する直感的機能（faculty）を持っていると想定することなのである。決定は次のように導かれると考えるのが、最も適切であろう。すなわち、もしも、Aを意味する文が、観念B_1. . . . B_nをそれぞれに意味する一群の文の論理的帰結であるとき、またそのときに限って、観念AはB_1. . . . B_nという観念によって決定されるのである。

一八六八年の論文「人間にそなわっていると主張される、いくつかの能力に関する疑問」において、パースは（他の問題とともに）われわれはいかなる形でもそのような能力を持ってはいないと主張した。われわれは内省の能力など持ってはいない。すなわち、われわれの内的世界に関するすべての知識は、外界の事実の観察から導かれるのである。さらにわれわれは直観の能力も持ってはいない。特にわれわれは、われわれ自身の存在を知るための直観的能力など持ってはいない。デカルトとは反対に、そうした知識もまた他の観念によって決定されたものなのである。さらにもっと一般的に言えば、われわれはある観念が他の観念によっては決定されないということを知る直観的能力など何ひとつ持ってはいないのである。これが、パースの主張である。

パースは、同じ年に、続いて出版された「四つの能力の欠如からのいくつかの帰結」の中で、「われわれは実際の知覚においてさえ像《イメージ》を持つことなどない」と主張している。その第一セクションで、パースは「デカルト主義の精神」を次のように述べている。

デカルトは近代哲学の父であり、デカルト主義の精神は——何よりも、それが取って代わったスコラ主義から区分される点であるが——以下のように簡潔にまとめられるであろう。

1. スコラ主義は決して根本原理に疑いをさしはさむことがなかったのに対し、デカルト主義は哲学が普遍的懐疑から始まらなければならないと主張する。

2. スコラ主義が聖人やカトリック教会の教え（testimony）に依拠しているのに対し、デカルト主義は確実性の究極的検証（test）は個人の意識の中に見出されるべきだと主張する。

3. 中世の多様複雑な論証は、どうということのない前提に基づく、一本の推論の糸に取って代えられる。

4. スコラ主義は信仰特有の神秘性を持っていたが、すべての被造物を説明しようと企てた。しかし、デカルト主義には、もしも、「神がそのように創ったのだ」ということが説明ではないとするなら、説明できないのみか、まったく解明されることなく放置せざるをえない、多くの事実が存在する。

このような点のいくつか、あるいはすべてにおいて、ほとんどの近代の哲学者は、結局のところ、デカルト主義者だったということになる。しかし近代科学と近代論理は、再びスコラ主義に立ち戻ろうと望むようなことはせず、こうしたデカルト主義とはまったく異なった基盤に立つことを私たちに求めているように思われる。[12]

この論文が出版されたとき、チャールズ・サンダース・パースは二九歳だった。おそらく世界中で「近代科学と近代論理がわれわれに求めている」哲学の立つべき基盤について語るに彼ほど相応しい人物は他にいなかったであろう。例えば、推論の第三の基本的形態としてのアブダクションの発見（帰納法、演繹法と並んで）や『アメリカ文化・科学アカデミー学会誌』に掲載されることになる論文「数学の論理について」は、このようなデカルト主義の精神についての批判が展開されたとき、すでにでき上がっていたのである。

パースは、実験主義の精神とでも呼ばれるものによって、デカルト主義の精神に反対する。この精神は以下の三つを特徴としている。

1．それは、哲学が普遍的懐疑から始まらなければならないということを否定する。

われわれは全面的な懐疑から始めることなどできない。われわれは、哲学の研究に足を踏み入れるとき、現実に持っているさまざまな先入観から開始しなければならないのである。このような先入観を一つの格率で消し去ることなどできない。というのもそれらの先入観が疑われうるものであるという考えに思い至る者など誰一人いないからである。それゆえにこのような最初の段階から疑ってかかる懐疑主義は単なる自己欺瞞に過ぎないであろうし、本当の（real）懐疑ではない。だから、デカルトの方法に従う人であっても、形どおりに放棄したそうした信念が形の上でちゃんと回復されて初めて満足することだろう。それゆえに、それは、ちょうど子午線上を正確に辿ってコンスタンティノープルに到達するために北極まで行くようなもので、無用な準備に他ならないのである。確かにわれわれは、研究の過程において信じることから始めることに疑いを持って然るべき十分な理由を見出すこともあるだろう。しかしそのような場合、われわれは疑うに相応しい積極的な理由を持つからこそ、疑うのであって、デカルトの格率によって疑うのではない。われわれは、哲学において、心から疑ってもいないものを疑う振りをしてはならないのである。(13)

単純に「私はコロラドに山があるかどうか疑わしく思う」と言うことと、実際にコロラドに山があることを疑うということの間には相違がある。われわれが本当に疑いを持つとき、われわれは疑うだけの理由を持っているのである。それゆえに、われわれは、それが疑うに値する適切な理由であるかどうかに関して、調査する立場にあるということである。もしも適切な理由がないなら、その疑いは軽減されるであろう。またもし適切な理由があるなら、その疑いは強まり、さらなる調査が実際の不信へと導くことになるだろう。しかし、もしも、何らこの明確な疑いを受け容れる明確な理由を与えることなく、単に「私はコロラドに山があるかどうか疑わしく思う」と言うことでわれわれが調査を開始したならば、どのように調査を進めればいいか分からないまま、途方にくれることになるのが関の山である。私がこのような場合に言えることは、コロラドに山があるかどうか疑わしく思うあなたの理由は、たとえ、その事実を疑う何らかの理由があるにしても、適切な理由ではない、ということである。

2. 実験主義の精神は、「確実性の究極的検証（test）は個人の意識の中に見出されるべきだ」という考えを否定する。

同様の形式主義はデカルトの判断基準の中にも現れる。それは次のようなものである。すなわち「何事であれ、私が明確に確信することは、真である」というものである。もしも、本当に確信しているのであれば、推論（reasoning）によってそうなったであろうし、それ以外に、確実性の検証など求めるべきではないのである。しかし検証を求めて、それぞれ個々人を真理の絶対的裁判官にするなどということは最悪である。そうなった場合の結果は、形而上学者が、形而上学こそが物理科学の確実性をはるかに超えた高度な確実性に到達しているとこぞって声を合わせる——他のことに関しては何事につけ一致することなどできないくせに——ことになるであろう。人々が一致することのできる諸科学においては、一つの理論が提唱されると、意見の一致に至るまでは、その理論は試験期間にあると考えられる。一致した後は、確実性の問題は余計なものになる。なぜならそれを疑うものなど、誰一人いなくなるからである。われわれは個々人では、われわれが追究する究極的な哲学に到達することを合理的には望むことはできない。それゆえ、もしも専門的に訓練された率直な精神が一つの理論を注意深く吟味し受け容れることを拒否するなら、それは、理論の提唱者自身の精神の中にも疑いが生み出されるべきだということなのである。[14]

パースは、哲学を人々が一致することができる科学の一つに転換させようと試みた。それが成し遂げられたならば、われわれは知識、真理、さらに実在について語ることができるのである。しかし、こうした概念は探究のコミュニティに根拠を置くべきものであり、個人の意識に根拠を置くべきものではないであろう。ここにわれわれは、パースのいわゆる真理の極限概念説（limit theory of truth）の根拠を——ある程度までは実在の本質をも支配する（dictate）科学的方法の前提でもある、共同体主義的観念論（communitarian idealism）に——見出すのである。

3．実験主義の精神は、デカルトの言うような、哲学的理論が一本の推論の糸であるべきだという主張を否定する。

注意深い調査に委ねることができる明確な前提からのみ進み、何らかの議論の究極性というより、むしろ議論の多様性・多種性を信頼すべきであるとする、その方法論に関する限り、哲学は、成功を収めている諸科学に範を求めるべきである。その推論は、かろうじてつながっている鎖のようなものであるべきではなく、十分な量の繊維が、緊密に撚り合わされた、極めて細いものかもしれないが、強靭なケーブルのようなものでなければならないのである。[15]

ここにはデカルトの経験の概念——観念のヴェール、すなわち〔ヴェーダーンタ哲学の〕マーヤーのヴェール——を暗に拒絶する姿勢が示されている。実験主義者によって考えられた経験は、確かに明確な何物かである。それは、深さを持った自然の、まさに奥底にまで到達する。ジョン・デューイが書いているように、「もしも科学的探究が正当化されるなら、経験は決して自然の最も薄い堆積層でも表層でもない。……それは、自然の深みにまで到達し、さらに、その理解を拡大しながら自然の中を突き進むのである。それはあらゆる方向に穴を掘り進め、そうしながら最初は隠されていた物事を表面に持ち出すのである――ちょうど坑夫たちが地底から持ち出した地球の宝を表面に堆く積み上げるのと同じである」(16)。これはパースの指摘する点でもある。そして、彼の心の中には、科学的探究が正当化されるものであることに何の疑いもなかったのである。方法論に関して言えば、哲学は成功している諸科学を批判するよりは、そこに範を求めるべきなのである。

第二章　ウィリアム・ジェイムズ――心の目的論的理論

ウィリアム・ジェイムズはチャールズ・パースより三歳年下であった。彼は資産家の宗教的作家（スウェーデンボルグの信奉者の一人）で、オリバー・ウェンデル・ホームズやラルフ・ウォルド・エマーソンの文学仲間でもあったヘンリー・ジェイムズの長男として生まれた。ジェイムズには四人の弟があり、その一番上が小説家、ヘンリー・ジェイムズ・ジュニアである。ウィリアムは幼少のころから科学に、また後には絵画に興味を持つようになった。彼の本格的な教育は非常に多くのさまざまな私的機関で不規則的に行われた。一八五五年から一八六〇年の間、ウィリアム（とヘンリー）はイングランド、フランス、スイス、さらにドイツの学校で学んでいる。そこでのウィリアムの関心は自然科学と絵画の二つであった。

一八六〇年、彼が芸術家になる決心をしたとき、父親は彼をパリから呼び戻し、彼のためにバルビゾン派で影響力のあったロードアイランド州ニューポートのウィリアム・モリス・ハントのもとで絵画を学べるように手配してやっている。一八六一年の秋、ジェイムズは絵を描くことを諦め、ハーバード大学ローレンス科学学校に入学した。そこで彼は化学を、それから比較解剖学と生理学を学んだ。二年後彼はハーバード医学校に入学した。そこでの彼の研究は、「実り多いものではあったが、もう一つ身の入らない、散漫なものだった」[1]。彼は一八六九年になってようやく医師免許（ＭＤ）を取得している。彼がチャールズ・パースに初めて会ったのは、ローレンス科学学校でのことだった。ジェイムズはパースを「かなり独立心が強く激しいが、非常に多様な面を持った『スマート』な人物」[2]ではないかと推測している。一八六〇年代初頭から　ジェイムズはパースの他にも、ケンブリッジの知識人グループのさまざまな人々と交流を持っている――チョーンシー・ライト、オリバー・ウェンデル・ホームズ・ジュニア、ジョン・フィスク（彼はまもなくハーバート・スペンサーの進化思想の代表的擁護者として名声を博すことになる）、ジョン・チップマン・グレイ（弁護士でホームズの友人）、ニコラス・セイント・ジョン・グリーン（ホームズのハーバード法学部での同僚）、そしてパースの友人であり信奉者でもあった、フランク・アボット、ジョゼフ・Ｂ・ワーナーなどである。

ローレンス科学学校でのジェイムズの恩師の一人は、アメリカでの代表的動物学者であり、ダーウィンの自然淘汰による進化理論に対するこの国における中心的批判者でもあった、ルイス・アガシである。一八六五年三月、ジェイムズは、アガシの指導によるブラジル探検に参加するため医学校を一時退学する。アガシと行をともにしたアマゾンでの九ヶ月は、ダーウィンをめぐる論争をジェイムズにとって身近な問題にした。ここでの時間はまた彼に治療的効果をもたらしたように思われる。ジェイムズは、彼の化学の教師であったチャールズ・エリオットが「神経の繊細さ」[3]と名付けたものに常に悩まされていた。そして、そのころの何年かの間、彼は極めて神経症的状態にあったのである。

しかしながら、彼は極めて健全な身体の状態を取り戻しブラジルから帰国し、医学の勉学に復帰したのである——そう長くは続かなかったが。彼はまもなく激しい腰の痛みに苦しむようになる。そして一八六七年の春、ボヘミアのナウハイムで鉱泉入浴療法を試みながら、ドイツの研究所で心理学を研究するためにドイツに行くことを決意するのであった。入浴はジェイムズの腰痛に何の効果ももたらさなかったし、研究所の仕事も彼には耐えられそうなものではなかった。しかし彼は何とかベルリン大学でいくつかの講義を聴き、ハイデルブルグのブントの心理学研究室で行われた実験に関するドイツ語の文献や心理学と生理学に関する最新のドイツの出版物を読む努力を続けた。ジェイムズは初めて心理学者になることを考え始めたのである。

しかし、哲学もまた彼の考えていたものと、それほどかけ離れたものではなかった。彼は一八六八年一月、ベルリンからケンブリッジの友人オリバー・ウェンデル・ホームズ・ジュニアにあてて次のように書いている。「私が戻ったら、哲学会を作ろう。定期的に会合を開いて最も高貴にして広範なる問題だけを議論しよう……それは一人ひとりに自分自身の意見を文法に沿った形式でぶち上げる機会を与えるだろうし、また他のメンバーの連中の忌憚のない意見は、なんと、忌々しいばか者なんだと、家に帰って相手を侮蔑したり、嘲笑したりする機会を与えてくれるであろう——そしてそれが、何年か十分な時間が経った後には極めて重要な何物かに成長することだろう」(4)。

これが、一八七〇年代初頭のケンブリッジで花開いた、形而上学クラブと呼ばれるようになる会合の起源である。ジェイムズがホームズに書いたように、それは「ボストンの人間の中でもまさに一番上を飾るクリームだけで構成された」(5)グループであった。クラブの中核は、ジェイムズやホームズに加え、チャールズ・パース、チョーンシー・ライト、ニコラス・セイント・ジョン・グリーン、それにジョゼフ・B・ワーナーであった。その他六人が、少し距離を置く形で参加していた。すなわち、フランク・アボット、ジョン・フィスク、ジョン・チップマン・グレイ、ウィリアム・モンターギュ、ヘンリー・パトナム、それにフランシス・グリーンウッド・ピーボディである。ブルース・カクリックは彼の『アメリカ哲学の興隆』の中でこのグループについて次のように書いている。

これらの人々は、みなハーバードで教育を受けた人々で、ウィリアム・ジェイムズを例外として、それぞれがハーバードで学士号（BA）を取得している。彼らは若かった――平均年齢は三三歳であった――が、しかし、三つの明確な年齢グループに分かれていた。グリーンとライトは一八五一年と一八五二年にそれぞれ学位を取っている。他の五人――アボット、フィスク、グレイ、ホームズ、それにパース（ジェイムズもこの仲間である）――は一八五九年から一八六三年の間に学位を取っている。残りの四人はみな一八六九年の同級生である。彼らは実践的（practical）な人々であった。六人の中心人物の中で三人は弁護士、三人は科学者である。大きくグループを見ても、六人が弁護士、三人が科学者、二人が神学者であり、そして一人は図書館司書（といっても、名目上に過ぎないが――フィスクの主な生活の糧は、家族の援助と、著作と講演であった）である。(6)

クラブが最も活発な時期、ヘンリー・ジェイムズは友人宛に、ウィリアムと「その他の何人かの血気盛んな若者たちが形而上学クラブなるものを作ることでまとまった。彼らはそこで、恐ろしいまでの激論を延々と戦わせている。それについて知っただけでも、私には頭痛の種になっている(7)」と書いている。

ジェイムズが一八六八年の秋にヨーロッパから戻ったとき、彼の健康状態は出発したとき以上に悪くなっていた。おそらくそれが、形而上学クラブが彼の帰国後二、三年の間うまくいかなかった原因であっただろう。実際、ジェイムズはその後の四年間をほとんど病人として過ごしている。彼は、一八六八～一八六九年度に医学校の卒業論文や、その他医師免許に必要なすべての課程を修了したのだが、彼のさまざまな神経症の症状には何の改善も見られなかった。そのときまでに、彼はほぼ八年間ハーバート・スペンサーの進化論の哲学を学んできていた。一八六八年、彼はこうした科学的世界観の中で「人生に対する精神の在りよう」を正当に位置付ける問題（彼はそう考えていた）と格闘していたのである（例えば、チョーンシー・ライトに対して、それを正当に位置付けてみせようと闘っていたのである）。

「一八六九年～一八七〇年の冬の間、ジェイムズは抑圧、絶望、無力さの感覚に襲われながら働いた。毎日毎日、彼は、『恐ろしく憂鬱』な感情で目覚めた(8)」。彼が「深刻な情緒的な危機(9)」に直面していたことは明らかである。彼は「絶望的で何の益にもならないけだるさに落ち込んでいた(10)」ものと思われる。ジェイムズ自身、彼のさまざまな病状が、われわれが言うところの心身症（psychosomatic）ではないかと疑い始めていた。そして、彼は元気になろうと決意したのである。彼は、回復の多くが彼自身の意志の強さに懸かっているのではないかと考えた。しかしそこには哲学的な葛藤があった。スペンサーやフィスクが彼に確信させたように、もし世界が決定論的に決められているのなら、どのようにして自分の意志を行使する決断を彼自身が下すことができるのだろうか。

幸いにも、ヨーロッパから帰った後、ジェイムズはフランスの新カント派やシャルル・ルヌヴィエの哲学的著作を読んでいた。一八七〇年四月三〇日のジェイムズの日記には次のように書かれている。

私は、昨日が私の人生の危機であったと思う。私はルヌヴィエの第二論集の第一部を読み終えたが、彼の自由意志の定義――「他の考えを持つことも可能であろうが、自らが選んだがゆえに、一つの考えを持続すること」――が、幻想の定義に過ぎないと見なさざるをえない理由はまったくないことを知った。ともかく私は、当面――来年までは――それが幻想ではないと考えよう。私の自由意志の最初の仕事は自由意志を信ずることであろう。[11]

精神を、物理科学で受け容れられる原理に基づいて機能している完全な機械的体系として構想したハーバート・スペンサーの体系では、自由意志の入り込む余地はない。そうであるから、ジェイムズによれば、スペンサーは誤っているに違いないのである。自由意志とは、少なくともこの語の興味深い一つの意味では、明確な可能性を意味する。ジェイムズは、その可能性を現実のものとするために、精神の「根本的にして、精巧に作り上げられた」モデルの中に、自由意志の場所を見出さねばならなかったのだろう。[12]ジェイムズは一八七八年から一八九〇年の間を二巻の『心理学の諸原理』の執筆に費やしている。そこでは、ルヌヴィエが、「他の考えを持つことも可能であろうが、自らが選んだがゆえに、一つの考えを持続すること」と呼んだ自由意志が、いわゆる心の反省理論へと統合されている（実のところ、支配している）のである。この理論は、神経組織の構造化された一つの単位を、知覚（経験によって与えられたことを伝達する）、思考（意識を作り出す）、そして意志（精神そのものを示す）の三項からなる組織と説明する。

感覚的印象はただ、反省の中心をなす過程を覚醒させるためだけに存在する。そしてこの反省の中心をなす過程は、ただ最終的行動を呼び起こすためだけに存在する。すなわち、すべての行動は外的世界に向けられた反動（reaction）である。熟慮、黙想や思索の中間的段階は、単に受け渡し（transit）の場、連鎖（loop）の源であり、この双方の最終目的は外界での応用にあるのである。もしもそれが外界に何の根も持っていないものであれば、あるいは、もしもそれが、何らの具体的手段とも結びつくことができないのであれば、その基本的機能を生かすことができないであろうし、病的なもの、あるいは中途半端なものと考えられなければならないだろう。われわれの耳目から流れ込んでくる生の流れは、われわれの手や足や唇から流れ出て行くのである。生の流れが内部で生じたとき、思惟の正しき役割は、現実に直面する状況で、このような体の諸器官が、全体として、われわれの幸福（welfare）に最も都合よく機能すべき方向を決定することなのである。われわれの本性の中の意志する部署は、簡単に言えば、思索する部署と感じる部門を支配している。あるいは、もっと簡単な言葉で言えば、知覚と思惟は、まさに行動のために存在しているに過ぎないのである。(13)

これが、ジェイムズの一八八〇年代最大の問題への解答であった。しかしわれわれは一八七〇年の春に戻らなければならない。そのときジェイムズが自らを鬱状態から解放するためにできることといえば、彼自身の意志を強化すること以外にはなかったのである。彼は一八七〇年の春以降、すべての「思弁的思索」を禁止し、彼が新たに見出した行動の自由への確信を深めることができる著書だけを読む決断をするのである。[14]

この戦術は大いに成功したように思われる。ジェイムズの化学の恩師であったチャールズ・エリオットは、一八六九年ハーバードの学長となっていた。一八七二年、彼はジェイムズが十分に回復していると感じ、解剖学と生理学の講師に任命した。これはジェイムズにとって「完全に神から賜った」ものであった。「一人の人間の精神にとって、何か行うべき責任ある仕事を持つことは、すばらしいことである」。[16] 一八七五年、ジェイムズは心理学を教え始める。そして、翌年には彼は心理学の助教授に任命される。一八七八年「スペンサーの交信としての心の定義に関する覚書（"Remarks on Spencer's Definition of Mind as Correspondence"）」が出版されたのを期にジェイムズは結婚する。彼の妻は彼を自由にしておくことに献身的に努め、彼を支えた自己犠牲的な女性として描かれてきた。[17]「私は結婚生活の中に、それ以前に決して知ることのできなかった、穏やかさと安らぎを見出した」とジェイムズは書き残している。同じ年、彼は、その後の一二年間を費やすことになる、『心理学の諸原理』の執筆に取り掛かっている。そして一八八〇年、彼はハーバードで哲学の助教授に任命されたのである。

ジェイムズや、形而上学クラブの他のメンバーと同年齢だったジョン・フィスクは、一八七八年にはすでに思想家として高い評価を得ていた。四年前、彼は『宇宙的哲学の概要（*Outlines of Cosmic Philosophy*）』を出版し、それによって、広範な文化問題に発言できる能力を持っているという評価を確立していたのである。フィスクはダーウィンの進化論を一般に広めることに尽力する、ハーバート・スペンサーの進化論哲学の信奉者でもあった。ヘンリー・スティール・コマジャーによると、「ダーウィンの発見を聖職者にさえ尊重させ、ウィリアム・グレアム・サムナーと個人的な関係はなかったにしろ、彼との連携により、スペンサーの学説によってアメリカを征服したのは、まさにフィスクその人だった(18)」のである。

『種の起源』の公刊九年前に、スペンサーはダーウィンの学説に類似した（しかしラマルクの強い影響のある）進化説を唱導する著書を刊行している。ダーウィンの著作が公刊されたとき、スペンサーはそれに非常に興奮して、進化の概念をすべての科学に応用した著作シリーズを書くことを決めるほどだった。このようにして、彼はすべてを内包しうる哲学理論、すなわち、彼が言うところの、すべての科学データを統一し、科学的方法論を利用する、統合哲学を作り出すことを目指したのである。一八六〇年から一八九三年にかけて、スペンサーは形而上学、生物学、心理学、社会学、さらに倫理学を扱う各巻を書き、この計画に邁進する。ところどころに散見される詳細な点での科学的不正確さはあるものの、スペンサーの仕事は世界的な評価を得たのである(19)。

一九世紀後半のアメリカ思想へのスペンサーの影響は特に強かった。彼は「個人としては、とりわけ大きな不整合がない限り各人が行うことは何であろうと進化論と調和するものと考える一方、集団としては、政府や社会が行うことは何であれ自然法に反するものと考える、アメリカ人の伝統的個人主義と、進取の気質の双方に訴えることによって、自由奔放な哲学を作り上げたのである[20]」。少なくとも、アメリカ国内においては、スペンサーは人間社会を進化論の懐の中に組み入れることによって、ダーウィンの偉大な仕事を完成させようとする彼自身の夢を実現することだろうと考えられていた。スペンサーとフィスクが解決しようとした問題は、大変な問題であった。南北戦争に続く何年かの間、アメリカの最も思慮深い人々は、「何世紀にもわたって救済に向かって延びる正しき道に沿って歩む人々を導いてきた道徳や宗教の背景にある制裁の問題[21]」に深く悩まされていた。フィスクが解釈したように、ダーウィンとスペンサーの進化論哲学はそうした問題を解決してくれるように思われたのである。

はじめは、それは伝統的な信念の最も根本的なものを脅かすように思われたが、その意味のより成熟した評価——例えば、フィスクの評価のような——は、進化論が聖書や理性に取って代わることが、究極的立法者の主権を損なうことでも、法の威厳を損なうことでもないと見なしたのである。進化論の学説は法に支配された宇宙と人類の進歩的運命を、誤り易い理性とか単なる直観に基づくのではなく、非難のしようのない科学的発見に基づいて保証した。進化論は啓蒙主義や超越論を全面否定するというより、古めかしく思えるものにしたのである。というのも、その方法は根本から異なってはいるが、結論はほとんど同じだと言えるからである。進歩はもはや論理の結論ではなく、自然の必然性となった。科学的決定論は、まさしく神聖とさえ呼んでも構わない目的のために、自然に人類を形作る慈悲深きものと考えられたとき、恐怖ではなくなったのである。進化論は、啓蒙主義が天国のような都市を、また超越論がユートピアを作り上げたところに、かつて創造された何物よりも壮麗な未来の目くるめく姿を描き出したのであり、またその約束は確信に満ちていた。道徳自体が、初めて科学的根拠によって飾り立てられた。理性と直観は、論理的、あるいは観念的には善である宇宙の中にある悪の問題とむなしく格闘を続けていた。しかし、進化論はこの問題を、意味のないものにした。悪は、今や単に自然への誤った適応に過ぎないと考えられ、それこそ善である広範な調和の中で必然的に消え去る運命にあったのである(22)。

南北戦争後のアメリカはついにともに生きる哲学を見出したように思われた。

ウィリアム・ジェイムズでさえ、彼が一八歳で初めてスペンサーを読んだとき、「それが切り開いた知的眺望による興奮に酔いしれ(23)」、数年後友人であるチャールズ・パースがスペンサーを批判したとき、「神聖な像が破壊されたように、精神的に傷つけられた(24)」と告白している。しかしジェイムズもまもなくパースの見解を共有することになる。なぜなら、スペンサーの進化論哲学は究極的完全性を約束しているが、それは各個人がそれぞれに貢献できる完全性ではなかったからである。「それは、一見、その要求が厳格であるとはとても思えないが、結局、カルヴァン主義によって要求されるもの——自由意志の論理的放棄——よりもさらに高価な代償を課す(25)」のであり、ジェイムズはそんなことはまったく考えていなかったのであろう。しかし、「閉ざされた宇宙を提示した哲学、すなわち、そのメカニズムはハーバート・スペンサーによって考案され、その前途の約束はジョン・フィスクによって保証された哲学は、アメリカ人の性格と整合したであろうか、すなわち、アメリカの伝統に適合したであろうか[26]」。ジェイムズはそうではないと考えるようになったのである。

彼はスペンサーの批判に集中しなければならなくなった。彼は一八七八年に書いているが、「私とスペンサーとの対立点は、彼が環境に多くを認めたという点ではなく、彼が知性を形成する際、環境とともに作用する主観的関心という紛れもない明確な事実に、何の余地も与えていない点である。このような関心こそが真の自発性を形成するのであり、心は純粋で受動的な受容体であることを認めない、先験学派を拒否することを正当化するのだ[27]」。『スペンサーの心の定義に関する覚書』において、ジェイムズは心の中心にある事実は、関心あるいは選好であるという理論、すなわち、彼の心理学、認識論、宗教哲学の根源となる理論を展開しているのである。

第三章　パースのプラグマティズム

一八六八年に、パースは信念を確信の感情を伴った判断、あるいは、人がそこから行動を起こす判断と定義すべきかどうかは、「ひとえに言葉の問題[1]」であると主張した。しかしパースは、一八七八年には、もはやこれを信じてはいない。彼が心を変えたきっかけは、パースがジェイムズと一八七一年に設立した形而上学クラブの会合で、アレキサンダー・ベインの説を紹介されたことにあった。何年か後、パースはその状況を次のように記している。

それは七〇年代の早い時期だった。古きケンブリッジの中のはねっかえりの若者集団であるわれわれは、自分たちを、半ば皮肉をこめ、また半ば挑発的に、「形而上学クラブ」と呼んでいたのだが──というのも、当時は不可知論が隆盛を極めており、それは、あらゆる形而上学をことのほか嫌っていたのである──時には私の研究室で、時にはウィリアム・ジェイムズの研究室で、よく会合を持ったのだ。かつての我が古き同志の中の何人かは、今でもこのような、「若者の放蕩（粗悪な野生カラスムギの種をまくようなばかげた行為）」が公にされることを気にもかけないだろう。実際、それは、何でもかんでも（ゆでたオーツ麦、ミルク、それに砂糖が）混ぜこぜになっている以外たいしたものではなかったのだが。私は信じるのだが、ホームズ判事も、われわれが誇らしげに彼がメンバーだったことを思い出として語っても、それを嫌だとは思わないだろう。またジョゼフ・ワーナーにしてもそうであろう。ニコラス・セイント・グリーンは最も興味を引かれた仲間の一人だった。彼は有能な弁護士であり、教養もある、ジェレミー・ベンサムの信奉者である。仰々しい使い古されたお定まりの事柄（formulas）に纏わりついたけばけばしい装飾から、まだ暖かく息をしている真理を救い出す、彼の並外れた能力は、どこにおいても、人々の関心を引いたのである。特に彼はベインの「それに基づいて人間が行動を準備させせられるところのもの」という信念の定義を応用することの重要性をしばしば主張した。プラグマティズムはこの定義から導かれる一つの帰結（corollary）に他ならない。だから、私は彼をプラグマティズムの父と考えたくなるのである。(2)

パースやそのほかの仲間を引きつけたのは、ニコラス・セイント・ジョン・グリーンの「仰々しい使い古されたお定まりの事柄（formulas）に纏わりついたけばけばしい装飾から、まだ暖かく息をしている真理を救い出す並外れた能力」であった。まだ暖かく息をしている真理を救い出すことはまさにすべてのプラグマティストが求めたものに他ならない。そして、仰々しい使い古されたお定まりの事柄（formulas）に纏わりついた、けばけばしい装飾こそが、まさしく、真理の最も素朴な形態さえも覆い隠しているように思われた。それでは、ニコラス・セイント・ジョン・グリーンはどのようにしてそこから真理を救い出すことに成功したのだろうか。なぜ彼は使い古された表現を十分理解した上で、語られてきたことの中の真理の核心を常に見出すことのできる人物だったのだろうか。グリーン自身はこうした問いにどのように答えるのだろう。ともかく、「彼はベインの『それに基づいて人間が行動することを準備させせられるところのもの』という信念の定義を応用することの重要性をしばしば主張した」。そうである以上、グリーンがこの信念についての定義を重要でないと考えていたとは想像しにくい。それは決して単に言葉に関する問題ではない――それはわれわれが、思考の本質について、心について、すなわち人間についてどのように考えるかという問題であろう。

パースの最もよく知られている論文――「探究の方法（"Fixation of Belief"）」（一八七七）と「観念を明晰にする方法（"How to Make Our Ideas Clean"）」（一八七八）――の中核を占める概念は、疑念である。すなわち、自然現象としての疑念、あるいは誰にとっても馴染み深い状態としての疑念である。パースはそれを三つの方法で、信念から区別している。(3)

1．疑念（問いただしたいと願うこと）に特徴的に伴う感覚と、信念（判断を公表したいと願うこと）に伴う感覚の間には明らかな相違がある。

2．信じるという感情は、おそらくは、われわれの本性の中にわれわれの行動を決定するある習慣が確立されて存在していることの、確かな指標であろう。疑念は決してこのような結果をもたらすことはない。

3．疑念はそこから解放されるためにわれわれが戦い、信念の状態に進んでいこうとする不安かつ不満足な状態である。一方、信念は、われわれがそれを逃れ、何か他を信じるように変化したいと願うことのない、穏やかで満足した状態である。

最後の点はとりわけ重要である。疑いは不安で、苛立った不満足な状態である。それはいかなる行動の導きも、進むべき道程も指し示すことはない。そうであるから、われわれはそこから解放されようと戦い、行動の習慣を獲得しようと戦い、信念の状態に到達しようと戦うのである。パースはこうした戦いを、疑念を信念（あるいは不信）へと変換させる探究（inquiry）（「これが、時には、必ずしも適切な名称でないことは認めなければならないが[4]」）と呼ぶ。

彼は疑うことの苛立ちが、信念に到達しようとする戦いの唯一の直接的な動因であり、信念の固定化（意見を確固たるものにすること）こそ、探究の唯一の目的であると主張した。

疑念に伴う苛立ちは、信念に到達しようとする戦いの唯一の直接的動因となる。われわれにとって、信念がわれわれの欲求を充足させるようにわれわれの行動を間違いなく導いてくれることこそ、確かに最も望ましいことである。こうした洞察（reflection）から、私たちは、このような結果を確約してくれそうにないまま形づくられた信念のいずれをも拒絶することになるだろう。しかし、そうすることは、それまでの信念の代わりに疑念が生じた場合にだけ起きることだろう。したがって戦い（struggle）は、疑念とともに始まり、疑念が休止するとともに終わる。ここから、探究の唯一の目的は、意見の定着ということになる。ただ、これではわれわれにとって十分ではないし、われわれが求めるのは単なる意見ではなく、真なる意見だと夢想するかもしれない。しかし、この夢想を検討してみよう。そうすれば、それが根拠のないものだと分かる。というのも、われわれは、確固たる信念に到達するやいなや、その信念が真であろうと、偽であろうと、完全に満足するからである。さらに、われわれの知識の範囲を超えたものは、決してわれわれの対象にならないことも明らかである。われわれの心に影響を与えないものは決して精神的努力の動機とはなりえない。主張できることは、せいぜい、われわれは、われわれが真であると考える信念を探し求めるということだけである。しかし、われわれは、われわれの信念の一つ一つを真であると考えるわけだから、そのように語ることは、実際、単なる同語反復《トートロジー》に過ぎないのである。(5)

思考そのものが探究と理解され、信念の固定化が探究の唯一の目的であるとすれば、プラグマティズムの中で占める信念（ベインの意味での）の重要な役割が理解されるであろう。すなわち、「信念を生み出すこと（production）が思考の唯一の機能である」とパースは言っているのであるが、ジェイムズもデューイもこの判断には同意することであろう。さらに、

思考の活動は疑念を引き出すことによって高まり、信念に到達したとき、休止する。それゆえ、信念を生み出すことが思考の唯一の機能なのである。しかしながら、これらの語はいずれも、私の目

的にはあまりにも強すぎる。それは、あたかも現象を心の顕微鏡に現れたままに描いたかのようだ。疑念と信念は、これらの語が一般に使われる場合、宗教やその他深刻な問題の議論に関連している。しかし、私はここでは、いかに小さな疑問であろうと、大きな疑問であろうと、何らかの疑問の始まりとその解決を表すためにこれらの語を使っている。例えば、もしも乗合馬車の中で私が財布を取り出し、五セント硬貨一枚と一セント銅貨五枚を見つけたとしたら、財布に手を運びながら、私はどのような形で運賃を支払うべきか決めなければならない。このような問題を「疑念」、また私の決断を「信念」と呼ぶことは、確かに、こうした語を不似合いな状況で使っていることになるだろう。こうした疑念を、一刻も早く鎮めなければならない苛立ちを生み出した原因であるかのように語ると、それが何か、異常なまでに不愉快な気分ででもあるように考えられるかもしれない。しかし、少し問題を眺めてみれば、五枚の銅貨で支払うか、一枚の五セント硬貨で支払うかという問題に思い悩む場合など決してないだろうし（このような問題に、前もって定められた何らかの習慣に従って行動しないというのであれば、きっとあることなのだろうが）、確かに苛立ちという語は強すぎるであろう。しかし、自分でどのように行動するか必ず決めなければならないこのような些細な心理的活動に、私が強い関心を抱いていることは、認めてもらわなければならない。(6)

パースは、このように思考を探究、すなわち信念を生み出すことにより疑念を鎮める行動と解釈することで、自分が三つの用語のいずれをも少し拡張した意味で使っていることを承知していた。彼は「疑念」と「信念」を、「いかに小さな疑問であろうと、大きな疑問であろうと、何らかの疑問の始まりとその解決を表すために」使っている。そして彼は「探究」という言葉で、疑問から解決への移行を意味しているのである。

疑念は一般に、いかに瞬間的であろうと、われわれの行動における何らかの不決断から生まれる。われわれは、一枚の五セントニッケル硬貨を使うべきか、五枚の一セント銅貨を使うべきかはっきりしているわけではない。われわれは、現実が描かれているのかフィクションが描かれているのかを知っているわけでもない。われわれは、賛成するのか、反対するのか、いつも準備ができているわけではない。このことがストレスを生む。例えば、実験用のラットは、食物や水を得るために足に電気ショックを与えるグリッドを渡らなければならない場合、いわゆる管理職（executive）潰瘍を発症させることが知られている(7)。潰瘍を引き起こすのは電気ショック自体ではない。その原因はグリッドを渡るべきか回避すべきか不決断の状態にあることによってもたらされるストレスなのだ。他の例をもう一度取り上げよう。二匹のサルを鎖につなぐとする。二匹の足には定期的にショックが与えられるが、一匹は与えられるショックから逃れるために、少なくとも、二〇秒に一回ボタンを押すことができるように繋がれているとしよう。すると、ボタンを押す決定を下すことのできるサルには三、四週間以内に潰瘍ができるという。しかし、もう一方のサルにはそのようなものはできないというのである(8)。疑念を減らすことは、ストレスを弱めることである。したがって、ストレスを軽減できるかどうかに作用する（stimulate）ものは疑念そのものなのである。疑念は、

些細なものであるかもしれないし、深刻なものであるかもしれないし、また穏やかなものであるか

もしれないし、騒々しいものであるかもしれないが、ともかく精神〔心〕を、ある活動へ駆り立てるのである。イメージが次々と意識に浮かんで消えていく。一つのイメージは瞬時に他のイメージに融解し、ついにすべてが終わったとき――それはわずか一秒の間の場合も、一時間の場合も、何年もたった後の場合もあろうが――われわれは、われわれを躊躇させていた状況で、いかに行動すべきか自ら決断を下した自分に気づくのである。言い換えれば、われわれはそのとき信念に到達したのである。(9)

そうであるから、パースは思考を一連の心的活動と考えたのである。心的活動には始まりがあり、中間点があり、終わりがある。それらの活動は、精神の中に継続して現れ流れ去るさまざまな感覚が相互に作用する体系を構成することになる。パースは同じ感覚の間にも、継続する感覚の相互関係の在り方からさまざまな体系が成り立つことに言及している。

こうした種々の体系は異なった誘因(motive)、理念または機能によって区別される。思考は、そうした体系の一つに過ぎない。思考独自の誘因、理念、さらに機能は信念を生み出すことであって、この目的に関係しないものは何であれ、何らかの他の関係の体系に属していることになる。思考という行為は、場合によっては思わぬまた異なった結果をもたらすこともあるかもしれない。それがわれわれを楽しませてくれることもあろう。例えば、好事家(dilettanti)の中に、快楽の目的のために、極端に偏向した思考を持っている人々を見出すことは珍しいことではない。彼らは、楽しみながら考えを巡らしている問題が最終的に解決されると考えただけで、腹立たしくなるようなのだ。要するに、学問的討論（literary debate）の場から気に入った論争の主題を取り除いてしまうような決定的な発見は、表向きは隠されているにしろ、嫌悪をもって迎えられるのである。こうした傾向はまさに思考の放蕩と言えよう。[10]

ニコラス・セイント・ジョン・グリーンが賢明であったのは、こうした点を暴いたことだと考えられる。パースが「観念を明晰にする方法」を書いた際、あえて反対しようとしたのもこの点であった。彼は思考そのものとそれに伴う他の要因を区別する必要があると信じていた。彼がわれわれに、思考そのものが、意見の確定、すなわち信念を生み出すこと以外の何物をもたらしえないことを心に留めるよう求めたのは、まさにこの目的のためであった。「活動状態にある思考は、思考が休止状態へ到達することを、その唯一可能な動機として持っている。そして信念にかかわりのないものは、何であれ、決して思考そのものの一部分でさえありえないのである[11]」。

これが、信念の本質について明確であることが極めて重要だという理由である。そしてパースは信念の本質について三つの特質を挙げている[12]。

1. それは、われわれが気づいている何物かである。
2. それは、疑念の持つ苛立ちを抑える。
3. それは、われわれの本質の中に、行動の規則、すなわち習慣を確立する。

信念は思考することの唯一の動機であり、疑念が含む苛立ちを抑えるのであるから、思考は、少なくとも、信念が確立されたときには瞬時に、休止することになる。しかしそれは長い間休止した状態に留まることはない。なぜなら、信念は行動の規則であるから、その命はその具体的応用にあるわけで、応用は常にさらなる疑念と、それを抑えるさらなる思考に門戸を開いていなければならないからである。パースは思考を「われわれの継続的感覚をつらぬくメロディーの糸」[13]と見ている。そして、パースによれば、信念は「われわれの知的生活というシンフォニーの音楽を締めくくる半休止（demi-cadence）」[14]なのである。

ベインの「信念」の定義がパースの思考に関するプラグマティックな分析に提供したものは、個別化の原理であった。

信念の本質は習慣の確立である。またそれぞれの信念は、信念が引き起こす行動の、それぞれの様式（mode）によって区分される。もしもそれぞれの信念がこの点で異なるところがなく、行為について同一の規則を作り上げ、同一の疑念を抑えるのであれば、異なったキーで奏でても異なった音を奏でることにはならないのと同様に、信念を意識する方法が異なったところで、それによって異なった信念が生み出されることにはならないだろう[15]。

われわれはパースのプラグマティズムの二つの基本原理をここに認めることができる。第一のものは、

ベインに遡ることができるものである。すなわち、

1．それぞれの信念が、行為に関して、同一の習慣を生み出すならば、またそのときに限って、それらの信念は同一である。

第二の原理はパースのオリジナルである。

2．それぞれの信念が、行為に関して、同一の規則を作り出すことによって同一の疑念を抑えることができるのであれば、またそのときに限って、それらの信念は行為に関して同一の習慣を生み出す。

特に、次の点には注目しておこう。すなわち、このプラグマティックな信念に関する説明によると、「パースは五枚の硬貨を使うことを決断した」という私の信念と、「パースは一枚の五セント銅貨を持ち続けようと決断した」という私の信念が同じであるかどうかという問題は、「パースは五枚の硬貨を使うことを決断した」という文と「パースは一枚の五セント銅貨を持ち続けようと決断した」という文とが同義かどうかという問題とは何の関係もない、ということになるのである。反対の意味を持つ文が同じ信念を表すことに使われ、同義の文が（もしもあるとして）異なった信念を表すことに使われることもありうるのである。

もしもわれわれが1、2の原理を理解するなら、「思考のすべての機能は行為の習慣を作り出すこと」であり、さらに「思考にかかわるものであっても、この目的に関係ないものは何であれ、思考にとっては余分な付け足しであって、決して思考の一部でさえありえない[16]」ということが理解されるであろう。それゆえ、思考の意味を明らかにするためにわれわれに必要なことは、ただ、思考が行為についてどのような習慣を作り出すかをはっきりさせることとなる。というのも、思考が意味するものとは、端的に思考がどのような習慣を内包しているかという問題に他ならないからである。

今や、ある習慣のアイデンティティは、それが、単に現実に起こりそうな状況においてだけではなく、いかにその可能性は低いにしろ、起こりうるかもしれない状況において、どのようにわれわれを行動へ導くかということに懸かっている。その習慣がどのようなものであるかは、いつ、どのように、それがわれわれを行動に導くかに懸かっているのである。このいつ、に関して言えば、行為へのあらゆる刺激は知覚から導かれるということであり、またどのように、に関して言えば、すべての行為の目的は何らかの知覚可能な結果を生み出すことにある、という点を考慮すればよい。このように、われわれは、思考を区分するいかなる現実的根拠も、それがいかに些少であるにしろ、知覚可能なもの、また実際的（practical）と考えられるもの、に基づくのであり、実際面で考えられる区分以外の何物かに基づいているような、微妙な意味の区分などまったく存在しないのである[17]。

それでは、三つの新たなプラグマティックな原理をここにまとめておくことにしよう。

3. 思考の意味はそれが生み出す信念である。

4. それぞれの信念は、同一の知覚可能な状況において、われわれをある行為へと導くのであれば、またそのときに限って、行為に関して同一の規則を生み出したことになる。

5. それぞれの信念は、われわれを同一の知覚可能な結果に導くのであれば、またそのときに限って、行為に関して同一の規則を生み出したことになる。

かくしてパースは、思考のいかなる実際的区分の根拠も、それがいかに些少であるにしろ、具体的に知覚可能なもの、また実際的なもの――知覚可能な状況と知覚可能な結果――に基づく、と言うのである。そしてわれわれは、パースのプラグマティズムの第六の原理にたどり着くことになる。

6. 触れることができ、考えられる限り実際的なものに認められる相違以外の何物かに依拠するような微妙な意味の区分などまったく存在しない。

パースは、「考えられる知覚可能な効果（effect）以外の何らかのもの」、すなわち、知覚可能な状況や知覚可能な結果（result）以外の何らかのものに「かかわる観念を心の中に持つべきである」[18] などという主張はまったく不可能なことだと考える。それゆえにパースは次のように結論するのである。すなわち、

7．あらゆるものについてのわれわれの観念は、その知覚可能な効果についての観念である。

「さらにもしもわれわれが何か他のものを持っていると夢想するなら、われわれは自らを欺いているのであり、さらに単に思考に伴うだけの感覚を思考そのものの一部と間違って考えているのである[19]」。原理7はパースの思想の展開に非常に重要な役割を果たす。すなわち、それは彼の最も有名な原理、すなわち、プ、ラ、グ、マ、テ、ィ、ズ、ム、の格率と呼ばれることになる原理のための舞台を用意したのである。

8．われわれの概念の対象がどのような効果を、つまり実際的にかかわることが予想されるどのような効果を持つと考えられるのかを考察してみよ。そうすれば、こうした効果についてのわれわれの概念こそが、われわれの対象の概念の全体であることが分かる[20]。

われわれは明晰な理解に達するために、この規則を明確に理解していることを確認しておこう。これは「われわれの概念の対象」について語っている。彼の例が示しているように、パースはさまざまな性質（かたさ（hardness）、重さ、力、実在性……）について考察している。例えば、「かたさ」を例にとって、格率をそれに適用してみよう。

「かたさ」がどのような効果を、つまり実際的にかかわることが予想されるどのような効果を持つと考えられるのかを考察してみよ。そうすれば、こうした効果についてのわれわれの概念こそが、われわれの「かたさ」という概念の全体であることが分かる。

われわれは、「かたさ」がどのような効果を、つまり実際的にかかわることが予想されるどのような効果を持つと考えられるのか、どのようにして考察できるのだろうか。あるものをかたいと呼ぶことによって何を意味しているのかと自ら問うことによってだろう。（少なくともそれが、パースが実際に行っていることである。）さらにわれわれは、「単に現実に起こりそうな状況においてだけではなく、いかにその可能性は低いにしろ、起こりうるかもしれない状況において」[21]、あるものを「かたい」と呼ぶことで何を意味しているかと問うべきなのである。不幸にしてパース自身はそれを行っていない。彼はただ、「かたい」と呼ばれるもののうち、おそらくは、ダイヤモンドとかその他の石が存在するような状況だけを考えているのであり、それゆえに彼はただ一つの「効果」だけを念頭に置いているのである。すなわち、

（E_1）他の多くのもので引っ掻いても傷をつけることができないだろう。

ということになる。

他の状況と「知覚可能な効果」についても考えてみよう。もしも「かたさ」（hardness）を持つと

予想される主体が石ではなく椅子なら、まったく異なった効果が予想されるだろう。例えば、次のような効果が知覚可能な効果となる。

(E_2) 非常に長い間快適に座っている人はそう多くはないだろう。

またもしも、〔「難しい（hardness）」の〕主体が石でも椅子でもなく、ある質問だったなら、

(E_3) 質問を向けられた人々の中で正しく答えることのできる人は多くはないだろう。

が、常識的に考えられる効果である。また、〔「難しい（hardness）」の〕主体が「結び目（knot）」であったなら、われわれが想定することは

(E_4) 短時間でそれを解きほぐすことができる人は多くはないだろう。

ということになるだろうし、また、「難しい（hard）」と呼ばれるものが問いであれば、

(E_5) 短時間で解答できる人は多くはないだろう。

が、実際的なかかわりを持つことが予想される効果となる。「一生懸命（hard）な労働者」という場合は、われわれは次のような効果を考える。すなわち、

（E_6）彼の同僚の中で彼以上に働くものは多くはいないだろう。

さらに、われわれが、「激しい（hard）雨」について語る場合は、次の効果も考える。

（E_7）めったな雨では、短時間でそこまで多量の降雨があることはないだろう。

また、「厄介な（hard）仕事」、「激しい（hard）降下」、「不運（hard-luck）」、「残酷な（hard）仕打ち（虐待）」、「険しい（hard）表情」、「厳しい（hard）冬」、「強靭な（hard）精神」など〔の hard の例〕もある。それぞれの場合に、何らかの知覚可能な効果があり、あるものは実際的なかかわりを持ち、あるものは、問題の事柄が本当に「かたい（hard）」と言えるかどうかの判断基準として機能する。そして、われわれが「かたさ」に関して持つ観念は、「かたさ」のE_1、E_2、E_3、……といった知覚可能な効果についての観念であるわけであるから、「かたさ」が持つと思われる知覚可能な効果とは何かと考えてみると、そうした知覚可能な効果のすべてについてのわれわれの概念こそが、「かたさ」についてのわれわれの概念のすべてだということが分かるのである。

したがって、われわれはプラグマティズムの格率を次のように再度定式化することができる。すな

わち、いま、Pをわれわれが明らかにしようとする特性を表す何らかの一項述語であるとしよう。すると、パースの格率は次のような形式によって表すことも可能だろう。

8a．あるものをPと呼ぶわれわれの基準は何かと問うてみよ。そうすると、われわれのこうした基準の概念は、われわれのP性（P-ness）（Pさ（P-ity）、Pであること（P-hood）、……）の概念の全体である。

われわれは8aを公式の「プラグマティズムの格率」とすることにしよう。しかしながら、この格率によって小気味よく形式化されているものは、パースのプラグマティズムというより、彼の実験主義（experimentalism）である。何年か後、彼は次のように述べることになる。彼は、

多くの経験から、すべての物理学者、化学者、また手短に言えば、すべての実験科学のあらゆる分野の専門家は、実験室での彼らの生活の中で形作られた精神を持っているのだと、ほとんど疑う余地を残さないほどに信じるに至った。実験主義者自身はなかなかそのことに気づくことができない。なぜなら、彼が熟知している知性ある人々は、この点ではほとんど皆彼と同じような人々ばかりだからである。彼は、彼自身とはさまざまな点で異なった訓練を、もっぱら書物を読む教育から受けた知性の持ち主とは、いかに彼もそうした書物に親しんでいたとしても、決して心底から親しくはなれないだろう。なぜなら、彼とそうした人々とは水と油のようなもので、たとえ彼らが一緒に混

ぜ合わされたとしても、一緒になったことのほんの僅かな香りを残す程度で、瞬く間にそれぞれ勝手な精神的方向に進んでいくことは、明らかだからである。そのような他の種類の人々が万が一にも実験主義者の精神を十分に推し量ることができるとするならば——そのようなことこそ、彼らのほとんどにとっては向いていないことなのだが——、彼らはすぐに、実験主義者の精神というものが、個人的感情や育てられ方などが関係してくるいくつかの問題を別にして、何事につけ、すべてのものを、まさに実験室で考えられるもののように、すなわち、実験の問題であるかのように、考える傾向を持つことに気づくだろう。……彼に対して、あなたがどのような主張をしたとしても、彼は、その主張を、ある実験について何らかの指示があり、その指示に従って実験を行えば、一定の実験結果が生じるという意味だと理解するだろうし、そうでなければ、あなたの言ったことに何の意味も見出さないということに、あなたは気づくだろう[22]。

「実際的なかかわりを持つことが予想される」とパースの言うそれぞれの「効果」、すなわち、それぞれの基準《クライテリア》は、(少し漠然としているが)「実験の指示」を与え、さらに「それが実際に行われれば、指示通りの結果が生じる」ことを予測するのである。例えば、E_7は「激しい雨」についての基準である。それでは、どんな実験を指示しているのだろうか。それは、その降雨がどの程度の量であるかを明らかにし、その量を、例えば、過去一〇年の上位一〇番までの降雨量と比較してみるように指示するのである。それはどのような結果を予測するだろうか。それは今回の降雨量が多い順番のトップに近いだろうと予測する。このようにプラグマティズムの格率を通して主張を吟味する習慣を促進すれば、精神の実験的習慣、言い換えれば、「まさに実験室で考えられるもののように、すなわち、実験の問題であるかのように、考える傾向を持つこと」を推し進め、発展させることになるのである。

パースは明らかに実験的方法、すなわち科学の方法に非常に強い信頼を置いていた。彼は、「探究の方法」〔原題の直訳は「信念の固定化」〕の中で、試されてきた信念を固定化する方法を探究している。パースが固執の方法（the method of tenacity）と呼ぶものだけが、個人の信念を固定化するのであるが、本当の問題は「単に個人の信念ではなく、共同体の信念を固定化する方法」である。その他三つの方法のうちの二つ、すなわち、権威という方法と先験的方法は、共同体での意見を確定するために有用である。しかしそれらは、客観的、すなわち、あなた、あるいは私、あるいは、いずれかの人の考えることからもまったく独立している、という意味では、十分に機能するとは主張できないのである。共同体において信念を客観的に確定するためには、

われわれの信念が、人間的な要素をまったく含まない、何か外的な永遠性によって——われわれの思考がそれに対し何らの効果も与えることのできないものによって——決定される、何らかの方法が見出されなければならないのである……われわれの言う外的永遠性は、われわれ個人に対する影響という意味では、外的ではないかもしれない。それはすべての人々に作用する、あるいは作用するだろう何物かであることは間違いない。またそうした作用は当然ながら各人の状況の多様性と同様に多岐に及ぶだろうが、その方法は、いずれの人の究極的結論も同じになるようなものでなければならない。そのような点で方法と言えるものは、科学の方法のみである。この方法の基本的仮定

は、もっと親しみやすい言葉を使えば次のようになる。すなわち、われわれの意見からはまったく独立した性質を持つ実在するものが存在する。そうした実在は定められた法則に従ってわれわれの感覚器官に作用を及ぼす。われわれの諸感覚は、対象との関係がさまざまであるに従い種々異なるが、われわれは、知覚の持つ法則の利点を生かし、事物が本来どのように存在するのか、また真の姿としてはどのように存在するのかを推論によって確認することができる。また、そうであるから、誰だろうと十分な経験を持ち、それについて十分な推論を行えば、一つの「真なる」結論に導かれることになる。以上に含まれている新しい概念が、実在の概念なのである。(23)

この実在の観念を明確に把握するために、パースはわれわれにプラグマティズムの格率を適用するように迫る。それに従って、彼は「観念を明断にする方法」で次のように語るのである。

実在性は、あらゆる他の質と同じように、それを持った事物が作り出す固有の知覚的効果にも基づくものである。実在する事物が持つ効果だけが、信念を生み出す（cause）。というのも、実在するものが興奮させるあらゆる感覚は、信念という形で意識の中に現れるものだからである。それゆえに、問題は、いかにして真なる信念（実在するものへの信念）が誤った信念（虚構《フィクション》への信念）から区分されるかということになる。今や、先の論文でも論じたように、真理とか虚偽といった観念は、十分に発達すれば、もっぱら意見を確定しようとする実験的方法にかかわってくるのである。(24)

さらに彼は、意見を確定するこの方法に従う人々が、

研究の過程がただ十分に先に進められさえすれば、彼らがこの方法を適用しようとするそれぞれの問題に、一つの確たる解決を与えることになるだろうという喜ばしい希望にどんなに活気付けられていることだろう〔と指摘している〕。ある人は、金星の太陽面通過（transit）と恒星の周期運動（aberration）を研究することで、光の速度を研究するだろう。またある人は火星の衝（opposition）と木星の衛星の蝕を研究することで、三人目はフィゾーの方法で、四人目はフーコーの方法で、五人目はリサージュの曲線の動きによって、六人目、七人目、八人目、九人目と、静電気と動電気の計測を比較するそれぞれ異なった方法に従って研究を進めることだろう。彼らは、最初は異なった結果を得るかもしれない。しかし、それぞれが研究の方法と過程を完全なものにするにつれて、それぞれの結果は、徐々に定められた中心点に向かって進むことが認められる。同様なことはすべての科学的研究に言える。異なった精神は最も敵対する見解を持ってスタートを切るかもしれない。しかし、研究の進歩は彼らを、彼ら自身の外部の力によって一つの同一の結論へと導くのである。われわれが欲するところにではなく前もって命じられたゴールにわれわれを導く思考の活動は、運命の作用のようである。いかなる観点の修正によっても、何を研究対象として選択しようとも、精神の自然の傾向にまかせても、われわれは前もって定められた意見を逃れることはできないのである。この偉大なる願望こそが、真理と実在の概念の中に具体化されているのだ。究極的には研究する者すべてが一致するように運命付けられている意見が、われわれが真理によって

意味するところのものであり、この意見の中で表象される対象こそ実在するものなのである。これが、実在を説明する私の方法である(25)。

ここでわれわれは、パースのプラグマティズムの最後の二つの原理を明らかにすることができる。すなわち以下の通りである。

9. 真なる信念とは、科学的に研究を進めるすべての人々によって、究極的に一致するよう運命付けられた信念である。
10. 真なる信念の中に表象されたあらゆる対象が実在である。

第四章　草創期のプラグマティズム

パースは晩年、ジェイムズに次のように問うている。「誰がプ、ラ、グ、マ、テ、ィ、ズ、ムという用語を作ったのか、私か、それとも君か。それが最初に印刷されて登場したのはどこであったか。君はこの言葉で何を理解しているのか(1)」。ジェイムズは答えている。「あなたが『プラグマティズム』を考案したのだ。そのことに関して、私は、『哲学的概念と実際的な結果』と題した講演の中で、あなたにすべての権利を認めている(2)」と。

もしもこれがパースの第二の問いへの回答を意図したものであるとするなら、ジェイムズの答えが正しいとは、とても思えない。「哲学的概念と実際的な結果」でジェイムズが触れたのはただ「観念を明晰にする方法」に過ぎず、「プラグマティズム」という語はその論文には出てこない。それは一八九八年以前には印刷された形では登場していないはずである。パースが（少なくとも）形而上学クラブの中での議論でこの語を特殊な用語として頻繁に使っていたことは確かだろう。しかし、ウィリアム・ジェイムズが「プラグマティズム」という語を――その語の指し示す意味とともに――一八九八年のG・H・ホイソン主催のバークレー哲学協会での講演で哲学的議論の中に初めて導入したことも確かなことであろう。

われわれは、パースの1～10の原理を厳守することをパース的プラグマティズムと呼んでよいだろう。しかし、パースにしろ、他の人にしろ、一八七八年から一八九八年の間は、それをプラグマティズムと呼んではいないのである。その上、実際、誰一人それを何か特別な名称で呼んでいる者はいない。チャールズ・サンダース・パース自身、一八八〇年代及び一八九〇年代の哲学会ではまったく知られていない存在に過ぎなかった。

この二〇年間のジェイムズの哲学的著作の中には、心理学に関する彼の偉大な作品においてもそうであるように、パースや形而上学クラブでのメンバーたちとの議論の影響が、依然として色濃く反映している。一八九七年、ジェイムズは『信ずる意志』と題された著書を、次のように記して、パースに献じている。「私は、古くからの友人、チャールズ・サンダース・パースに、またかつての彼の哲学的同志としての友情と、ここ一〇年以上にも及ぶ彼の諸論文に、表現しつくせないほどの、またその恩に応えることが困難なほどの刺激と援助を受けている」と。そして、実際パースの影響の痕跡は随所に見られる。例えば、次のような表現があげられよう。信念を検証《テスト》することは行動への意欲を調べることである。物事を分類するいかなる方法も、それを何か特定の目的のために、どのように扱うかという方法に他ならない。あたかもそれが真であるかのようにあることを行おうとする意欲が、一つの仮定の効力の基準である、などである。しかし、研究する者にとって考えなければならない重要なこと（あるいはもっと重要なこと）は、ヘンリー・スティール・コマジャーがジェイムズについて述べている次の点である。

> 彼が自らの哲学の何らかの定義に到達する以前に、すでに彼の哲学的前提は定められていた。すなわち、あらゆる絶対性、あらゆる厳格性、そしてあらゆる体系的なものに対する懐疑。あらゆる疑問を再検討に委ねようとする傾向。特異性（eccentricity）や不一致に対する寛容。芸術的、情緒的、また知的に何かを訴えてくるものへの共感。そして道徳的義務に対する強力な自覚がそれである(3)。

一八七九年の論文「合理性の感情」において、ジェイムズはこの感情を「当惑と困惑の状態から合理的理解への移行を伴う、安堵、平穏、安らぎの強い感じ」と定義している。それは、充足――「現在という瞬間、その瞬間の絶対性についての充足(4)」――の感じであり、説明する必要も、言い訳する必要も、正当化する必要もないものなのである。「簡単に言えば、どのようなものであれ、ある原因から、何の障害に突き当たることもなく、それを考えることができるならば、われわれが考えるそのものは、まさにそうであるからこそ、即、合理的だと思われるものなのである(5)」。それはまた、われわれが、ある自動車のどこが故障しているのか、なぜその自動車は止まったままなのか分かったとき、またはわれわれが導出を期待されていた定理の証明を発見したときに持つ感情でもある。それはまたわれわれが、われわれが受け容れることのできる哲学、あるいは世界観、すなわち、「物事の枠組みの概念」[6]を発見したときに感じるものでもある。われわれにとって受け容れることのできる哲学は、合理的でなければならないというだけでなく、それはわれわれに、合理的であることを強く訴えかけるものでなければならないのである。確かに、これはプラトンが知識を想起と考えるように強く主張したとき、念頭においていたことの一部であるし、また、ウッディ・ガスリーが、自分は常に人々がすでに知っていること（しかし、それを表す言葉が、ともかくまだないこと）を話す人間になりたいと思ってきたと語るときに、考えていたことでもある。合理的感情を伴った哲学とは、この問題への最終的表現としてわれわれに訴えかけるものなのである。ウィリアム・ジェイムズは、このような思考の体系に対するわれわれの態度を次のように特徴付けている。

哲学は、すべての人間が実際の生活を始める、まさにその地点に理論をもたらしてくれるように、われわれには感じられる。それは、あらゆる二律背反と矛盾を解決し、あらゆる正しい刺激や感情を解放してくれるのではないだろうか。そして、それを耳にした人々誰もが、次のように言うことだろう。「どうして、それが真理なのだ！　――それは私がずっと信じてきたことだ。それは私が実際いつも心の糧として生きていることだ。しかし私はそれを表す言葉を今まで見つけることができなかったのだ。何となく暗示されていたものすべてが、ゆらめき、きらめくものすべてが、誘うようでいて、しかし誘いながら消え去っていったすべてが、ここで、強固なものとなり自分のものとなるのだ。ここに、不満は終わりを告げる。ここにこそ、妨げられることのない明晰さと喜びと力の始まりがあるのだ」[7]。

こうした感情を呼び起こすことができないいかなる哲学体系も、人々がそれを糧として生を送ることができる哲学にはなりえないのである。

合理的感情を目覚めさせるために、哲学は二つの人間の基本的欲求を満たさなければならない。われわれが知りたいという欲求を持つという事実からくるもの、すなわち「理論的欲求（theoritical needs）」と、われわれが行動したいという欲求を持つという事実からくるもの、すなわち「実際的欲求（practical needs）」である。われわれの「理論的欲求」の中でも特に際立っているのは、「単純化への情熱」と「区分することへの情熱」である。ジェイムズによると「われわれの哲学的態度は、われわれの中のこの二つの欲求のバランスによって決定される」[8]という。実際的欲求で最も重要なものは、少なくとも一般的には、「未来についての不確実性を排除する」[9]欲求であり、「未来をわれわれの現にある力で適切に規定する」[10]欲求である。もしもわれわれが歴史を調べ、人間精神が復興し拡張したすべての偉大な時代がどのような未来像を共通して示していたかと問うたならば、私が考えるところでは、単純に次の事実を見出すことであろう。すなわち、それらの時代の各々またすべてがわれわれに語っているのは、「実在の究極の本質はあなたの持つ力に対応している」[11]ということである。

いかなる哲学、あるいは世界に関するいかなる概念も、生を維持し、呼吸している人間に受け容れられるためには、このような欲求、すなわち、われわれ人間を、知識を求め、行動を求める動物と規定しようとする欲求とうまく折り合いをつけなければならないのである。また、ここで留意すべき点は、哲学にとって受け容れられるということが、それが真理であることと同様に重要（おそらくは、はるかにもっと重要）だということである。そしてこのことは、ジェイムズの哲学の基本原理でもある。ジェイムズの言わんとすることは、最終的分析において、われわれが実在一般の本質についてどのように考えるかを決定するのは、常にわれわれの本性——人間本性——であり、実在一般の本性ではないということである。それゆえ、こうした人間の欲求を充足できない哲学、すなわち、合理性の感情を呼び起こすことのできない哲学は、受け容れられないであろうし、したがってそうした哲学が真であるか偽であるかという問題も傍らに放置されたままになるだろうということである。

決定論のジレンマについて考えてみよう。ジェイムズによると、決定論は、われわれに後悔の念〔判断〕を持つことは誤りだと考えさせる。なぜなら、後悔の念は不可能であるものであっても存在すべきだ、と暗にほのめかしているわけで、悲観主義的側面を持っているからである。しかしそうすると、後悔の念自体についてはどう考えられるのであろうか。もしもそうした念に駆られることが誤りであるというのであれば、他の判断、すなわち、何でも肯定する判断が、おそらくは、それに取って代わるべきだということである。しかし、〔決定論に拠れば〕後悔の念に駆られることは必然的であるのだから、他のいかなる判断もそれに取って代わることはできない。宇宙とはまさにそれがかつてそうであったもの以外ではありえない——言い換えれば、そこでは、あるべきもの（what ought to be）が入り込む余地はありえないように思われる——のである。われわれは〔決定論に従えば〕悲観主義という袋から片足を抜くことはできるが、しかしもう一方の足は一層の深みに沈んでいく。われわれは悪の束縛からわれわれの行動を救い出したのだが、われわれの判断は、今や動かしがたいものだということになる。殺人や欺瞞が罪でないとなれば、後悔の念は論理的に不条理であり誤りだということになる。かくして、理論的生活と実際の(active)生活は、悪を土台としてお互いにシーソーごっこを演じることになる。一方が上がれば、他方は下がる。殺人と欺瞞は、後悔が悪でないならば、善ではありえない。後悔は、欺瞞や殺人が悪でないならば善ではありえない。しかし、双方とも運命によって定められているようにも思われる。世界の中では、何物かが運命的に不合理で、不条理でさらには誤っていなければならない。世界とは、罪、あるいは誤りを必然的部分として形成された場に違いないのである。このジレンマから逃げる道は、一見すると、残されていないように思われる。そうすると、われわれは、われわれの出発点と考えられた悲観主義の中にあっという間に再び陥ってしまうことになるだろう(12)。

われわれは先に、ジェイムズにとっては自由意志または決定論の問題が純粋にアカデミックな問題ではないということに触れた。さまざまな事実そのものだけからでは、決定論を証明することも否定することもできない。議論されている深刻な実際的問題が考慮されなければならないのである。決定論は、あらゆるものが、現にそうであることと異なるものでありうる可能性を否定するのであり、人間本性がわれわれに信じさせるものこそ、事実であるべきだという考えをも不可能であると断定するのである。このような哲学は決して合理性の感情を喚起することなどできない。

この論文とパースの一八九二年の論文「必然性の教説の検討(The Doctrine of Necessity Examined)」を対照させることは興味深い。パースは「普遍的必然性［決定論］に固執するすべての重要な理由を適切に検討し、その根拠のなさを明らかにし［終えた］[13]と信じていた。対照すべきは、パースのプラグマティズムとジェイムズのプラグマティズムというより、パースの実験主義とジェイムズのヒューマニズムである。彼らの結論の一致もまた、印象的である。

「道徳哲学者と道徳的生活（The Moral Philosopher and the Moral Life）」はウィリアム・ジェイムズが公刊した唯一の倫理理論に関する論文である。彼によれば、「この論文の主要目的は、前もって、教条的に作り上げられる倫理理論というようなものは決して存在しないということを示すことである。われわれは誰でも人類の道徳生活に貢献できる限りにおいて、倫理的哲学の内容の決定に協力を惜しむことはない。言い換えれば、最後の人間が彼自身の経験を終え、その経験を語り終えて初めて、物理学におけると同等の、倫理学における究極的真理が、存在しうるのである」[14]。ジェイムズの主張は物事の本質の中には道徳というようなものは存在しないということである。というのも、道徳が存在するためには、人間性が存在しなければならないからだというのである。「何らかの意識がそれを善いと感じるか、あるいはそれを正しいと考えない限り、何物も善くも正しくもありえないのである」[15]。また、確かに、あるものを善であることなどありえないと感じたり、まったく反対の行為を正しいと考える意識は存在するであろう。それでは誰がこうした対立に決着をつけるのであろうか。

要求されているものはいずれも、要求されているというその事実により善きものであるからといって、単に可能な限り多くのわれわれの要求を、常に満足させなければならないというような倫理哲学のための指導原理があるはずはないであろう（すべての要求が一斉に満足させられることは、この貧弱な世界ではありえないからである)。したがって不満を最小にするという意味で、最高の全体を作る行為が最高の行為となるに違いない。それゆえに、最も高く評価される究極的理念は、決疑論的基準では最小のコストで広まる理念、すなわち、その実現のために、他の理念の破壊を最小限にとどめながら、広まっていくことができる理念に違いない……歴史の過程は、さらなる包括的な秩序の発見を目指す、何世代にもわたる人類の闘争の物語以外の何物でもない。部外者の要望をも満足させ、あなた自身の理念をも実現させる何らかの方法を発明しなければならない——それこそが唯一の平和への道なのである。この道をたどりながら、社会は、科学の発見に極めて類似した一連の社会的発見により、次々とある種の相対的均衡へ形を変えてきたのである[16]。

われわれはここに、ジョン・デューイによって著しく洗練された形で発展することになるプラグマティズムの思想の一つのテーマの始まりを認めることができる。ジェイムズが書いているように、「決疑論的問題が議論されていく限り、倫理科学はまさしく物理科学と同様なのである[17]」。

「信ずる意志」は、ジェイムズがF・H・ブラッドリーに宛てて書いたように、「『信ずる権利』とすべきであって、不幸なタイトルであった[18]」。確かに、彼は正しい。最も広く読まれた作品に誤ったタイトルをつけ、それも批評家たちが最も喜ぶような、まさに誤解を誘導するような形でタイトルをつけてしまったことは、確かに悔やまれることであった。この論文の論点は、人間というものは、時に手に入れた証拠がそれを信ずるに十分に正当化されない場合でも、それを信ずる態度をとる権利を持っているということである。これは、W・K・クリフォードのような、そのような状況で信ずることは「人類に対するわれわれの義務を無視して[19]」行動することだと主張する実証主義者に直接反対して書かれたものである。クリフォードの立場には何ら曖昧なところはない。「不十分な証拠に基づいて何かを信ずることは、常に、いかなる場合でも、いかなる者にとっても、誤りである[20]」というものである。

この極端な主張に対抗するために、ジェイムズが必要としたことは、極めて限定された主張に過ぎない。すなわち、ある状況におけるある者にとって、時には、不十分な証拠に基づいてでも、あることを信じることは正しい、ということであった。この主張への反論はまずないと思われる。ジェイムズは「例えば、われわれの真理そのものへの信念、すなわち、真理は存在しており、また、われわれの精神とそれ〔真理〕はそれぞれのために造られているのだという信念――このような信念は、われわれの社会システムから支持された欲求への熱烈な肯定以外の何だと言えるだろうか[21]」と論じている。

しかしながら、ジェイムズの不幸なタイトルと、注意深く限定したはずの主張（「われわれの情熱的本性は、たとえ知性的な根拠からは、その本質上決定を下すことが困難な選択においても、いくつかの考え（proposition）の中から決定を下すことが合法的に許されているばかりか、決定を下さなければならないのである。というのも、そのような状況で、『決定を下すな、問題はそのままに放置せよ』と言うことは、それ自体すでに情熱的決定であり――ちょうどイエスかノーかを決定するようなもので――真理を見失うという様な危険と隣り合わせなのである[22]」）を、その多くが明らかに本来の意味での選択ではない宗教的問題（または、強制的な、生きていく上で必要かつ極めて重大な選択）にまで適用しようとする彼の熱意が災いし、この論文はしばしば、願望的思考（wishful thinking）

の擁護として酷評されている。しかしそれは馬鹿げた解釈である。私には、ラルフ・バートン・ペリーが的確な正しい要約を与えてくれているように思われる。ジェイムズに触れて、彼は次のように語っている。

> 彼は信念の乱発（willfulness）、あるいは浪費（wantonness）を助長したとして、あるいは信念のための信念を唱導したとして責められたが、彼の全体としての目的は信念を正当化することにあった。彼は信念が自発的なものであることを認めた。しかし当然ながら、この場合、他の場合と同様、意志は動機によって支配されるであろうし、いろいろな理由から明確にされるであろう。彼の批判者たちは彼が信念に過度の自由（license）を認めるように唱導したとして糾弾する。しかし、これとは反対に、彼の目的は信念のための規則《ルール》を形成することだったのである。またその拡張による宗教への応用を人々がどのようなものと考えるかはともかく、その主張は単純なものであった。彼は信念と疑念がともに生じうるような場合には、疑うことによってよりも、信ずることによって真理を得る可能性がかなり高い――あるいは、その他の利点はおくとしても、少なくとも同等の可能性がある――と主張したのである。科学にとっても極めて深刻で身近な問題である、失敗を犯す危険性をはるかに上回る、もう一つの危険性、すなわち、真理を失う危険性を考慮すべきなのである。[23]

形而上学クラブの六人の法律家の中でも、オリバー・ウェンデル・ホームズ・ジュニアは連邦最高裁判事にまで至る最も長い法律家としての道を歩んだ。彼はその職に三〇年もの間留まった。ホームズは一八八二年に刊行した『コモン・ロー』で、「法律家の生活は論理ではない。それは経験だ。その時代で感じられる必要性、広くいきわたっている道徳や政治理論や公共政策に関する直観、また時に自覚されていたり、されていなかったりする、裁判官たちが庶民と共有しているさまざまな偏見でさえもが、人々が支配されることになる規則を決める際の論法（syllogism）以上に、はるかに大きな影響力を持っているのだ[24]」と述べている。

ホームズが「法の予測理論」を形成したのは彼が形而上学クラブの熱心な参加者であった時期であった。法律家とは何のために報酬を受けるのか？　それは、法廷が実際に行うであろうことを正確に予測するためであり、またそれ以上のもっともらしいことなど何も言えないであろう。ホームズが「法の道」と呼ばれる有名な論文の中で述べているように、法律の研究対象は、「予測、すなわち、裁判という手段を通じて、公衆の力［の利用］がどの程度影響を持つか予測すること[25]」なのである。さらに、法の本質についての彼の実践的理論化における同様、裁判官としての長年のホームズの活動には、プラグマティズムの影響が認められる。合衆国憲法は「すべての人生が実験であるように、一つの実験なのである[26]」と彼は主張する。それは彼が、常に基本的な市民の自由に対するあらゆる侵害を反憲法的であるとして、粉砕しようとした理由でもあった。なぜならそうした自由がなければ、社会的また個人的な実験は不可能となるからである。

第五章　ジェイムズのプラグマティズム

ジェイムズの「哲学的概念と実際的結果（Philosophical Conceptions and Practical Results）」はプラグマティズムを哲学界に紹介した講演であり、おそらく「プラグマティズム」という用語が初めて用いられた哲学的文献であろう。また彼の『プラグマティズム』（一九〇七）はプラグマティズムを世界中に広めた著作である。一九〇八年、ジョン・デューイはその本について次のように書いている。

それはいずれにしろ批評家の賞賛や批判を超えたところのものだ。それはわれわれの時代に書かれたいかなる著作にもまして、哲学的古典としての地位を約束されていると言えるであろう。これを評価しようとする批評家はおそらく、この創造的天才の創作力に比べ、自分たちの批判力がいかに不毛であるかを示す実例の数を増やすに過ぎないであろう。プラグマティズムを好まない人々であっても、ジェイムズ氏の具体的事実を見極める直観力と彼が示す理解の広さ、また彼の鮮やかな洞察力の中に、多くの実利を見出さずにはいられないであろう。てらいのない率直さ、明快な想像力、人生との多様なかかわりは、当を得た明快な結論に結実している。すなわち、具体的場面での人間性への鋭い感受性、哲学は人生に奉仕すべきとの変わることのない意識、観念をあたかもその周りを歩き回わり、異なった角度から調査できる固体物のように、物理的に空間へ投影させて英語に移し替える能力——これらは哲学では決して通常のことではないので、プラグマティズムという書名ではあるが、あまり甘い香りを漂わせてはくれないかもしれない(1)。

デューイが実に饒舌に語ってくれた理由から考えて、ジェイムズ独自のプラグマティズムに関する説明をこの著作に基づいて行うことに、私が何か言い訳を加える必要はないと思う。もっとも、彼に言わせれば、この著作は「学術論文を意図したわけではなく、一種のスケッチを意図したに過ぎない(2)」のであり、また「さらなる厳密な議論のための舞台を勝ち得るために(3)」書かれたものだということである。

しかし、歴史的、教育的理由を考慮し、われわれはジェイムズの論文「哲学的概念と実際的結果」から始めることにしよう。そこで彼はパースに言及して、「実践主義（practicalism）の原理、あるいは、私が七〇年代初めのケンブリッジで彼がそれを口にするのを初めて聞いたとき、彼はそう呼んだのであるが——プラグマティズムの原理(4)」とこの用語の出所に触れている。一八九八年、ジェイムズは「実践主義」が少なくともパースが導入した理論にとってふさわしい用語だと考えていた。おそらくはこの語が「われわれの『実践（practice）』また『実践的（practical）』という言葉が語源としている、行動を意味するギリシア語*pragma*から導かれている」[5]からであろう。少なくともこれは、間違いなくパースが一九〇五年に雑誌『モニスト』に発表した論文（「プラグマティズムとはなにか（What Pragmatism is）」）の以下に引用した文章を受けて、一九〇七年に語られたことであった。パースは三人称を使いながら彼自身（若き頃の）について述べている。

実験室での生活は、この著者（これ以後、実験科学者タイプの典型的人間を指す）が思索する方法に関心を持つことを妨げることはなかった。……そのタイプの人間なら当然そうであるように、彼は、確認したことを一般形式化しようと努力しながら、概念、すなわち、語あるいは表現の合理的な意味（purport）は、もっぱら人生という行為との考えられうる限りのかかわりの中に横たわっているのだという理論を形成したのである。すなわち、実験から結果しないものは、明らかに、行為に直接的なかかわりを持つことができないので、もしも、われわれが、ある概念の肯定あるいは否定が示唆するすべての考えうる実験上の現象を正確に規定できたなら、それによって、その概念の完全な定義が得られるであろうし、またそれ以上には絶対に何物も存在しないということになるのである。この教説のために、彼はプラグマティズムという名前を発明した。彼の友達のあるものは、彼がそれを実用主義（practicism）あるいは実践主義（practicalism）と呼ぶことを望んだ（おそらく*practicokos*の方が*pragmatikos*というギリシア語よりもふさわしいという理由で）。しかし、いまもカントの用語で考えることに最も慣れている著者のような、カントから哲学を学んだものにとって、*pracktish*と*pragmatish*は並べて見るにしてはあまりに隔たりのある概念である。

前者は、いかなる実験主義者タイプの精神にも、足元にしっかりした基盤を見出すことができない思考の領域に属しており、後者は何らかの明確な人間の目的との関係を表しているのである。さて、この新しい理論の最も著しい特徴は合理的な認識と合理的な目的の間の不可分の繋がりを認識していることなのであり、また、プラグマティズムという名前を選ぶことになったのもこうしたことを考慮したからである。(6)

それゆえに、パースは二つの言葉を同意語と見なすどころか、「プラグマティズム」を「実践主義」とまったく対立するものと考えたのである。というのも、彼はカントの用語で考えていたし、カントは実践的（practical）なものと、プラグマティックなものの区分を確立していたからである。カントにとって、実践的であるものは道徳法則であった。それゆえ、彼はこのような法則を先験的（*a priori*）であると考えた。カントの用語では実践的なものは思考の領域（先験的な領域）に属するのであり、そこでは「いかなる実験主義者タイプの精神にも、足元にしっかりした基盤を見出すことができない」のである。一方でカントは、芸術や技術の規則（rule）はプラグマティックであると考えた。（もちろん、これらは後験的（*a posteriori*）である。これらは経験に基づくのである。）それゆえ、カントの用語でプラグマティックなものは、「明確な人間の目的との関係」を表しているのであり、規則は何らかの目的を達成するための規則なのである。「この［彼の］新しい理論の最も著しい特徴は合理的な認識と合理的な目的の間の不可分の繋がりを認識していること」であるから、「プラグマティズム」こそが、正しい命名であると考えられたのである。

われわれがすでに考察したように、パースはこの名前を、「もしも、われわれが、ある概念の肯定あるいは否定が示唆するすべての考えうる実験上の現象を正確に規定できたなら、それによって、その概念の完全な定義が得られるであろうし、またそれ以上には絶対に何物も存在しない」(7)という教説を示すために使っているのである。われわれは先に、この教説を「かたさ」という概念に応用することで説明した。概念とは「語あるいは表現の合理的な意味（purport）」なのであって、パースのプラグマティズムは次のことを示唆することになる。すなわち、

もしも、「かたさ」の合理的意味の肯定あるいは否定が示唆するすべての考えうる実験上の現象が正確に規定されるなら、それによって、「かたさ」の合理的意味の完全な定義が得られるであろう。

もちろん、われわれは、「かたい」という述語が示唆しうるすべての考えうる実験上の現象を規定することに——不正確にさえ——成功してはいない。われわれはせいぜい（不正確に）七つの「考えうる実験上の現象」あるいは七つの「実際的なかかわりを持つと考えうる影響」を規定したに過ぎない。しかし、もしもすべての「かたさ」の判断基準《クライテリア》を規定しえていたならば、われわれはそれによって、「かたさ」の合理的意味の完全な定義を手に入れることができたであろう。そうした基準の各々が、個々のケース（椅子や、問題、労働者など、それぞれを特徴付けるために）に使われる「かたさ」という述語の使用方法を、すなわち、「かたさ」の合理的意味が付与される個々の合理的目的を統制するのである。「この新しい理論の最も著しい特徴は合理的な認識と合理的な目的の間の」、すな

わち、意味と使用の「不可分の繋がりを認識していること」なのである。したがって、もしも「かたい」という述語が使われる可能性のある使用法を統制するすべての基準が正確に規定されたならば、それによって、「かたさ」によって表される意味の完全な定義が得られることになろう。これがパースの原理、プラグマティズムの原理である。

それでは、ジェイムズがこの原理を（一八九八年の段階で）正しく理解していたかを検討してみることにしよう。彼は「観念を明晰にする方法」で述べられているパースによるこの原理の紹介を記述することから始めている。

［パースが］言うには、思考の魂と意味は信念が生み出したもの以外の何物にも向けられることはないのである。信念はわれわれの知的生活というシンフォニーの一フレーズを区切る半終止(demicadence)である。それゆえ、活動する思考にとっての唯一可能な動因は、思考の休止状態に到達しようとすることである。しかし、ある対象についてのわれわれの思考が信念の内に安息を見出したとき、その問題についてのわれわれの行動が、着実かつ安全に始まるのである。簡潔に言えば、信念はまさに行動の規則なのであり、思考の果たす全体としての機能は、行動の習慣を作り上げる、ほんの一歩に過ぎない。もしも、思考の中に思考の実際的結果に何の差異も生み出すことのできない部分が多少あるとしても、そのような部分は、思考の重要性を明らかにする適当な要素とは決していえないであろう(8)。

ジェイムズは確かに正しい場所からは始めている。すなわち、思考は探究として活動し、そして信念として休止するというパースの着想（conception）から始めているのである。この着想によると、思考が活動を始める唯一可能な動因は、信念へ到達しようとすることである。もちろん、これがジェイムズによって肯定的に語られたすべてである。それでは、なぜわれわれは信念に到達したいのであろうか、とジェイムズに尋ねてみると仮定しよう。彼はどのように答えるだろうか。彼は、例えば、「かたさ」についての一人の人間の信念は、その人にとって習慣的行動となっている「かたさ」という言葉を伴った活動を統制する規則であるので、われわれがこうした習慣を獲得しているとき――すなわち、われわれの「かたさ」についての思考が信念の内に安息を見出しているとき「かたい」こと〔「困難な」こと〕に伴うわれわれの行動は、「着実かつ安全に始まる」のである、と答えるだろうと私は考える。また「かたさ」について真理であることは、「良さ」や「実在」といった哲学的に興味深いもっと多くの特性についても、真理である。「良さ」や「実在」についてのわれわれの思考が信念の内に安息を見出したとき、「良き」事柄、「実在する」事柄にかかわるわれわれの行動は着実かつ安全に始まるのである。ジェイムズの論点は、信念は行動のために存在するということである。信念はわれわれが、確信をもって行動することを可能にするのであり、われわれが安全に活動することを可能にするのである。

しかし、ジェイムズが「安全」によって何を意味しているのかは決して明確ではない。「かたさ」についてのわれわれの信念が、何からわれわれを安全に守ってくれるのだろうか。不運（hard luck）からであろうか、険しい表情（Hard looks）からであろうか、厳しい冬（hard winter）からであろうか、ハードロックミュージック（hard rock）からであろうか？　しかし、ここにはもっと基本的問題がある。ジェイムズは次のような表現を使っている。「問題についてのわれわれの行動」、「行動の規則」、「行動の習慣」、「思考の実際的結果」である。彼はこうした表現を使うとき、何を考えているのだろうか。彼が用いているいくつかの例が、われわれの理解を助けてくれるだろう。ただ実際的な結果に何らかの差異を生み出す思考の特徴だけが、思考の意味の構成要素と見なされるべきだとの見解でパースと一致した後、ジェイムズは次のように続けている。

それゆえに同じ思考は異なった語句によって装われることもあるだろう。しかし、もしも異なった語句が何ら異なった行為を示唆しないのであれば、それら種々異なった表現は単に外見上の装飾に過ぎず、思考の意味の中では何の役割も担うことはできないのである。しかしながら、それらが、行為を異なった形で決定するのであれば、思考の意味の本質的要素である。「どうぞ、ドアを開けてください」とフランス語の「*Veuillez ouvrir la porte*」は、まさに同じことを意味する。しかし、「畜生、ドアを開けろ」は日本語表現であっても、極めて違った意味を持っている。それゆえ思考の意味を深めるためには、まずわれわれはどのような行為を生み出すことがその思考に相応しいと考えられるかを決定する必要がある。すなわち、われわれにとっては、ただその行為だけが唯一の意味なのである。そして、われわれの思考－区分の根底にある明確な事実は、いかに些細なことであれ、実際に生ずる可能性のある相違以外のいかなるものによる区分も、一切存在しないということである。(9)

パースが彼の教説を例を使って明示した際、彼は、かたさ、重さ、力、さらに実在という属性を使用した。ジェイムズはまったく異なった種類のものを使っている。彼の使う例は命令法の文章である。

1. どうぞ、ドアを開けてください。
2. *Veuillez ouvrir la porte.*
3. 畜生（damn）ドアを開けろ。

彼は1と2は同じことを意味していると言う。一方3は1や2とは極めて異なった何かを意味していると言うのである。この考えは、1と2を統制する規則——カント的意味でのプラグマティックな規則——は本質的には同じだというものである。例えば、次のようになる。

（P_1）もしもある人が「どうぞ、ドアを開けてください」と私に言ったなら、私は彼に対応するだろう。

また

（P_2）もしもある人が「*Veuillez ouvrir la porte*」と私に言ったなら、私は彼に対応するだろう。

この二つは、引用符の中の「外見上の装飾」が異なるだけである。言い換えれば、これらは同じ規則、対応の規則なのである。すなわち、

(P_A) もしもある人がxと私に言ったなら、私は彼に対応しようとするであろう。

一方、3に対するジェイムズの規則は次のようになる。

(P_3) もしもある人が「畜生、ドアを開けろ」と私に言ったなら、私は彼に対応することを拒絶するだろう。

要するに、これはまったく別な規則、拒絶の規則なのである。すなわち、次のようになる。

(P_R) もしもある人がxと私に言ったなら、私は彼に対応することを拒絶するだろう。

(P_R) の例は (P_A) の例とは本質的な点で異なっている。すなわちこの二つの規則は「行為を異なった形で決定」しているのである。

もちろん、命令法以外の叙法の文の使い方を統制するプラグマティックな規則もある。ジェイムズ

は以下のような文章に対する行動の規則を挙げている。

4．ドアは開いていますか。

5．ドアが開いている。

そして

6．ドアを開けなさい。

例えば、ジェイムズは確かに、4の文の使用を統制する規則の中に、（P_A）形式の規則を考えていた。また、次のような平叙文のためのプラグマティックな規則も確かに考えていた。

7．彼女は険しい表情をしている。

8．彼は困り果てている。

9．われわれはとても厳しい冬を経験した。

しかし次のような文には規則を見出してはいない。

10.『時計じかけのオレンジ』は難解な本だ。

11. あのフリーセーフティー〔アメリカンフットボールのポジション〕はあたりが強い。

12. 彼らはハードロックを聞いている。

7、8、9のための規則を、ジェイムズの規則の中から類推してみよう。それはおそらく次のようになる。

（P_4）もしもある人が「彼女は険しい表情をしている」と私に言ったなら、私はその発言を、彼女の顔が彼女の過去を表していると暗に指摘しているものと受けとることだろう。

（P_5）もしもある人が「彼は困り果てている」と私に言ったなら、私は彼の窮状について尋ねることだろう。

（P_6）もしもある人が「われわれはとても厳しい冬を経験した」と私に言ったなら、私は彼に共感するだろう。

このような規則が、ジェイムズの個人言語（idiolect）の中で7、8、9の文が持つ実際的目的を決定することになる。

デカルト主義の精神の下にあった一九世紀の論理学者たちは、観念の明晰さ、判明さを重視した。パースが彼らの見解に再検討を加えたとき、彼が見出した事実は、明晰さとは流暢な表現の中に認められる、馴染み深さに過ぎないということであった。「馴染み深さという意味で明晰さを考えれば、いかなる観念も、これ以上に明晰ではありえない。どの子供も、それを理解していないなどと夢にも考えず、完全な自信を持ってそれを使うのだ」[10]。明晰さは実際的目的についての知識である。したがって、それは内在化されたプラグマティックな規則に関する事柄なのである。ジェイムズは7、8、9の文が形式化している観念については明晰であるが、しかし、10、11、12の文は彼にとって漠然としたものに過ぎない。もしも、パースの言うことが信じるに値すると考えられるならば、デカルト主義の論理学者は明晰な観念を判明にすることを、すなわち、観念に残されたその意味に関するあらゆる混乱を、抽象的な言葉で正確に定義することによって排除することが、彼らの使命だと考えたのである。彼らは正確に定義されていない観念を混乱した観念と見なした。彼らによれば、われわれは明晰、判明な観念だけを理解できることになる。パースはこれに同意しない。パースはデカルト主義者と同様、われわれは単に観念の実際的目的を知ることによって、その観念を知ることができるとは考えない。明晰さだけで理解を保証することはできないのである。パースがデカルト主義者に同意しない点は、抽象的な定義こそが理解、すなわち、合理的認識（rational cognition）に到達する方法だと考える点である。パースは、抽象的な定義を弄しながら、まったく理解を欠いているあまりに多くの衒学者たちを見てきた。彼の見解によれば、合理的認識は合理的目的と切り離し難く結びついている。ある観念の合理的認識を持つことは、デカルト主義の論理学者にとっては抽象的用語によるその観念の定義を知ることであるように、実験主義的論理学者にとっては、合理的目的を知ること――その観念の使用を統制する基準を知ること――なのである。さて、ジェイムズは、パースやデカルト主義者と同様、彼の観念が合理的認識であることを望んだ。しかし、彼は、パースともデカルト主義者とも異なり、それを実現するためには、単に実際的目的を知り、そのためのプラグマティックな規則を持てばよいと考えたのである。

そして、彼は、プラグマティックな規則の獲得過程を、パース以上にはるかに自覚的過程であると考えたように思われる。例えば、ジェイムズが「活動する思考にとっての唯一可能な動因は、思考の休止状態に到達しようとすることである。しかし、ある対象についてのわれわれの思考が信念の内に安息を見出したとき、その問題についてのわれわれの行動が、着実かつ安全に始まるのである(11)」と書くとき、彼は、思考を、パースの定義が要求した以上に、はるかに知的な過程と考えているように思われるのである。ジェイムズによれば、長期にわたる注意深い探究の後に、われわれの思考はついに信念という安息にたどり着くのである。そしてそのときわれわれは明晰さを手に入れ、さらに、プラグマティックな規則を手に入れ、われわれの行動は「着実かつ安全に始まる」のである。しかし、これはパースにとってすべてを後戻りさせることである。われわれは、多かれ少なかれ、子供のころから無意識のうちに、かたさ、良さ、実在などの実際的目的を知っている。このような知識は自覚的な探究の産物ではない。それは探究の前提条件なのである。

ジェイムズはパースから言葉を借りて、次のように述べている。

ある対象についてわれわれの思考が完全な明晰性に到達するためには、われわれはその対象がもたらすであろう、考えられる限りの実際的な影響——それから、どのような感覚的刺激が期待できるのか、どのような反応を準備しておかなければならないか——だけを考慮すればよいのである。このような影響についてのわれわれの概念（conception）は、それがともかくも積極的な意味を持つならば、われわれにとって、この対象に関する概念の全体なのである。

これがパースの原理、すなわち、プラグマティズムの原理である。(12)


しかし、ジェイムズがこのように語ったからといって、彼とパースが同じことを言っていると考えるのは早計というものだろう。ここで、パースが観念の実際的目的に対抗するものとしての合理的な目的に言及するために選んだ表現が、不注意な読者を、彼が結局実際的な目的について語っているように考えさせてしまったことを思い出さなければならない。彼は次のような表現を使ったのである。すなわち、知覚できる結果、触れることのできる考えられる限り実際的なもの、実際に生み出される可能性のある差異、考えられる限りの実際的関係に及ぼされる影響、実際的結果、などである。いずれにしろこのような表現が、合理的認識と実際的目的の間には切り離しがたい関連があると、ジェイムズに誤って考えさせてしまったように思われる。

ジェイムズはある対象について思考することで、完全な明晰さへ到達できると口にするが、しかし彼は、その対象について、パースが意味した何物をも意味してはいないのである。彼の例が示すように、彼が考えている対象は（平叙文の）文であり、特に哲学的命題、例えば、「物理的実体は存在する」、「精神的実体は存在する」、「神は存在する」、「自然界にはデザインがある」、「自由意志は存在する」などを形式化した文である。ジェイムズがその源としてパースに言及した原理は次のようになる。

すなわち、ある文について、思考が完全な明晰性に到達するためには、われわれはその文が真となると考えられる限りの現象世界と、そのような世界での生き方がどのようなものであるかを考慮すればよい、というものである。このような世界や生き方についてのわれわれの概念は、それがともかくも積極的な意味を持つならば、われわれにとって、この文に関する概念の全体なのである。明らかに、パースはこのような原理を考えてはいなかった。ジェイムズは単純に主題を変えてしまったのである。パースはわれわれに、抽象的用語がわれわれにとってどのような意味を持つかを決定する原理を提供したのである。われわれは、これからは、これだけを、パースの意味の原理と考えることにしよう。すなわち、パースの原理は次のようになるであろう。

（PPM）もしも、ある述語の用法を統制するすべての基準が正確に規定されうるならば、それにより、その述語によって付与された意味の完全な定義を手に入れることができる。

ジェイムズが「パースの原理」と呼んだものはまったく異なった目的を持っている。それは哲学的な命題が、われわれにとって、どのような信憑性（credibility）を持っているかを決定する方法を形式化したものである。混乱を避けるために、それでは、これに別の名前を付けることにしよう。ここではそれをジェイムズの信憑性の原理（principle of credibility）と呼ぶことにしよう。この原理は次のようになるであろう。

（JPC）もしも、ある文が真となるような、あらゆる可能な世界と可能な生き方が正確に規定されうるならば、そのことによって、その文が言おうとすることの信憑性の完全な説明を手に入れることができる。

ジェイムズがプラグマティックな方法について語る場合、彼はこの原理を哲学で応用することを念頭に置いている。この原理は「第一に、それ以外では決着を見出せそうもない、形而上学的論争を解決する方法なのである[13]」。それは、「どのような哲学的命題の実質的意味も、常にわれわれの将来の実際的経験における何らかの特定の帰結に関係付ける[14]」ことにより、そうした論争を解決することができる。ジェイムズの可能性についての概念はディオドロス流であり、将来も考慮に入るのである。すなわち、可能であるものは、現在あるいは将来において現実となりうるものであり、ある特定の人にとって可能なものとは、現在あるいはその人の生涯のうちに現実となるものだというのである。それゆえに、ジェイムズによれば、「哲学の全体としての機能は、この世界‐形式かあの世界‐形式が真なるものである場合、それがわれわれの生涯の特定の場面で、あなたや私にどのような明確な相違を生み出すかを見出すことであるべきだ[15]」となるのである。

ジェイムズにとって、哲学におけるプラグマティックな方法の源は、パースではなくイギリス経験論である。

私は、諸々の概念の意味を、それらがわれわれの人生にとってどのような相違を生み出すかを問うことによって解釈する習慣を最初に導入したのが、英語圏の哲学者であったとお話できることを幸せに思います。パース氏はただ、彼らの実在を求めた感覚が本能に導かれて行ったことを、明確な格率という形で表現しただけなのです。概念を探究する偉大なイギリス的方法は「特定の経験について、それはどのようなものとして知られているのか。それはどのような事実に帰結するのか。その金銭的価値はどれほどか。またそれが、真であるのか偽であるのかによって、どのような特別な相違が世界にもたらされるのか」、直ちに自らに問いかけるのです。(16)

ジェイムズは特に、ロックの人格の同一性についての分析、バークリの「物理的実体」、ヒュームの「因果関係」に注目する。(17)「スチュアートとブラウン、ジェイムズ・ミル、ジョン・ミル、またベインも、多かれ少なかれ同じ方法に従っており、シャドワース・ホジソンはそれを、ほとんどパースと同じくらい明確に使っていた」。(18)ジェイムズがプラグマティックな方法――ＪＰＣの応用――を、われわれが「実験的方法」、あるいはＰＰＭの応用と呼ぶものに対抗するものとして考えているということを覚えておこう。そうだとすれば、シャドワース・ホジソンがそれ「プラグマティックな方法」をほとんどパースと同じくらい明確に使っていた――そもそもパースが、明確にであれ何であれ、それを使っていたかは明らかではないのだが――ことは、驚くにはあたらないであろう。

しかし、だとしても、シャドワース・ホジソン自身は本当のところ、どうであったのだろうか。ホジソンが『プラグマティズム』――それは「思考のある古い方法への新しい名前」と副題が付けられているのだが――を受け取ったとき、次のようにジェイムズに礼状を送っている。

ロンドン、六月一八日　一九〇七年

ジェイムズ殿

ロンドンの出版社より『プラグマティズム』というあなたの御高著を送っていただき、厚く御礼申し上げます。この上ない喜びをもって、最大限注意深く読ませていただきたいと思っております。正直申し上げて、私はその考え方に、強い先入観を持ってしまっておりますので、納得できるとは考えられないということを、率直に申し上げなければなりません。あなたは、「プラグマティズム」という名前を思考のある古い方法への新しい名前と表現していらっしゃいます――このタイトルのあるページからなかなか前へ進めないのですが――もちろん、古きものは永遠に再生し続けるでしょう。「プラグマティズム」や「ヒューマニズム」というような名前はこの著作の部分的な性格を表しているのでしょう。また、それゆえに全体としては哲学にはそぐわないのかもしれません。あなたはどのようにして、人類の要求、欲望、目的を宇宙の「基準」にまで高められると夢見ることができるのでしょうか。あなたはそうした要求や欲望、目的がどこまで宇宙の本質を明らかにすることができるかと問う前に、まず第一に、どのような経験が人類と宇宙、そしてそれらの関係を本当に存在するものと人々に考えさせることができるか、間違いなく問わなければならないでしょう。

しかし、このような思考の古い方法の古い批判はもうたくさんでしょう。それより、英国学士院の客員会員として選出されたことへのお祝いを述べさせてください。学士院の末席を汚す会員として、そのことについては、心からお祝い申し上げます。

シャドワース・ホジソン[19]

この手紙の内容に照らしてみると、ジェイムズの〔先ほどの〕言及はまったくのパースへの侮辱であるように思われる。結局のところ、プラグマティックな方法も実験的方法同様、パースから導き出されたものだと言って差しつかえない側面がある。ラルフ・バートン・ペリーが書いているように、「パースはジェイムズに彼がすでに吸収していた観念を明確に自覚させ、さらに多くの源泉から吸収を続けさせ」たのであり、さらに「その観念とは、概念の意味というのは、ある状況に概念のどの側面を向け、どのような行動を誘発するかに依拠するという趣旨であった」[20]。観念がこうした一般的なレベルで理解されれば、実験的方法とプラグマティックな方法はともにパースの観念の応用であると分かるであろう。実験主義者がある状況である概念を適用しようと考えるとき、彼はその状況に向けられた側面が実験という側面であることが分かるのである。彼にとって、概念の意味は、ある実験——そこでは、概念の適用が試される——が行われた場合、ある実験結果が生ずるであろうと予測することに他ならない。一方、プラグマティスト（ジェイムズがこの用語をあてはめているような）がある概念の適用を考察するとき、その概念の意味は、もしも、ある可能な世界が——そこでは、概念のこうした適用が真である——現実化されたならば、何らかの実際的結果が生み出されるであろうということに他ならないのである。（その状況は未来への旅［ジェイムズの友人であるH・G・ウェルズが一八九四年に発表した『タイムマシン』の精神での］であることをうかがわせる。）それゆえに、プラグマティストと実験主義者はある状況に概念のどのような側面を向けるかという点では異なるとしても、どちらも、同じ観念――概念の意味は状況に対しどのような側面を向け、それによりどのような反応を誘発するかということに依拠するというパースの考え――を適用しているのである。したがって、ジェイムズの信念はシャドワース・ホジソンよりはパースにいささか近いように思われる。ジェイムズは『プラグマティズム』の中で、真理論についても――彼の意味の理論に対するのと同じように――パースに対応する形で自説を示している。

> （ＰＴＴ）真理とは、すべての科学的探究者が究極的には一致するよう運命付けられているものである。

これがパースの真理論であった。（ＰＴＴ）はジェイムズが絶対的真理と呼ぶものを定義している。すなわち、

> 「絶対的」に真なるものとは、それ以後のいかなる経験でも決して変更しえないものを意味しており、われわれのすべての一時的真理がいずれそこへと収斂していく理想的消尽点である。それは、完璧に賢明な人間や、絶対に完全な経験とも一致するのであり、もし、こうした理想が実現されるならば、これらすべてが一斉に実現されることであろう。一方われわれは、今日手に入れることのできる真理で今日を生きなければならないし、明日になったらそれを誤りだと呼ばなければならな

いかもしれない覚悟を持っていなければならないのである[21]。

興味深いことに、ジェイムズはこれとの関連で、われわれは、たとえ「後方を理解している」としても「前方を生きなければ[22]」ならないという趣旨でキルケゴールを引用している。彼が、キルケゴール自身がイタリック体で強調した、『哲学的断片への結びとしての非学問的あとがき』の中の次の文章を知っていたかどうかは疑問である。

> 真理の問題が客観的に問われた場合、内省は認識者が関係している一つの対象としての真理に客観的に向けられる。しかしながら、内省はその関係に焦点を置くのではなく、認識者が関係しているものが真理かどうかという問題に焦点を置くのである。もしも、認識者が関係している対象だけが真理であるならば、主観は真理の中にあると説明される。真理の問題が主体〔主観〕的に問われる場合、内省は個体の関係の本質に主体〔主観〕的に向けられる。もしも、このような関係の在り方だけが真理に貫抜かれているのだとすれば、たとえ偶然に真理でないものと関係していたとしても、その個体は真理に貫かれているのである[23]。

ともかくも、ジェイムズは『プラグマティズム』で真理の問題を、キルケゴールの言葉で言えば、主体的に (subjectively)、またジェイムズの言葉で言えば、プラグマティカルに、問うたのである。どのような観念を考えるかはともかく、すべての科学的探究が一致する場合、またその場合にのみ、それは真である、ということが事実であることは、おそらく明らかになるであろう。しかし、そのことが今現在、われわれの何の役に立つだろうか。ジェイムズはパースを思い起こさせるように、「われわれは、今日手に入れることのできる真理で今日を生きなければならないし、明日になったらそれを誤りだと呼ばなければならないかもしれない覚悟を持っていなければならないのである」と言うのである。

パースなら、「われわれは科学が昨日手に入れた真理によって、今日を生きなければならない」という言い方を選ぶかもしれない。きっとそうであろう。科学の論理に関する研究は、「われわれの諸科学が発達してきた状況について」[24]次の点を明らかにしているとジェイムズは言う。

われわれの法則のほとんど、いや、おそらくすべては、ほんの概算上のものに過ぎない。さらに、法則自体、数えることさえ困難なほど多くが生み出されてきており、また科学のすべての分野において、非常に多数の競合する公式が提唱されているので、研究者自身、実在の絶対的な転写としての理論などは存在しないが、その中のどれか一つは、ある観点から見れば有用であろうと考えることに慣れているのである。理論の大きな利点は、古い事実を要約し、新しい事実へと導いてくれることである。しかしそれらは、人間が作った言語であるに過ぎないのであり、ある人が呼んだように、概念的速記術なのである。われわれは、それによって、自然についてのわれわれのレポートを書くのである。そして言語というものは、よく知られているように、多くの表現上の選択肢と多くの言い回し（dialects）を容認するのである。[25]

ジェイムズは、この科学の論理についての見解を堅固なものとするために、オーストリアの物理学者エルンスト・マッハ、フランスの数学者アンリ・ポアンカレ、フランスの物理学者ピエール・デュエムなど、初期の科学的道具主義者（scientific instrumentalist）の名前を挙げている。ジェイムズによると、F・C・S・シラーのヒューマニズム（ジェイムズは一九〇五〜一九〇六年の講義録に、「プラグマティックな方法は、概念が意味するものとはその概念のもたらす帰結である、と主張する。ヒューマニズムはこうした帰結が十分なものであるとき、その概念は真であると言うのである[26]」と記している）や、当時ジョン・デューイがシカゴで構想中であった哲学的道具主義の登場を準備したのは、彼らだということになる。

このような、科学的論理の潮流に乗って、シラー、デューイの両氏は、あらゆる場面で真理が意味するものをプラグマティズム的に説明することで、登場したのである。この二人の教師が主張するには、あらゆる場面で、われわれの観念や信念における「真理」は、それが科学において意味するものと同じであるというのである。それは、次のこと以外の何物をも意味しないと、彼らは言う。すなわち、種々の観念（それ自体がわれわれの経験の諸々の部分に過ぎないのだが）は、無限に続く個別的現象を追認していく代わりに、観念による近道（short-cut）によって、われわれが、われわれの経験の他の部分と十分な関係を保ち、そうした関係を統合し、相互の間をうまくやっていく助けとなる、まさにその限りにおいて、真である、と。いわゆる、われわれが使いこなせる観念、すなわち、物事を十分に関連付け、安全に機能させ、単純化し、労力を節約しながら、われわれの経験の一部分から他の部分へと上手にわれわれを導いてくれる観念が、まさにそれゆえに真であり、その限りで真であり、道具的に真だというのである。これが、シカゴで教えられ、成功を収めた真理についての「道具的」見解、また、オックスフォードにおいて実に鮮やかに発表された、われわれの観念における真理とは、その「機能する」力を意味する、という見解なのである[27]。

われわれがここで手に入れるものは、「道具的な真理」という専門用語の次のような定義である。

（DIT）ある観念は、われわれが自分の経験のさまざまな部分を十分に関係付けるのに役立つ、まさにその限りにおいて、道具的に真である。

われわれは、道具的真理が程度の問題だということを特記しておこう。そうすると、次のようになる。

ある観念は、他の観念よりも、われわれが自分の経験のさまざまな部分を十分に関係付けることにより有効に役立つならば、またその場合に限って、それは他よりも（道具的に）より真である。

また道具的真理は、社会的あるいは共同体的（communitarian）な考えでもある。それは単純にあなたや私の役に立つというのではなく、われわれの役に立つものなのである。

『プラグマティズム』の中でジェイムズは、この道具的真理の概念を「真理によって意味されているものについての包括的理論」の基礎として使っている。この理論によれば、観念の真理性は「その観念が本質的に持つ、沈潜した特質ではない。真理は観念にとって、偶然的（*happens* to）なものである。それは真になる（*become*）のであり、ある事態によって真にさせられる（be *made*）のである」[28]。上で引用した文から分かるように、真になるということは、ジェイムズにとって、端的に言えば道具的に真であるということに他ならない。

（DBT）ある観念は、それが道具的に真である場合、またその場合に限って、真になるのである。

ジェイムズは、真となる過程の途上にある観念を、時には一時的な真理として（「『絶対的』に真なるものとは、それ以後のいかなる経験も決して変更しえないものを意味しており、われわれのすべての一時的真理がいずれそこへと収斂していく理想的消尽点である」[29]）、あるいは単に相対的な真、または、単にある経験のある領域内でのみ真であるものとして（「プトレマイオスの天文学、ユークリッドの空間論、アリストテレスの論理学、スコラ哲学の形而上学は、何世紀にもわたって、便利な手段であった。しかし人間の経験はこうした考えが想定した領域を超え出てしまい、今やわれわれはこうしたものを、単に相対的に真、あるいは経験がそうした領域内に留まっている場合にのみ真と呼んでいる。『絶対的』には、それらは偽なのである」[30]）、あるいは、半ば‐真理として（「半ば‐真理と同様に、絶対的真理も作り出されなければならないだろう。すなわち、絶対的真理はきわめて多くの検証

－経験の積み上げに付随して生まれた関係として作られるものなのであり、この検証－経験には半ば－真理の観念が、常にそれぞれそれなりに寄与するのである」[31]）、あるいは、推定的（probable）真理として（「推定的真理を確かめる唯一のテストは、われわれを導く方法として最もよく機能するか、生活のあらゆる面に最もよく合致し、経験が要求するもの全体と何一つ排除することなく連携できるかということである」[32]）語っている。真理－過程にある観念を表わす同義語（「真理の成長過程」[33]にある観念、「真理になる」[34]過程にある観念）を使ったとしても、こうした観念が真なる観念と混同されることはないと考えられるかもしれない。しかし不幸にして、それは事実ではない。ジェイムズは、時に真理－過程にある観念を、端的に真と語ってしまうのである！（「言い換えれば、われわれの真理に関するいずれかの一つの観念に対する最大の敵は、われわれのほかの真理の観念であろう」[35]。）それゆえわれわれも、十分気をつけなければならない。

真理－過程にある観念の中でも古くからの観念、例えば水がH_2Oであるというような観念は、「棚の上に鎮座させられ」ており（ウィトゲンシュタインの表現を使えば）、その妥当性についても長い間受け入れられてきたので決して探究の対象になることもなく、真理の成長の過程に「絶対的に支配的な」[36]影響を及ぼしてきた。

人々は、古い意見をすでに十分に蓄えているが、そうした意見を動揺させる新しい経験に遭遇する。ある者は、古い意見を否定するし、ある者はしばしば反省し、それらが互いに矛盾していることを発見する。また、ある者は古い意見と両立不可能な事実の存在を耳にし、古い意見では充足させることができない欲求が、自らの中に湧き上がってくるのを感じる。その結果、彼の精神にはおよそ、それまで縁のなかった内面的な混乱が生ずることになる。そして彼は、今まで保持してきた多くの意見を修正することで、そこから逃れようと努めるのである。彼はできるだけ古い意見の多くを救おうとする。というのも、このような信念の問題において、われわれは極めて保守的だからである。そういうわけで、彼は、まずこの意見、それからあの意見と徐々に変更を加え（古くからの意見は、変化には激しく抵抗するものであるから）、ついには、古い意見からの抵抗が最小限で、古い蓄積に接木のように加えることができる何らかの新しい観念が生まれてくるように努める。そうすればその観念は、今までの蓄積と新しい経験の間を調整し、お互いを最も巧妙かつ適切に機能させるのである。

こうして、新しい観念が真なる観念として受け容れられる。それは、古くからの真理の蓄積を、新しいものを認めことができる程度に拡張しながらできる限り馴れ親しんだものを残すことに配慮して、最小限の修正を加えることで保持するのである。われわれのすべての先入観を打ち壊すような極端な説明は、新しいものの妥当な（true）説明としては決して通用しないであろう。われわれは、それほど奇異な感じを与えない説明を見つけ出すまで、忍耐強く丁寧に探さなければならない。個人の信念を襲う最も激しい革命でさえ、彼の古くからの秩序基盤のほとんどはそのままに残すものだ。時間と空間、原因と結果、自然と歴史〔という概念〕や、個人の経歴までもが覆されることはない。新しい真理は、常に移行期の仲介者、あるいは混乱収拾者なのである。それは、最小限の動揺と、最大限の継続性を維持して、古い意見を新しい事実と結婚させるのである。われわれは、この「最大化と最小化の問題」を解決できる度合いに応じて理論が真であるかどうかを見極める。しかしこの問題の解決の成功は明らかに、概算上の問題に過ぎない。われわれは、この理論は全体としてはあの理論よりもより十分に問題を解決できると考えるのであるが、しかし、それはわれわれにとって比較的十分にということを意味しているのであり、各個人はそれぞれに自分自身の異なった満足の重要点を強調することになる。それゆえに、ここではすべてが、ある程度流動的なのである(37)。

いつの時代でも、人々の信念は「十分に裏付けられた経験である(38)」とジェイムズは言う。このように裏付けられた経験が真理－過程では決定的な役割を演じる。ジェイムズが言うように、「真理はほとんど先行する真理から作り出される(39)」のである。この過程の渦中にあるということは「過去から捻出された裏付けのある信念全体と彼の周りの感覚世界からの圧力の間に(40)」閉じ込められているようなものである。そして、そのような状況で考えることは、新しいものを受け容れる一方で、できるだけ古いものの多くを維持しようということなのである。

ところで、以下の引用では、ジェイムズは真理になる「過程」の観念について、あたかもそれらが「真」であるかのように語っている。読者も気をつけて読んでほしい。

新しい意見は、人々が経験の中で遭遇する目新しいものを、蓄積された信念に吸収させたいという欲求を満たす、まさにその程度に応じて、真と見なされる。それは古い真理に依存しなければならないとともに、新しい事実をも掌握しなければならない。そしてこのことに成功したかどうかは（ちょっと前に言ったように）各人の評価に懸かっている。新しい真理が加わることによって古い真理が成長するというのは、主観的理由による評価である。われわれはその過程にあり、その理由に従ってその過程を歩んでいるのである。新しい観念は、われわれの二重の緊急の要請を満足させる機能を最も適切に果たすことで、最も真であるものとなる。それは、その機能の仕方によって、すなわち、形成層への新しい堆肥の効果によって木がさらに成長するように、古くからの真理に接木されるのであり、その機能の仕方によって、真となり、真と分類されるのである。

今や、デューイとシラーはこのような観察結果の一般化へと進み、さらにこれを真理の最も古い部分へと応用する。今や古くなったものも、かつては柔軟（plastic）であった。それらはまた、人間の都合から真と呼ばれた。それらはまた、当時新奇に映った観察と、さらに古い真理との仲介を果たしたのである。純粋に客観的な真理、すなわち経験の古い部分と新しい部分を結婚させ、人間を満足させる機能がその確立に際し何の役割も果たさないような真理など、どこを探しても見出すことはできないのである。われわれが物事を真と呼ぶ理由は、それらが真であるからである。そしてここでは「真である」とは、まさにこの結婚‐機能を果たすことを意味するのである。

人間という蛇ののた打ち回った痕跡はいたるところ認められるのである。自立した真理、われわれが単に見出すだけの真理、人間の要求に従うことのない真理、あるいは修正を受け付けない真理。こうした真理は実際多すぎるくらい存在している——あるいは、合理主義的精神を持った思索家たちによって、存在しているものと考えられている——が、そうであっても、それは単に、生ける大木の死したる魂を意味しているだけで、またそのようなものが存在しているとしても、真理にはそれなりの古生物学的性質や、「賞味期限」があって、長期間用いられるうちに硬直化していき、人々の関心の中ではまったく過去のものとなってついには化石化していくものだということを意味しているに過ぎないのである。(41)

一つの観念が他よりも「より真である」というのは、単に道具的な意味においてだけである。そうであるからまた、「われわれの二重の緊急の要請を満足させる機能を最も適切に果たす」観念が「最も真」（道具的に）なのである。このような観念について、ジェイムズは、それは「その機能の仕方によって、真となり、真と分類される」と述べている。ここにおいてわれわれは、こうしたことこそ現実的事実として実際に起きていることだと同意したい気分になるだろう。ある新しい仮説は対抗説すべてを完全に凌駕し、古いものは戦うことさえ停止して「棚の上に鎮座させられ」るか、ジェイムズが言うように、「百科事典の中の冷たい保管庫に移される(42)」のである。しかし、われわれは注意しなければならない。「人間という蛇ののた打ち回った痕跡はいたるところに認められる」のであり、今日最も適切にその機能を果たしたものでも、明日にはそういうわけにはいかないことが起こりうるのである。しかしともかく今日機能を果たすものがあれば、われわれはそれによって生きる以外、選択の余地はない。しかし、ジェイムズは、われわれに常に次のことを思い起こさせる。すなわち、われわれは「明日にはそれを、誤りであると呼ぶ準備」をしておかなければないというのである。ジェイムズは、パース同様、可謬主義者であるということである。

ジェイムズは、道具的に最も真であり続ける観念は、おのずから真と分類されると言う。それらは、機能するその仕方によって真と見なされるのである。彼はこれを、検証（verification）のプロセスとして語っている。ジェイムズによれば、観念は、「最も適切かつ便利に」（「最低限の修正」、「最小限の動揺」、「最小限の妨害」と「最大限の継続性」で）、新奇な経験を裏付けられている経験に組み入れる能力によって自らを検証するのである。しかし、われわれは注意しなければならない――「検証」という語は多義的でないとは言えないからである。あることを検証するということは、次のいずれかを意味するものと考えられる。

1. あることの真理性（truth）を証明すること（to prove）、すなわち、それを確証すること（to confirm）。
2. その真理性、真実性（authenticity）、または正確性（correctness）を確認すること（to ascertain）。
3. そのことの究極的な証明、あるいは証拠として行動すること。それを確認するために役に立つこと。
4. それを、宣誓（oath）によって実証すること（to substantiate）。

例えば、次の例を考えてみよう。技術者は、電池が切れたことを検証する（1の意味で）。狩猟管理者はわれわれの狩猟ライセンスを検証する（2の意味で）。スパッド・ウェブの昨シーズンの活躍は、小さな選手でもＮＢＡでプレーできることを検証した（３の意味で）。証人が、いましがた掛けられた嫌疑を検証した（４の意味で）。こうした例の意味を区分することは重要である。なぜかというと、ジェイムズ流のプラグマティズムの批判者は検証の問題に関し、しばしばジェイムズを誤解してきたからである。例えば、ラルフ・バートン・ペリーのような専門家までが、ジェイムズの議論に「検証が、観念を真にすることはないように私には思われる。それは、真であることを知らせてくれるだけである」と反論している。ペリーは明らかに検証を１あるいは２の意味で考えているのであり、３、４の意味では考えていない。例えば、４の意味では、検証者は真理を知っていることを強いられている、と言っていいだろう。彼はそれが真であることを既に知っているのであり、彼が検証を行うために呼び出された理由もそこにあるのである。さらに、もちろんこの意味で、嫌疑（あるいは何であれ）を真とするものは、検証者であると考えることにも問題はない。それはすでに真なのであり、彼はそれを知っているのである。それゆえに、彼は、今それを真にしているということではないのである。さらに第三の意味ではどうだろうか。この意味で言えば、主体は観念を真にしているとともに、それが真であることを知るようになるということかもしれない。スパッド・ウェブの昨シーズンの活躍は、小さな選手でもＮＢＡでプレーできるという観念を真としたのであり、それはまたスパッド自身に、それが真であることを知らせたとも言えよう。さらに、次の点にも気をつけなければならない。すなわち、あることを行うこと――ある仕事を行う能力――が自らを検証しうるのは、ジェイムズが新奇な経験を裏付けられている経験に組み入れるという行為によって最も適切かつ便利に観念は自らを検証すると述べたように、３の意味においてのみ行われることなのである。極めて明らかなことであるが、ジェイムズがこのように語るとき、彼は3の意味で検証をしているのであるが、ペリーは（さらに一部のほかの人々は）彼が1あるいは2の意味でそれを使っていると考えているのである。

確かに、『プラグマティズム』の中には、ジェイムズが1の意味で検証について語っている箇所がある。しかしこれは、ふつう検証の役割を軽いものにしてしまう。われわれは、あるものが第一の意味で時計であると検証されていないとしても、それを時計と呼ぶ場合がある。ジェイムズは、「ここでのこの仮定の検証というのは、そのことで何らの不都合も、矛盾も引き起こさないという意味である。歯車や分銅や振り子についての検証可能性は検証と同じことなのである。……真理は実際、大部分、信頼の体系の下で意味を持つ[43]」。しかしジェイムズが「われわれにとっての真理は、検証プロセスの単なる集合的名称であり、それはちょうど健康、富、権力などが、生活に結びついている色々なプロセスの名称であり、それを追求することが十分見合うからこそ追求されるのと同じようなものである。真理は、ちょうど健康や富や権力が作り出されるように、経験の途上で作り出されるのである[44]」と語るとき、彼は3の意味で検証について語っているのである。

そうした意味で、観念は、裏付けのある経験と新しい経験を最も適切かつ便利に仲介することで、自らを検証すると言われるのである。そして、ジェイムズ流のプラグマティズムの中に真理を根付かせたのは、この意味での検証なのである。「観念の真理性はその観念が本質的に持つ、沈潜した特質ではない。真理は観念にとって、偶然的なものである。それは真になるのであり、ある事態によって真にさせられるのである。その真理性は実際、出来事であり、プロセスなのである。言い換えれば、それ自身の検証プロセス、すなわち、検証-するプロセスということになる[45]」。そして、これはある種の迎え入れる機能を便宜上果たしているので、こうした観念を生んだ思考もまた、もし便利であれば——もちろん何らかの修正は伴うだろうが——真であると見なされることになるであろう。

> 「真」とは、極めて端的に言えば、ただわれわれの思考において、有用だということである。それはちょうど、「正しい」がただわれわれの行動という方法において、有用だということと同じである。ほとんどいかなる形態においても有用だということである。また全行程から見て有用だということである。というのも、目下のすべての経験に有用に対処できるものが、必ずしもそれ以後のすべての経験に、同じように十分に対応できるとは限らないからである。われわれも承知しているように、経験とは煮えたぎって溢れ出る可能性を持っているものなのであり、われわれに現在の定式を是正するよう迫ってくるのである。(46)

> この原則は次のようにまとめられる。
>
> 1. われわれの思考において真であるものは、全体として究極的に有用であるものである。

ジェイムズが「有用さ（expedience）」をこのように強調する決断を下したのは、誤りだったかもしれない。というのも、この言葉は多義的過ぎるからである。それはしばしば「正当に〔有用〕というより政治的に〔有用〕」という意味にとられ、このような意味がプラグマティズムの議論に少なからず影を落としてきた。しかし、ジェイムズはこのようなことを意味したのではない。彼の「有用さ」の意味は適合性（suitability）、適切性（appropriateness）に関係するのである。辞書には「有用さ」のこの意味は「優位にある（advantageous）、相応しい（suitable）」と定義されている。ジェイムズなら「相応しいから優位にあるのだ」と言うかもしれない。

われわれの思考は「信念の生み出すもの以外の何物かに向かうように進路をとることは決してない」のであるから、ジェイムズには次のことを指摘したいのである。すなわち、

2. われわれの思考において全体として究極的に有用なものが、真であるという信念を生み出すのである。

そして、彼は明らかに、これが示唆することを受け容れるであろうし、そこにプラグマティックな意味を見出そうとするであろう。ある信念について、それが真であると言うことによって、われわれは何を語っているのだろうか。ジェイムズの答えは次の通りである。

真理は善の一種であり、通常考えられているように善と区別されるカテゴリーではなく、善と一体となっているのである。真理とは、信念という形で自らが真であることを証明できるあらゆるものの名称であり、また、特定できる明確な理由からも善なのである。間違いなく、このことは認めざるをえないであろう。もしも、真なる観念には人生にとって善いことなど何も含まれておらず、あ

るいはそれを知っていることがむしろ積極的に不利益となり、誤った観念の方がむしろ役に立つというのであれば、真理は神聖で貴重なものであるという考えや、またそれを求めることが義務であるという最近の考え方などは決して成熟しなかったであろうし、せいぜい一つのドグマになるのが落ちであっただろう。そのような世界では、われわれの義務は、むしろ真理を避けることとなるであろう。しかし、われわれの世界では、ちょうどある食物がわれわれの嗜好に合致するだけではなく、われわれの歯にも、胃にもまた筋肉にもよいということと同じように、ある観念は、思考対象として妥当であるとか、われわれが好むほかの観念を支持する点で妥当であるというだけでなく、人生の実際的抗争においてもまた有用なものなのである。もしも、われわれが送っている人生よりも確かによりよい人生があり、それを信じたならわれわれがそのような人生を送る力となるような何らかの観念があるとして、またそれを信じたとしても、決して他のより重大な、究極的な利益と間違っても衝突するようなことがないというのであれば、その観念を信ずることはわれわれにとって、まさによりよいことであろう。[47]

この原理は次のようになる。

3．それ自体、自ら善であると証明でき、特定できる明確な理由からも善である信念は、真なる信念である。

ジェイムズは次のように続ける。

「われわれにとって信ずることがよりよいもの」！　これはまさに真理の定義のように思われる。これは、「われわれが信ずるべきもの」と言うことと極めて近い。またその定義に、誰も何の違和感も持たないであろう。われわれにとって信ずることがよりよいことを、信ずるべきではないなどということがあるだろうか？　それでいて、われわれにとってよりよいものと、われわれとって真なるものという概念が永遠に切り離されたままで、維持されうるだろうか？

プラグマティズムはノーと答える。そして、私もこの意見に全面的に賛成する。[48]

ジェイムズの真理論は、以下のように、原理1、2、3から帰結する。

（JTT）われわれの思考において真であるものは、信念自らが善であることを証明でき、また、明確な特定できる理由から善である信念の産物である。

これが、人々が言う、ジェイムズの原理、プラグマティズムの原理である。

第六章　デューイのプラグマティズム

ジョン・デューイはチャールズ・パースの二〇年後、一八五九年に誕生している。しかしより重要なことは、彼がウィリアム・ジェイムズの四〇年以上も後の一九五二年に亡くなっているという事実である。そして彼は、知的にも政治的にもまさに彼の人生の最期まで精力的に活動したのであった。ジェイムズ（彼は一九一〇年に亡くなっている）ともパース（彼は一九一四年に亡くなっている）とも異なり、ジョン・デューイは二〇世紀の人間であった。その世紀には、ジェイムズもパースも知らない人々や場所や出来事が出現し、それがデューイの思想の文化的背景の一部を形成したのである。第一次世界大戦、アラビアのロレンス、ウッドロー・ウイルソン、パンチョ・ヴィラ、テディ・ルーズベルト、行動主義、ジェイムズ・ジョイス、ロバート・フロスト、ターザン、一般相対性理論、ジョージ・ガーシュウィン、パナマ運河、ロシア革命、トルストイ、ジャック・デンプシー、マーガレット・サンガー、レーニン、ソビエト連邦、禁酒法、航空便、クヌート・ロックニー、ＲＣＡ（アメリカのエレクトロニクス企業）、ベーブ・ルース、ロケット、ラザフォード男爵、アーサー・エディントン、ジム・ソープ、米国在郷軍人会、ビル・ティルデン、マン・オブ・ウォー〔競走馬〕、BBC、国際連盟、チャールズ・チャップリン、ジョゼフ・コンラッド、アービング・バーリン、『国家の誕生』、D・H・ロレンス、ジャズ、染色体、アイソタイプ、インシュリン、ノーマン・トーマス、パブロフ、スコープス裁判、ダダイズム、マティス、フランク・ロイド・ライト、T・S・エリオット、エンパイア・ステート・ビル、ヒンデンブルグ号、サッコとヴァンゼッチ、無名戦士、K・K・K、エミリー・ポスト、シカゴ万国博覧会、ピカソ、アル・ジョルソン、モディリアーニ、ルードヴィヒ・ウィトゲンシュタイン、『タイム』、ノートルダム大学の四人の勇士、冬季オリンピック、バウハウス、パウル・クレー、モネ、アガサ・クリスティ、フランツ・カフカ、カール・ユング、アドルフ・ヒトラー、ウィンストン・チャーチル、大恐慌のブラックフライデー、フランクリン・ルーズヴェルト、ニューディール、ドイツの強制収容所、ルドルフ・カルナップ、マルク・シャガール、E・E・カミング、ノエル・カワード、『ニーヨーカー』、アーネスト・ヘミングウェイ、グレタ・ガルボ、ブック・オブ・ザ・マンス・クラブ、ウイリアム・フォークナー、デューク・エリントン、ロジャースとハート、ドロシー・サイアー、ミッキー・マウス、ウォルター・リップマン、ウィーン学団、サルバドール・ダリ、ニューヨーク現代美術館、アラン・コープランド、マンハッタン計画、コール・ポーター、『マルタの鷹』、マッカーサー将軍、パール・ハーバー、硫黄島、バルジ戦線、ヒロシマ、D－デイ、アイゼンハワー、プラスチック、核分裂、ヤルタ、ヘリコプター、FMラジオ、アルフレッド・ヒッチコック、エホバの証人、クラーク・ゲーブル、シャーリー・テンプル、キング・コング、スウィング、A・J・エイヤー、ロジャース&ハマーシュタイン、サルトル、ドナルド・ダック、オーソン・ウェルズ、ベニー・グッドマン、『風とともに去りぬ』、『オズの魔法使い』、マルクス兄弟、フットボール・アメリカ代表チーム、ハーレム・グローブトロッターズ〔バスケットボール・チーム〕、チャールズ・リンドバーグ、アル・カポネ、クイーン・メアリー号、聖バレンタイン・デイの虐殺、ジョー・ルイス、FBI、CIA、『ライフ』、金門橋、エリザベス女王、パン・アメリカン航空、戦闘機、ジャック・ベニー、レーダー、ナイロン、マエ・ウエスト、テレビ、バンビ、ジャクソン・ポロック、ハンク・ウィリアムズ、サイクロトロン、ペニシリン、コンピューター、ジェット機、ニュールンベルグ裁判、ジョージ・オーウェル、ロバート・ペン・ウォーレン、スポック博士、ローレンス・ダレル、マルチン・ブーバー、ヘンリー・ムーア、ウィラウェイ〔競走馬〕、ズート・スーツ、ビーバップ、空飛ぶ円盤、サイテイション〔競走馬〕、ギルバート・ライル、〔ハンフリー・〕ボガート、〔マーロン・〕ブランド、レッドベリー〔フォークミュージシャン〕、トランジスタ、誘導ミサイル、非ヒスタミン剤、経口避妊薬、トルーマン・カポーティ、グレース・ケリー、鉄のカーテン、アパルトヘイト、水素爆弾、エディー・アルカロ、ジョー・ディマディオ、カラーテレビ、ジャッキー・ロビンソン、ジョー・マッカーシー、そしてロッキー・マルシアノ〔プロボクサー〕。

ジョン・デューイは二〇世紀の哲学者であった。彼は大学の教授であり、一〇年間（一八八四～一八九四年）をミシガン大学で、その後の一〇年間（一八九四～一九〇四年）をシカゴ大学で、そして二六年間（一九〇四～一九三〇年）をコロンビア大学で教壇に立った。一八八四年から一八九八年の間に、彼は心理学の新しい分野で先駆的な仕事を公刊し、それによって、一八九九年から一九〇〇年の間、アメリカ心理学会の会長を務めている。彼はまた、六年後の一九〇五年から一九〇六年には、アメリカ哲学会の会長にも選出されている。さらに彼は一九一五年、アメリカ大学教員協会（彼が設立に尽力した組織）の初代会長も務めている。その後の四半世紀の間に公刊された彼の最も優れた哲学的著作としては、次の諸作品が挙げられる。すなわち、『民主主義と教育』（一九一六）、『哲学の改造』（一九二〇）、『人間性と行為』（一九二二）、『経験と自然』（一九二五）、『確実性の探究』（一九二九）、『経験としての芸術』（一九三四）、『論理学――探究の理論』（一九三八）である。

デューイは一九一九年に東京で、その後二年間は中国で講演を行っている。一九二四年にはトルコの学校の視察旅行に出かけ、一九二六年にはメキシコ、一九二八年にはソビエト連邦へ同様の視察を行っている。そして、彼がコロンビア大学を退いたのは一九三〇年のことであった。

トルコ、メキシコ、さらにソビエト連邦への教育調査が示唆しているように、ジョン・デューイは哲学者、心理学者であると同時に、国際的に知られた教育理論家であった。シカゴ大学では、彼は哲学・心理学・教育学部長であり、彼がシカゴ実験学校を設立・指導したのはこのときのことであった。シドニー・フックは次のように語っている。

シカゴ大学の錚々たる綺羅星のごとき科学者と哲学者がカリキュラムの開発に協力し、それをさまざまな学年に適応させ、教育する方法の開発に携わった。その中には、地球の起源についての微惑星説の提唱者である地質学者のチェンバレン、物理学者のミケルソン、植物学のクルター、動物学のホイットマン、生理学のジャック・レーブ、化学のA・スミス、社会学のW・I・トーマス、哲

学のG・H・ミード、J・H・タフツ、J・R・アンゲルがいた。(1)

デューイにとって、教育の問題は、純粋に教育的理論だけではなく、哲学や心理学の理論を試す機会でもあった。「デューイの実験学校は、アメリカ教育史上、最も重要な実験的試みであった」(2)とシドニー・フックは断言している。デューイが『学校と社会』(一九〇〇)、さらに『子供とカリキュラム』(一九〇二)を書いたのはこの実験学校に関与していた時期であった。デューイが一九〇四年にシカゴを去ってコロンビア大学に移ったときには、彼はすでに教育理論家として、全国的な名声を得ていた。コロンビア大学在職中、彼の名声は主に世界各国からの教師の訓練機関となっていたコロンビア大学ティーチャーズ・カレッジにおいて発揮された彼の影響力によって国際的に広がっていった。デューイの教育哲学が世界中に広まったのは、後期の教育関連の著作――『どのようにして考えるか』(一九一〇)、『民主主義と教育』(一九一六)、『経験と教育』(一九三八)――によってというより、ティーチャーズ・カレッジの卒業生を通じてであったのである。彼の哲学は教育を「未成熟な経験が知性という技術と習慣で基礎付けられた経験へと発展する、経験の不断の再構築(reconstruction)」(3)と捉える。デューイは学校を、すべての市民がその感受性の強い時期に経験する可能な限り理想的な社会と考えた。それゆえに、彼は学校を民主主義社会における社会改革の第一の手段と考えたのである。リチャード・バーンスタインは、デューイにとって、学校は「真に民主主義的な共同体を強化し発展させる上で、最も重要な手段であり、民主主義の使命は、すべての人が共有し参加できる、より自由で人間的な経験の永遠の創造」(4)だったのである。シドニー・フックは「海外の国々では、生活の民主化に関心を払う程度に応じて、デューイの教育理論が実践に移される可能性が高まるだろう」[5]と述べている。

ジョン・デューイは、ヴァーモント大学（学士号、一八七九年）とジョンズ・ホプキンス大学（Ph.D.、一八八四年）で学んだ。彼は学部生時代、「ダーウィンの信奉者」であるT・H・ハクスリーの進化論についての著作を読むことにより、初めて有機体の概念の重要性を理解した。彼の大学院での研究は、そうした彼の初期の関心に、ヘーゲル風の用語――この用語は彼の思索に「永遠の蓄え」として残ったと彼は言っているのだが[6]――で「すべてのものの相互依存と相関的統一」という表現を与えたのである。チャールズ・パースは一八八〇年から一八八四年の間、ジョンズ・ホプキンス大学で教鞭をとっており、デューイはパースの二つのコースを受講している。しかしデューイがパースの膨大な学識と哲学者としての重要性に気づいたのはずっと後になってからのことだったと、デューイ自身が語っている。デューイが覚えていたことは、パースが意識の原子論的理論に批判的であったということである。デューイにとって、「パースは、意識の流れの中での一連の飛躍と停止としての精神という生命の概念を提示しているように思えたのであった」[7]――すなわち、これは、ウィリアム・ジェイムズが一八九〇年に公刊した『心理学の諸原理』において、実に鮮やかに展開した概念である。その著作はシカゴ時代のデューイに多大の影響を与えた。『論理学の研究』（一九〇三）の中で、デューイとその同僚のシカゴ学派の道具主義者たちは、「自分たちが使った道具を形作ってくれたことに関し、ウィリアム・ジェイムズにいかに負うところが大きいかを明らかにしている」[8]。デューイは「アメリカプラグマティズムの展開」の中で次のように指摘している。

〔ここで〕言及されている「道具」が、ジェイムズにとって最も意義ある考察ではなかったと記すことは奇妙に感じられるであろう。そのような考察は彼のプラグマティズムより先行しており、その議論を見つけたければ、『心理学の諸原理』の中の数ページを探さなければならない。この重要な著書（一八九〇）は、極めてはっきり区分される二つの学説を展開した。

その一つは、内観心理学の再解釈である。ジェイムズはそこで、感覚、イメージ、観念が切り離されたものであることを否定し、またそれらを、彼が「意識の流れ」と呼ぶ、不断の流れによって置き換えたのである。……

彼の『心理学の諸原理』のもう一つの側面は、生物学的な特徴を持っているということである。ジェイムズが心の存在を発見するために確立した基準にはそれが最大限に示されている。「将来の目的の遂行とその実現のための手段の選択は、それゆえに、現象に精神性が存在することの印であり基準である」。この基準の力は……「概念」の章で端的に示されている。彼は、一般的観念は個別的なものを表す一つの様態であって、単なる個別的ケースからの抽象や、超経験的な機能を果たすものでないこと、すなわちそれは目的論的道具であること、を示したのである。そしてジェイムズは、この考えを、「推理（reasoning）」の章で展開したのであるが、彼はそこで「諸々の本質が持つ唯一の意味は目的論的な意味であり、また分類や概念化は心の純粋に目的論的な武器である」と語っている。(9)

シカゴ道具主義者たちが概念や判断に関する論理的な理論を発展させようと考えたとき、彼らはジェイムズの観点からそれを試み、それが次のような知的な理論に結実したのであった。

下等な生命体(organisms)が行う適応、例えば、刺激への効果的で協調的な反応は、人間では目的論的になり、またそれゆえに思考の機会が与えられるのである。反省は環境への間接的な反応であり、間接性という要素はそれ自体重要であり非常に複雑なものになりうる。しかしそれは生物学的適応行動にその起源を持っており、その認知的側面の究極的機能は、環境の状態を将来を見据えて管理することである。知性の機能は、したがって、環境という諸々の事物を写し取ることではなく、そのような事物との間で、より効果的で有益な関係が将来確立できるような方法を熟慮することなのである(10)。

このように、ジェイムズ流のプラグマティズムに大きな影響を与えた道具主義は、ジェイムズ自身の心の目的論的理論から生まれ出たものであり、その応用であったことが分かるのである。

デューイはパースとジェイムズの哲学的重要性を十分に評価するようになるが、その理由は、彼らがプラトンおよびアリストテレス以来の西欧哲学の伝統の特色となっている、行為に対する過小評価——行うことと作ることも含め——に、ほとんど誰からの支援もないままに反対し続けた勇気とその先見性にあった。デューイはこうした行為の過小評価を一九二九年の論文「危難からの逃亡」において検討している。彼はなぜギリシアの古典哲学者が行為を過小評価するようになったか、その理由を考察しているのである。

〔彼らは〕真なる学的研究だけがかかわり得る固定された実在という、より高次の領域と、経験と実践的問題が関係する、絶えず変化し続ける事物の低次の世界という考え〔に行き着いた〕。すべての実践的活動が変化の領域に入ることは明らかであったが、彼らはその変化をないがしろにして、普遍なるものを称揚したのである。彼らは、知識の役割とは、われわれの実践的判断を伴う場合のように、問題が生じた際にその問題を処理するために必要な理解を手に入れることよりもむしろ、先行する実在を顕現させることだ、というギリシア以来哲学を支配してきた概念を後世に伝えたのである。(11)


これは、パースとジェイムズが、あえてそれに抗して泳ぎ切ろうとした大きな流れであった。

しかし、デューイには、ギリシアの「生成」よりは「存在」を、また正当化された信念よりは知識を称賛する考えに、実際に弔いの鐘を鳴らしたのは、パースやジェイムズではなく、チャールズ・ダーウィンの議論であるように思われた。デューイが「ダーウィン主義の哲学への影響」(一九二五)で指摘したように、「起源」という語と「種」という語の絶妙なコンビネーションは、知的反抗に具体的イメージを与え、新しい知的風潮をもたらしたのである。というのも、「種」という語はスコラ哲学の用語であるギリシア語の訳語から来ていたからであった。この語は、プラトンやアリストテレスとともに、知識の真の対象である固定された実在を意味してきた。しかし、一度、種そのものが変化の世界に持ち込まれてしまえば、すなわち種もかつて生まれ、そしていつか消滅していくものだということになれば、もはや哲学者は、固定された究極的なものの優位性を前提とすることが正しいと感じることはできないだろうし、変化や起源を欠陥や非実在の印として、当然のように扱うこともはやできなくなるのである。デューイにとって、ダーウィン主義の哲学への影響は、「それが、移行（transition）の原理によって生命現象を支配した点であり、またそれによって新しい論理を心や道徳や生命に適用する道を開いたことであった[12]」。そしてこのことを最初に認識し、その応用を試みたのが、パースでありジェイムズだったのである。デューイは「アメリカプラグマティズムの展開」の中でこのような展開を概説しているのである。

デューイは彼自身を、パースと同様、実験主義者と考えていた。パースが実験主義の精神をデカルト主義の精神に対峙させながら、方法に関しては、哲学は科学の成功を批判するよりは見習うべきであると主張したことを思い出そう。そのような哲学的方法は、哲学的伝統が称揚してきた方法とはまったく異なる、経験という概念を前提とするものであった。ジョン・デューイは、その哲学者としての時間の多くをこのような経験という概念を定式化し洗練させることに費やした。それは彼の哲学の鍵となる概念であるが、同時に彼にとって経験は、責め苦ともなったと言えるだろう。それは哲学の世界では根深い基盤を持った専門用語になっており、デューイも自分がそれを全面的に変えることができるなどと考えることは、「歴史的愚考の一例」であると信ずるようになったのである[13]。誰にも予想がつくことであろうが、哲学的用語は多義的である。経験は、ヘーゲル哲学の伝統では、究極的にはすべてのものが相互関連する唯一の動的で統合された全体と考えられた。これがデューイの本来の

（哲学的）経験概念である。それは、ジェイムズが言うところの、絶対的に真である観念や完璧に賢明な人間にも通ずる「絶対的に完全な経験」である。というのも「もしもこのような理念が万が一にも実現されるとすれば、すべてが一斉に実現されるであろう」からである。しかし、デカルト的伝統は（イギリス経験論を含め）経験を自然の中にではなく、自然についての、観念や知覚の連続と考えたのである。デューイはこうした幻想の中で考えられた経験には何の関心も持たなかったであろう。デカルト主義者が抽出しようとした経験において純粋に与えられる要素について、何か語ることができるとしても、それは、ジェイムズが言ったように、「途方もなく、騒がしい混乱[14]」に過ぎないのである。実験主義は――ヘーゲル主義者が提唱したような観念化されたものではないにしても――それより遥かに安定した、かつ豊かな経験の概念を要求したのである。デューイはこのような「経験」という語の哲学的用法を、例えば、われわれがある人を経験を積んだ大工さんと呼んだり、誰々はフォルクスワーゲンのトランスミッションに関して多くの経験があると言ったりするときのような、日常的で慣用的な用法に戻すことによって清算しようとしたのである。このような用法では、経験は繰り返されてきた過去の出会いや行動に基づく実践的な関心にかかわる身近なものとなる。この意味で「経験」を持つためには、人々は経験を――かつて参加したことのある、または少なくともその中で暮らしてきた出来事や一連の出来事を――持っていなければならない。ギリシア哲学の底流にあった「経験」もまた、この日常的な観念であった。アリストテレスは「経験」によって、何かを行う能力を、すなわち、あることを繰り返し行うことで獲得される能力を、また、理論的悟性によるというよりも、経験則（カントのプラグマティックな規則）によって導かれる能力を意味したのである。デューイの主張は、職人の技術や実践的人間の知恵だけではなく、科学者の知識も、まさにこの語の日常的意味での経験に基づいているのだというものである。バーンスタインは次のように述べている。

> デューイ自身、自分がギリシアの哲学者たちの主張する強力な自然主義的な傾向と、科学によって行われている実験的方法の細部にわたる評価が結びついた新しい経験という概念に基づいた新しい経験主義を発展させようとする一般的動向の一端を担っていると考えていた。彼は、経験についてのギリシア的見方に共感を持っていた。彼らの見方は、経験を社会的知識と技術の蓄積からなり、それによって人々が、量的にも豊かで、種々多様な側面をもつ自然との直接的なまじわりができる手段であると考えたのである。しかし、デューイはこうした経験についての見方も、科学の実験的方法に照らして、再構築されなければならないと強く訴えたのである。(15)

デューイは経験を自然的移行（natural transition）（自然的に発生する活動であり、その活動に関係する構成要因と要素が全体的協調運動を条件付け、また一方それらがその全体的協調運動によって条件付けられる）の三つのタイプの一つであると見なすようになった。このような有機的協調運動の中で、あるものは、例えば、ストレスによって生み出される生化学物質を排泄可能な形に分解する酵素を分泌するときのような、単なる生理化学的移行であり、あるものは、例えば、動物が腹部に痛みを感じるときのような、心理物理的移行であり、またあるものは、例えば、人間が胃の痛みを和らげるために制酸剤を飲むときのような、経験的移行なのである。人間の経験を他から区別する特徴（経験的移行）は、人間が発達させてきた社会生活の様態——また、特に言語的コミュニケーションの様態——を研究することによって見出すことができる。われわれは先に、ギリシア的意味で経験を持つためには、すなわち、それによって人々が量的にも豊かで、種々多様な自然と直接的なまじわりができる社会的知識と技術を蓄積するためには、われわれがすでに経験を積んでいなければならないことに言及した。デューイは、一つの経験を持つ——単にあることを体験するとか、それらを機械的に処理することとは対立するものとしての——とはどのようなことを意味するのかを、『経験としての芸術』の第三章「経験を持つこと」で説明している。この著作はデューイが生み出した著作の中でも出色の哲学の名作である。それは、芸術的（artistic）（第一義的には芸術の製作を指す）と美的（aesthetic）（第一義的には芸術を知覚し、楽しむことを指す）双方を含む経験に焦点をあてている。[16]デューイはそれを美的経験（esthetic experience）と呼んでいるが、われわれも、スペリング上の違いを利用しながら同じように使っていくことにしよう。デューイの議論の中心は「美的（esthetic）なものは、怠惰な贅沢によってであれ、超越的観念によってであれ、いずれにしても、外部から経験の中に押し入ってくるものではないということであり、それは、すべての普通に完結した経験に属する特徴が明確にされ、強化され発達したもの[17]」だということである。われわれは会話も一種の芸術であることを知っている——デューイにとっては、十分に遂行されれば、思考も探究も芸術である。実際、生そのものは、よく生きられた時、芸術的質を持つのである。デューイの論点は、純粋芸術——文学、絵画、彫刻、音楽、ダンス等など——それ自体は、よく生きられた生の他の側面とただ程度において異なっているに過ぎず、種類において異なっているわけではない、というものである。

「よく生きられた」という条件は不可欠である。なぜなら、経験が統合された経験へと成熟することが滅多にないような生も、多く存在するからである。そのような生においては、さまざまなことが「経験されはするが、それらが一つの経験として構成されるようには、経験されていない[18]」のである。このような経験は「それが、そのために始められた目的[19]」に到達することができずに終わる。対照的に、「経験された材料がその進むべき道を最後まで進んでいくことができたとき、われわれは一つの経験を持つのである。そしてそのとき、またそのときに限って、その経験は内部的に統合され、経験という一般的流れの中で、他のさまざまな経験から区分されるのである[20]」。デューイはこの点を面接という状況を例にして、次のように説明している。

二人の男が面談している。一人はあるポストへの応募者で、他方はこの件の決定権を持っている人物である。面接は機械的なもので、いくつかの所定の質問からなっており、それに対する応えによってこの件は、機械的に片付けられていく。二人の男の出会いには経験と言えるようなものは何もない。採用か不採用かという、今まで何度も繰り返されてきた以外のことは何もないのである。その状況は、あたかも帳簿を付けるように処理されていく。しかし、何か新しい経験が展開すれば、何らかの相互作用が生じるかもしれない。そのような経験を説明する例はどこに求めればいいのであろうか。経理原簿の記録にはないだろうし、経済学や社会学、心理学の論文にもないだろう。むしろそれはドラマや小説の中であろう。その本質や重要性は芸術によってのみ表現される。なぜなら、そこにはまさに一つの経験として表現されるある統一された経験があるからである。経験というものは、不確定要素に満ちた材料にかかわるもので、一連の相互に結びついたさまざまな出来事を通じて、それ自体を完全なものにしようとするものなのである。応募者側の最初の感情は、はじめの段階では希望的であったり、あるいは絶望的であったりするかもしれない。そして最後は大満足か失望であろう。このような感情は統一体としての経験に必須である。しかし、面接が進むにつれ、二番目の感情が第一の感情の根底に隠れていたものの変形として姿をあらわす。それぞれの態度やしぐさ、それぞれの文やほとんどすべての語が、基本的感情を強める中で、動揺以上のものを生み出す。すなわち、それらが感情の質の明暗や彩に変化を生み出すことが可能なのである。雇う側は感情的反応から応募者の性格を見る。雇う側はやってもらう仕事の中での応募者を想像し、その場面でのさまざまな要素と突き合わせて、それによって問題が生じるか、うまく行くのかを見て応募者の適合性を判断するのである。応募者の様子や行動が雇う側の態度や希望とうまく調和するのか、それとも対立し衝突するのか。こうした要因が、その質において、原則上美的（esthetic）であり、面接でのさまざまな要素から最終的決定にいたるまでを導く力なのである。こうした要因が、不確かで不可解なあらゆる状況――その最も顕著な本質がなんであるにしろ――での問題の解決に大きくかかわるのである[21]。

精気に満ちた成熟した経験は、ただ単に充足されているというのではない。それは統合されてもいるのである。それぞれは「その食事とか、その嵐、その友情の決裂というような、それに名前が与えられる一つの統一体を成しているのである。この統一体としての存在は、各部分の要素の変形体なのではあるが、全体として経験を成しており、そこに浸透している固有の質から構成されている」[22]。それは驚くべき経験、恐ろしい経験、宗教的経験、等々である。一つの経験を統一する質は情緒的な質であり、美的（esthetic）質である。このような質を持つために、経験は、その経験を構成する行動一つひとつを、具体的な結果を予想しながら連携させていかなければならない。経験がこのような美的質を持った場合、その経験で行われたこと、体験したことは「それぞれに対し相互的に、重層的に、また継続的に道具的に作用する」[23]。美的経験は「すべての普通に完結した経験に属する特徴が明確化され、強化され発達したもの」[24]から帰結するのである。

　経験する仕方には多くの形態がある。あるものは認知（cognitive）に関係するし、あるものはそうでない。パースが哲学の中の特別な関心を探究と呼ぶ経験の一形態として抽出したのは、慧眼と言う外ない。デューイは「心や思索に関して多くの定義が与えられてきた」と、『確実性の探究』の中の「方法の優位性」（一九二九）で述べ、さらに「私は、核心に迫る唯一のもの――いわゆる怪しげなものにはそうしたものとして対応すること――を知っている」[25]と続けている。それはもちろんパースの思考に関する定義である。「直截的経験主義の要請」（一九〇五）の中で、デューイは探究の過程とは「美的に、あるいは道徳的に、経済的にまた技術的に経験される物事」に比肩されるような物事が、「知られるものとして、経験される」[26]経験を持つ特別な方法であると述べている。そして観念論は経験を認知にかかわる経験と同一視する誤りに陥っているのである。デューイが次の文章で応えているのはまさにこの誤謬に対してである。

われわれの要請（仮定）によれば、物事とはそれらが経験されるところのものである。すなわち、知ることが経験のただ一つのまた本当の様態でないとするならば、実在はまさに、またもっぱら、全知全能の知る者にとってそうであるところのもの（what it is）、あるいはそうであろうところのもの（what it would be）だと語ることも、あるいは有限で一部を知る者にとって、そうであるところのものは相対的かつ断片的だと語ることさえ誤りとなる。もう少し積極的に言えば、知ることは経験することの一つの様態であり、さらに、哲学的要求の第一は（直截主義（Immideatism）の観点から言えば）、知ることとは経験のどのような種類であるのか、あるいは、具体的には、物事が知られたものとして経験されるとき、それらはどのように経験されるのかを明らかにすることなのである[27]。

非認知的経験を肯定することは、デューイの多くの著作のテーマである。『経験と自然』の「経験と哲学的方法」の中で、デューイは観念論者の誤りを無謀な「主知主義」と呼び、それを「哲学の大きな悪」であると述べている。

このように訴追される場合に「主知主義」によって意味されていることは、この理論はすべての経験は知るという一様式であると考え、すべての対象（subject-matter）、すなわちすべての自然は、原則として、いわゆる科学の洗練された対象によって開示される諸々の性質と同一の表現で定義されるまで、還元、変形されると考えているということである。「主知主義」という仮説は、第一義的に経験されるところの諸事実とは対立する考えである。というのも、事物は知られるべきものというより、むしろ対処されるべきもの、利用されるべきもの、働きかけられるべきもの、ともに活動されるべきもの、享受されるべきもの、また、維持されるべきものだからである。それらは認知されるものである前に、持たれるものなのである[28]。

デューイに従うならば、第一義的に経験されるものは、傷ついた膝、雨傘、上司からの命令、ダンスのパートナー、ファヒータ〔肉を焼いてマリネにし、トルティーヤに乗せて食べるスペイン料理〕、サンアントニオに降る六月の雨、などである。知られるべきものである以上に、これらは対処されるべきものであり（「あっ、これはすごい傷だ。来てごらん、そこに薬を付けてあげるから——そうすれば熱が引くよ」）、利用されるべきものであり（「私はブリーフケースにちょうど入るものが欲しい。そうじゃないと、必要なときに持ってないことになるから」）、働きかけられるべきもの（「やあ！　私は秋の卒業式のキャップとガウンを注文したいのですが」）、ともに活動されるべきもの（「おや、これはワルツだ！　ツーステップで合わせようとしていました」）、享受されるべきもの（「あと半ポンド注文しようよ」）、そして維持されるべきもの（「ええ、少なくとも今日傘を持っていくことは覚えていたよ」）などである。こうしたことが知られるべきものだとしたら、例えば、私が傷ついた膝を知っている（「私がそれ見れば、傷ついた膝だと分かる〔知っている〕」）と言うことが何を意味しているかを、立ち止まって考えなければならないだろう。また傘（「私は何本も傘を知っている。その中からよいものを君に選んであげよう」）、命令（「これは、お願いではないよ。様子を見ていれば、命令だと分かるよ」)、ダンスのパートナー(「私はアンを知っています。彼女ならこの曲でぜひ踊りたいと思うでしょう」)、ファヒータ(「見てごらん。私はファヒータを知っているよ。これはすごいよ。いままでほとんどマリネにされることはなかったからね」)、サンアントニオの六月の雨(「私はそれをよく知っていますよ。そこに何年も住んでいますから」)の場合も同様である。しかし、これらは認知されものである前に、「持たれる」ものなのである。

デューイは一次的(「直接的」)経験と、二次的(「反省的」)経験を対比している。二次的経験の対象は理論的実体である。「経験と哲学的方法」の章でデューイは、次のように述べている。

> 一次的経験と二次的あるいは反省的経験の対象の関係〔に注目しよう〕。一次的経験の主題が、問題を設定し、二次的対象を構成する反省のための最初のデータを提供することは明白である。また、後者〔二次的対象〕のテストや検証は、荒削りで、巨視的な経験の対象物――常識的な日常生活での太陽、地球、植物、動物――に立ち返ることによってのみ行われることも明らかである。しかし、反省によってもたらされた対象は、正確にはどのような役割を果たすのだろうか。それらはどこに行くのだろうか。それらは一次的対象を説明し、われわれがそれら〔一次的対象〕に単に感覚的に接触する代わりに、悟性によって把握することを可能にしてくれる。しかし、それはどのような形で可能なのだろうか。
>
> 　何というか、それらは一つの道筋を定め、提示するのである。その道筋に沿って、経験されたものに立ち返るということは、経験されたものの意味、またはその主要な内容が、その道筋や方法を

通じ、より豊かで広範な力を獲得するということなのである。直接的には、すなわち、直截的に接触する限りでは、それは、まさに以前と同じ——固さ、色、あるいは香り——であるだろう。しかし、二次的対象、すなわち洗練された対象が、そのような性質に到達する方法、または媒介として使われれば、こうした〔性〕質は孤立した断片であることを脱却する。すなわち、それらは、関係する対象の全システムに組み込まれた意味を獲得するのである。そしてまた、それらは、自然の他の部分と繋がっていると見なされ、さらにはそれらが今繋がっていると考えられる物事の意味を身に纏うのである。実験上の日食で観察された現象は、それが妥当である限り、アインシュタインの質量によって光が屈折することについての理論が正しいことに確証を与えた。しかし、それが、そのことが明らかにしたすべてではない。その現象そのものはそれ以前に持ち得なかった、広範にわたる重要性を獲得したのである。おそらくそのような現象は、もしもその理論がそれらを観察するガイドあるいは道筋として採用されていなかったなら、気づかれなかったであろう。しかし、たとえそれらの現象が気づかれたとしても、ちょうどわれわれが、日々、知的に利用できない無数の知覚される断片的事柄に関心を寄せずに見過ごすように、重要とは見なされず無視されたかもしれない。しかし、理論によって考察されると、わずかに屈折したこうした光線は、それらがそうであるような経験を可能にする、さながら革命的理論のような重大な意義を身に纏うのである(29)。

デューイが「非-経験論的な哲学と呼ぶ方法に向けた批判は、それが理論化に頼りすぎているということではなく、それが洗練された二次的産物を一次的経験の何物かに立ち戻る方向を指し示し、そこへと到達する道筋として利用していない」[30]という点に向けられたのである。「われわれに提示される、あらゆる哲学の価値を評価する第一のテスト」として、デューイは次の問いを考えているようである。

それ〔哲学〕は、通常の生活‐経験やそこでの苦難にあらためて当てはめてみたとき、それらをわれわれにとって、より有意義で明快なものとし、さらに、それらへの対応をより実りあるものにしてくれるような、結論をもたらしてくれるのか。あるいは、それ〔哲学〕は、最終的には通常の経験の対象物を以前にも増してより不透明にし、それらが以前には持っていると思われていた「実際」上の意味さえ持ち続けられなくしてしまわないのか。それは、物理学の結果が、日常的事柄に適応された場合に可能になるような、通常の事物の力の強化と増加をもたらすことができるのか。あるいは、そうした通常の事物は現にそうであるがままのものであるべきであるという神秘的主張で終わり、哲学的概念は哲学という一つの技術的な領域に、他から切り離されたまま置き去りにされないのか。もう一度繰り返しておくが、非常に多くの哲学が、一次的経験を軽視し非難することが必要であると最終的に結論付けているのは事実であり、哲学が、洗練された常識がどうしても一目置かなければならないような、日々の生活の関心から隔絶した視点に立ち、哲学的に規定された「実在性」の崇高さを、人々に賞賛させる力を持っていることも事実なのである。[31]

このテストは、デ、ュ、ー、イ、の、信、頼、性、の、原、理、（Principle of Credibility）と呼ぶことができるかもしれない。

哲学的思索の伝統的な（「非－経験的」）方法に対して、デューイが提唱する経験的方法は、哲学に関して二つの点を強く主張する。「第一に、その洗練された方法と成果は、多様性を備え、充実度を高めたとしても、すべて、一次的経験での最初の段階と照合されなければならないということである。そうすることにより、そうした方法や成果が生み出され、またそれらが充足しなければならなかった必然性と問題が認識されるのである。第二に二次的方法と結論は、検証のためには、確かに粗雑で洗練されていないにしろ、日常的に経験できる物事に立ち戻らされなければならないということである」(32)。哲学がこうした基準に対応できたとき、哲学に期待される特別な貢献が可能になる、とデューイは語っている。

経験的に探究されると、それ〔哲学に期待される特別な貢献〕は哲学に関する研究ではなく、哲学による人生－経験に関する研究になるかもしれない。しかし、この経験にはすでに過去の世代や過ぎ去った何年もの間の反省の結果が積み重なり、奥深くまで浸み込んでいるのだ。それは洗練された思考に基づく解釈、分類で満ちており、それらは新鮮で素朴な経験の対象素材の中にも入り込んで一体となっている。このように浸み込んでいる借物のすべての源にまでさかのぼるためには、最も賢明な歴史学者が持っている以上の英知が必要となるであろう。もしも、しばらくの間、このような経験素材を偏見〔に充ちたもの〕と呼ぶことが許されるなら（その源とか権威が暴かれない限りは、真なるものということになるかもしれないが）、哲学は、こうした偏見への批判となる。このような過去の反省を一体化した結果は、直接的（first-hand）経験の本当の素材へと統合され、詳細に調べ上げられ反省が加えられると、豊かな器官（organ）になることも可能であろう。もしも、それらが調べ上げられなければ、それらはしばしば困惑や歪曲の原因となる。それらが十分調べ上げられ、解体されれば、明確化や解放がその後に続くことになる。そして、哲学の一つの大きな目的はこの仕事をやり遂げることなのである。

経験的哲学は、いずれにしろ、一種の知的なはぎ取り行為（disrobing）である。われわれは、われわれの時代や場所の文化を吸収したときに身に付け、纏った知的な習慣を永遠に捨て去ることはできない。しかし、文化を知的に推進しようとする欲求は、われわれがその中のいくつかを脱ぎ捨て、またそのようなものが何から形成され、それらを纏うことがわれわれにとってどのような意味を持つのかを理解するために、それらを批判的に調査することを要求するのである。われわれは原始的な純真さに戻ることはできない。しかし、厳しい思考の訓練を通してのみ獲得される、目、耳、さらに思考の洗練された純真さには到達可能なのである。(33)

何十年にも及ぶデューイの著述活動は、このような目と耳と思考の洗練された純真さの表現であった。『確実性の探究』の中でデューイは、われわれの人生－経験から「心や心の知識に関する諸器官についての伝統的な理論」の影響のいくつかをはぎ取っている。「［その伝統的理論が］自然界との連続性からこうしたもの〔心や心の知識に関する諸器官〕を孤立させている」(34)のであり、この理論にわれわれの経験は覆われ、侵されているのである。このような知的なはぎ取り行為はしばしば、他と対比させることによって生じる。例えば「方法の優位性」の章では、このような心の超越論的諸理論はチヤールズ・パースの経験論〔主義〕的理論と対比されている。

われわれは以前の議論の結果を繰り返す必要はない。それらの結果はすべて、探究が、問題的状況が処理され解決される一連の作業であるとする理論と繋がっているのである。今まで批判されてきた諸理論はすべてある別の前提、言い換えれば、知ることに深くかかわる心の状態や活動の特性は、それだけで独立して決まるものだ――すなわち、まだ未決定で、どのようにも解釈できる曖昧な状況を解決する具体的な行動とは切り離して記述できるものだ――という前提に立っているのである。実験的探究で生ずる事柄のパターンに基づく、知ることのプロセスやそれにかかわる諸器官についてのわれわれの説明が持つ基本的な利点は、客観的であり検証や報告できるもの以外の何物も導入しないという点である。(35)

デューイは続ける。

われわれの議論は、今までに指摘された問題点のいささかの繰り返しとその要約を含んでいる。われわれの議論が主張する重要な点は、知るということが、すべての局面、すべての条件、またすべての器官において、知ることの体系的な過程ができるまではそうだったように観念の壮大な構想に基づいて理解される代わりに、実験的探究によって提供されるパターンに従って理解されたときに実現される、解放だということである。知ることという実践を通して形成されたパターンに従えば、知識は問題的状況を、解決された状況に変換する作業の結実である。その手続きの過程は公にされて、すべての相互作用を内包する自然の一部でありパートナーなのである。しかし経験される状況は、二つの異なった経緯から生じ、二つの明確なタイプに分けられる。あるものは、ただ最小限の規制のもと、見通しもほとんどなく、準備も意図もないまま生じる。他のものは、一部分は、知的な活動が前もって行われた上で生じる。両種類の状況とも、持たれるのであり、体験され、楽しまれ、悩みの種ともなる。第一のものは、知られるものではない。また理解されるものでもない。それらは幸運とか恩寵という天与によるものなのである。第二のものは、経験されることによって、意味を持つようになる——意味とは、経験される非連続性やそれぞれが孤立していることにより断片化している質を、明確な連続性に換える作業の集積の結果なのである。夢、狂気、さらに幻想は自然の産物であるが、世界の他のいずれのものもそうであるように、「実在」するものなのである。思索を形成する意図的な規制という行為もまた自然の展開であり、その帰結として生ずる経験される事柄も同じく自然の展開の結果である。しかし後者は、意図や目的もないままに経験された対象が設定した問題を解決する。それによって、第二の状況は第一の状況が持っていなかった安全性と、意味を手に入れるのである。アリストテレスやスコラ哲学者が言ったように、目的なくしては——最終的到達点なくしては——何事も生起しない。あらゆる経験される対象は、ある意味では、最終幕の最終段階を飾るエピソードのようなものであり、疑わしくもあり安全でもあり、些細なことでもあり重要なことでもあり、真実のようでもあり誤りのようでもあり、混乱しているようでもあり秩序立っているようでもあるのだ。諸々の目的が思索という知的活動の終着点である場合にだけ、その目的が尊敬を込めた意味での、目的となるのである。われわれは常に個別的対象を経験する。しかし、知的活動が生み出した結実として経験される個別的な諸事物だけが、そのもの自体の中に内在的秩序と諸々の質を充溢させているのである[36]。

デューイはそこで、知識と行為の関係に関して、パースの心の理論を洗練させることで一つの結論を導いている。「理論と実践の間にかつて設けられた区分は、行為の二つの種類の区分として意味を持っている。すなわち盲目の行為と知的な行為である。知性とはある行為が持つ質であり、それらの行為は方向性を持った行為である。そして方向性を持った行為ははじめから与えられるものではなく達成されるものなのである[37]」。

デューイによれば、この結論は、自然界の持つメカニズムと目的双方の意義にとって決定的である、という。

知識とは、観念的観点やその使命から考えて、先行して実在するものの開示であるとする教説は、自然科学の成果の衝撃を受けて、結局、目的を純粋に主観的なもの、すなわち、意識の状態に譲り渡す結果となった。そして、諸目的が世界においてどのように効果的でありうるのかという問いから、一つの未解決な問題が生じてきたのである。今や、知的な行為は目的を持った行為である。もしも、それ〔知的な行為〕が、複雑ではあるが有機的、また社会的な相互作用という特定可能な条件の下で生起してくる自然発生的なものであるならば、目的も知性同様、自然の内部に存在することになる。すなわち目的は知的で客観的な立場と有効性を持った一つの「カテゴリー」だということだ。それは、自然界の中で人間の技が占める場とその運用を通して直接にその地位を獲得するのである。なぜなら、明らかに、人間の行為は目的によってのみ、解釈され理解されているからである。目的は、直接的にであるか、記録の上でのことであるかはともかく、真に歴史を支配してきたあらゆるものの中で圧倒的に強力なカテゴリーなのである。なぜなら人間的な行為は明確に、意図によって特徴付けられるからである。

間接的には、目的は、自然そのものを大局的に描く際には、正当で必然的な観念となる。というのも、人間はあくまで自然と連続しているのであり、自然界で生じる出来事が人類の知的な技を頂点とする以上、自然そのものが歴史、すなわち、さまざまな帰結を目指す運動を持っているということになるからである。[38]

最終的には、この分析は人間の自由の本質についても光を当てる。

個人に関しては、機械的に厳密な科学は不可能である。個人はその性格において特異な歴史を持つ。しかし個人の構成要素が、質的にではなく、一連の運動から引き出された統計的な定数と見なされるなら、それを知ることはできるだろう。

この事実は、行動における自由と明らかに関係を持つ。偶然性は、数学的な言葉で言えば、自由の十分条件ではないが必要条件である。そのすべての構成要素が、完全に厳密で厳格である世界では、自由の余地は存在しない。偶然性は、自由に余地を与えるが、その余地を埋めることはない。自由は、さまざまな関係の認識、すなわち安定した要素が、不確かな要素と結びついたとき、先を見通すことを可能にし、蓋然性を持つ帰結のための意図的な準備を保証する知識の中で、現実性（actuality）を手に入れる。われわれは、今何について行動しているのかを知っているその程度で自由なのである。自由を「意志の自由」と同一視することは、偶然性を誤った場所に位置付けることになる。意志の偶然性は、不確かなものは不確かに扱われるということを意味する。要するにそれは、決定を偶然にゆだねるということであろう。「意志」の役割は、断固たることである。言い換えれば、思考の導きに従い、不確かな状況の未決定なものに決断を下すことである。諸状況が行動を迫り、われわれの方ではまだどのように行動すればよいか何の知的な手がかりも手に入れていない場合に限って、選択肢が無秩序に頭に浮かび、動揺が拡がるのである。

「自由意志」の教説は、固定された不動の客観的存在という教説の帰結からの絶望的な逃避の試みである。そのドグマが消失すれば、そのように絶望する必要性もなくなる。好みに従って行われる活動はすべての個人を個別的、あるいは特異な存在と特徴付ける。こうした活動自体、事実上（*de facto*）の意味において、すべて他とは異なるものなのである。それらは、洞察力に導かれた真の選択となる。知識は、好みというものが幻想であり、何の相違も生み出すことができないという世界の姿を明るみに出すかわりに、好みというものが、用心深く十分に準備された行為によって将来を構成していく際の知的で意図的な要素となりうるための、道具性（instrumentality）をわれわれの所有物の中に加えるのである。特別の条件や関係についての知識はある種の行為の道具となる。

そしてその行為が翻って、付け加えられた意義や秩序という質を備えた新たな状況を生み出す道具となるのである。このような行為が可能なことこそ自由であるということなのである(39)。

デューイは『確実性の探究』の「善の構成」の章で、価値に関する超越論的および経験論的諸理論が纏っている知的習慣を人間の経験からはぎ取って見せている。例えば、以下の通りである。

形式的な言明は、楽しまれるものと楽しいもの、望まれるものと望ましいもの、満足させるものと満足すべきものとの間の違いを指摘することにより、具体的内容が与えられるだろう。あることが楽しまれる（enjoyed）と語ることは、すでに存在している一つの事実について一つの言明を行うことである。それは、その事実の価値を判断しているのではない。このような命題と、あるものが甘いとか酸っぱいとか、赤いとか黒いとかと語ることの間には何の相違もない。それはまさに正しいか誤っているかのどちらかであり、そのことがここでの最終的問題である。しかしある対象を一つの価値と呼ぶことは、それがある条件を満足するとか、充足するとか主張することである。こうした条件を満たす機能や地位は、単なる存在とは異なる事柄である。あるものが望まれるという事実は、そのものの望ましさについて問いかけているに過ぎない。それはこの問を解決することはない。ただ未成熟な子供だけが、「それが欲しい、それが欲しい、それが欲しい」と繰り返し叫ぶことで、望ましさについての疑問を解決できると考えるのである。最近の価値の経験論的理論において反対されているのは、価値を欲求や楽しみと結び付けることに対してではなく、根本的に異なる

種類の楽しみを区分することに失敗している点なのである。(40)

もちろん、デューイの価値の理論もまた経験論的である。彼は良い嗜好の発達が問題の核心にあると考える。

「嗜好（taste）」という語は、価値の判断の本質を表すために使うには、おそらく、あまりにも完璧なまでに恣意的な好みと結び付けられてきた。しかし、もしもこの語が洗練されかつ活力を与えられて、評価という意味で使われるならば、どのような嗜好が形成されるかが、知性的な価値にしろ、美的（esthetic）あるいは道徳的価値にしろ、価値が入り込んでくるいずれの場合においても、重要な問題になるであろう。われわれが気転と呼んだり、あるいは直感という名前を与えたりする、比較的即時に下される判断は、反省的探究に先行するのではなく、十分な思慮ある経験を積み上げた結果なのである。嗜好に卓越することは絶えざる思索の実践の結果でありその報酬でもあるのだ。嗜好についてはいかなる論争も存在しないどころか、もしも「論争する」という語によって反省的探究を含む議論を意味しているのであれば、それは論争するに値する一つの問題である。嗜好は、その最良の意味でこの語を使うのであれば、好みや楽しみの本当の価値を知的に評価することに繰り返しかかわっていく経験の帰結なのである。ある人が楽しむことができるとか、望ましいとかと判断した物事以上に、自分自身を完全にあからさまに表現できるものは他にない。このような判断こそ、単なる衝動、偶然、盲目的習慣、また自己利益から身に付いた信念の支配に取って代わりうる唯一の選択肢なのである。美的にも称賛され、知性的にも許容され、道徳的にも承認されるものという点で、洗練され有効に機能する良い判断あるいは良い嗜好を形成することは、経験の諸々の出来事が人類に課した究極の仕事なのである。[41]

もしも、われわれが知的に嗜好を形成できないのであれば、嗜好はわれわれのために形成されることになるだろう。

行為を導くために十分な価値についての観念や信念を形成する際に、価値に関する諸理論が、知性的な補助の役割を果たすことができなければ、この溝は他の手段で埋められなければならない。もしも、知的な方法が欠如していれば、偏見、目前の環境からの圧力、自己利益や階級利益、伝統的慣習、偶然的な歴史に起源を持つ諸制度が、こちらは欠如することなく、理知に取って代わろうとする傾向を持つことであろう。このようにして、われわれはわれわれの中心命題へと導かれる。すなわち、価値についての判断とは、経験される対象の諸条件とその結果についての判断である。要するに、われわれの欲求、愛情、そして楽しみの形成を制御するものについての判断なのである。というのも、こうしたものの形成を決定しているものは、何であろうと、個人的また社会的なわれわれの行動の進むべき主要な道を決定付けることになるからである。[42]

これこそ、デューイが、観念の領域とともに価値の領域においても実験的方法を採用することがきわめて重要だと主張した理由である。

私は一瞬たりとも、個人的にしろ、社会的にしろ、過去の経験が重要でないなどと考えたことはない。なぜなら、そうしたものがなければ、われわれは、種々の対象が楽しまれる条件に関していかなる観念も形作ることはできないであろうし、それらを尊重したり好んだりした結果についてのいかなる評価も下すことはできなくなるだろうからである。過去のさまざまな経験は、まさにこうした点を判断する知的な手段（instrumentalities）をわれわれに提供してくれる点で重要なのである。それらは道具（tools）であって、究極目的ではない。われわれが何を好んできたか、何を楽しんできたかを反省することは必要不可欠である。しかし、それはこうした事柄の価値についてはこのような場合まで何も語るところがない。つまり、価値については、楽しみが自ずから反省的に制御されて初めて語られるのであり、また、楽しみを思い起こしながら、この種のものを好むようにわれわれを導いたものや、われわれがそうしたものを好んだ事実から生じた事柄について、可能な限り最善の判断が形成されて初めて語られるのである。

それゆえ、われわれは、過去に経験された楽しみや、それらの思い出から逃れようとしているのではなく、それらこそが、これからも楽しまれるべき物事の決定者であると考えるような発想から逃れようとしているのである。過去に権威的であったものを解釈する方法はたくさんあるが、現在も、過去の中にその決定者を見出している。通常、最も影響を持つ概念は、間違いなくかつて体験された啓示、あるいはかつて送った完全な生活という概念である。先例、すなわち特に法律のような過去において作り上げられた諸制度や、また吟味されることもない慣習を通じてわれわれに受け継がれてきた道徳規則、無批判に受け容れられてきた伝統などに依拠することも、依存の形態である。ここでわれわれが慣習や既成の制度から逃れることができると指摘しようというのではない。単なる破壊は間違いなく、単なる混乱に終わるだけであろう。しかし、そのような破壊の危険性はまったくない。人類は憲法によって、また教育によっても、そのような破壊を現実化するには、活力をまったく奪われており、保守的なのである。本当の危険があるとすれば、それは新しい諸条件の威力が外圧として機械的に〔既存のものの〕崩壊をもたらすだろうということである。これは永遠に存在する危険である。古い基準が新しい条件にも十分に合致すると主張する保守主義によっても、将来への展望は大きく開けているのであり、決して縮小することはない。必要とされているのは、受け継がれてきた諸制度と慣習に実際に影響されて生じた諸結果を知的に吟味することであり、そうすることで、受け継がれてきたものに意図的に変更を加えるべき方法の知的考察も生まれ、異なった結果を生み出すことができるのである。

これが経験的方法を物理的体験の技術的分野から人間生活のより広範な分野に移行させることの重要な意義なのである。[43]

われわれは、デューイのプラグマティズムの分析を、文明の歴史の中での哲学の役割について書かれた彼の論文「哲学と文明」で締めくくることにしよう。彼の論点は哲学を理解することはその歴史的機能を理解することであるという点にある。

人間は物理的に見ても、存在として考えても、世界の最も周辺的部分に、表面的で移ろいやすい痕跡を残すに過ぎないものだということは誰もが知っている。人間の限りない小ささを天空の広大さと比較することは、お粗末な知的なお遊びに過ぎない。このような比較はすべてが不当と言わざるをえない。われわれは存在と意味を比較することなどできない。それらは、まったく異なるものである。人間の特徴的な生は、それ自体が存在の広大な延長の持つ意味であり、人間の生なくしては、存在は何の価値も意味も持たないのである。物理的存在と意識的経験に共通の尺度はない。なぜなら、後者こそ前者のために存在している唯一の尺度だからである。存在していること（being）の意義——その存在（existence）ではなく——は、そのことが駆り立てる感情であり、そのことが維持する思考である。

哲学〔そのもの〕と文明の歴史の中での哲学の役割との間には特別な区別などない。文明の中でのその正しい性格と独自の機能を見出し定義すれば、哲学そのものを定義したことにもなるだろう。(44)彼の前にはジェイムズがそうであったように、デューイもすべての思考の命脈は、目新しい経験をそれまでに蓄積してきた経験の中に吸収する能力のうちにあると考えた。

ともかく、種々の意味が、意識が成立するために十分な深みと広がりを持っているところでは、調整の機能が存在する。すなわち、一時期の支配的な関心と、それとは異なった起源を持ちその関心とは直接関係のない意味を持っていたそれ以前の考え方を調整する機能が存在するのである。例えば、プラトンの新しい数学的洞察力と政治的野心を、アテナイの伝統的習慣に適合させるために費やされた困難をともなった不断の努力、中世のキリスト教の超自然主義と異教徒ギリシア人の自然主義の、ほとんど滑稽にさえ見える自己満足気味の統合、自然についての新しい科学と受け継がれてきた古代、さらに中世の諸制度とを統合しようとする近年の、いまだ戸惑い気味な努力、を考えてみればよい。すべての思考の命脈は、新しいものと古いもの、すなわち、新しく現れてきた活動の方向性と、それとは些か対立することで注目される、奥底深くに沈潜している慣習や無意識の傾向性とをある点で結合することにあるのである。ある特定の時期に現れる哲学は、頑迷な過去と断固とした未来の持続的結合を実現する際に編み込まれる連続性という壮大な図柄（patterns）を決定するのである(45)。

それゆえに、哲学の諸説は、文化的変遷の担い手（vehicles）であり、記念碑なのである。哲学はこのようにして文化の歴史、文明において繰り返される変化と最も密接な関連を持っている。それは、伝統の流れによって培われるが、その流れが新しい方向を受け容れるべき、重大な局面ではその源にまでも遡るのである。またそれは、産業の新しい発明、地球上の新しい冒険、科学の新しい発見の衝撃を養分として豊かになっていく。しかし、哲学は変化の中にあって存続し、存続しつつ変化する文明の受動的側面を反映しているだけではない。哲学はそれ自体が変化である。この新しいものと古いものとの結合として形成されたさまざまな図柄（patterns）は単なる記録というより未来への予言でもある。それらは政策であり、来るべき発展を予想する試みなのである。哲学を構成している、そうした知的な登記事項が、淘汰と排除を強調していることから見ても、それは生成力を持っている。そうした登記事項は、個々には自然の記録を伝えており、また常にそうでもあったが、一方で実際のところ、そうした個々の事柄こそ、人類が忠実に自らを委ねるべき重要な価値であるべきだと、宣言しているのである。それを裏付ける証拠なくしては、このような言明は根拠を持たないように思われるかもしれない。しかし、私はあなたがたに、あなたがた自身で、長い期間重要な役割を担ってきたあらゆる哲学的理念を精査し、そこにあなた自身の証拠を見出すことをお勧めする。例えば、プラトンの宇宙の構造と調和についてのパターン、アリストテレスの永遠に回帰する目的や道筋付けられた可能態、カントの理性的統合の固定された形式、一七世紀・一八世紀の思想を形成した自然概念を考えてみればよい。これらを永遠の真理の啓示と考えてみよう。そうすると、何か、ほとんど子供じみたようなもの、または何か、決定を下す可能性を超えたところにあるようなものが入り込んでくる。また、これらを、当の著者が将来を支配すべき、またそうなるであろうと信じた諸力を明らかにするための手段として、当時の文化から選りすぐったものと考えてみよう。そうすれば、確かにこうしたものこそが人間の歴史において貴重な重要な諸側面を形成しているのである。(46)

哲学者の仕事が、ちょうど主婦の仕事と同じように決して終了することがないのは、文化が永遠に変化するからである。というのも、哲学は「現実に人間の精神を形成している伝統という組織体を、それまで受け容れられてきた権威と両立しがたい目新しい科学的傾向や政治的欲求に適合させるという、古くて常に新しい仕事を引き受けること」にその意義を持っているからである。「哲学者たちは歴史の一部分であり、歴史の動きの中に取り込まれているのである。おそらくある程度は将来の歴史の創造者であるだろうが、しかしまた間違いなく過去の歴史の被造物でもあるのである[47]」。

第七章　プラグマティズム的経験主義と実証主義的経験主義

二〇世紀のアングロ－アメリカンの哲学は言語の研究に甚だしい精力を注いできた。これは広く見れば、ルードヴィヒ・ウィトゲンシュタインの影響による。彼は『論理哲学論考』の中で、人間の言語の限界が世界の限界を規定すると主張した。例えば、「愛嬌のある（winsome）」の同義語のない言語を持つことは、誰一人（その振る舞いや、容姿、笑顔、など）愛嬌のある者のいない世界に生きることである。あるいは、仮定法のない言語を持つことは、法則的つながりのない世界に生きることである。また「$\sqrt{-1}$」を論じることのできない言語を持つことは、想像上の数値〔虚数〕をまったく持つことのない世界に生きることである、等々である。われわれは先の章で、ジョン・デューイは――チャールズ・パースとウィリアム・ジェイムズとは違って――二〇世紀の哲学者であることを強調したが、デューイの著作の中には、彼らのような言語への強い関心は認められない。典型的な二〇世紀の哲学者であるウィトゲンシュタインは、多くの点において一九世紀の人間であったのに対し、ジョン・デューイは二〇世紀の人間ではあったが、いくつかの点では一九世紀の哲学者であったのである。そして、一九世紀の哲学者と見なされた一つの要因は、彼が二〇世紀の流行となる言語中心の哲学とは異質な哲学を生み出した点にあった。

しかしながら、デューイが一九二〇年代に言語について書いたとき（例えば『経験と自然』の中の「自然、コミュニケーションおよび意味」［一九二五］の章）、彼はこの最も基本的な人間の制度を正しい光の中で捉えていたのである。それが、ウィトゲンシュタインではなくデューイだったことは注目に値する。「存在論的相対性」の中で、後の時代のプラグマティストであるW・V・クワインはこの事実を強調し、この事実をデューイの最後の三〇年間を支配し、哲学的に彼とクワインを結び付けている自然主義によって説明している。

自然主義的哲学者が心の哲学に向かうとき、言語について語る傾向を持つものだ。意味とは、何よりも第一に、言語の意味である。言語とは、われわれの誰もが、公然と認識される状況下での他者の外的な行動を根拠として獲得する、一つの社会的な技なのである。それゆれに、意味は、精神的実体のまさにモデルではあるが、行動主義者にとっても好都合なものとなるのだ。デューイはこの点では明確であった。「意味は……心理的な存在ではない。それは一義的には行動の特性（property）なのである」。

一度、われわれがこのような観点から言語制度を評価すると、いかなる有用な意味においても、私的言語は存在しえないことが理解できる。この点が、二〇年代にデューイによって強調されたのである。彼は次のように書いている。「独話は、……他者との対話による産物であり、反映である」。さらに、彼はこの点を次のように敷衍している。「言語は、何はともあれ、少なくとも二つの存在、すなわち話し手と聞き手の相互作用の様態である。それは、こうした被造物たちが帰属し、また彼らがそこにおいて、発話という習慣を獲得する組織化されたグループを前提としている。それは、したがって、ある種の関係である」。何年か後、ウィトゲンシュタインは、同様に私的言語を拒否した。デューイがこのような自然主義的血脈の中で書いていたとき、ウィトゲンシュタインはまだ言語の模写説に固執していたのである(1)。

クワインが「言語の模写説」と呼んで言及しているものは、市井の人々によって受け容れられている意味に対する態度であり、また実際、哲学的伝統によって通常取られてきた態度でもある。

無批判な意味論（semantics）は、展示物が意味であり、語（word）はそのラベルであるような博物館についての神話である。そこでは言語を変更することは、ラベルを取り替えることである。

……

この博物館の神話に従って考えると、言語のそれぞれの語や文は、それぞれに決まった意味を持っていることになる。現地の人の使う語の意味を見出すためには、われわれは彼の行動を観察しなければならないであろう。しかし、行動という判定基準（criteria）が意味を見出すためにわれわれにとって十分な機能を果たしてくれない場合には、それぞれの語の意味は、依然としてその現地

の人の心の中、すなわち彼の精神の博物館の中で、確定すると考えられるのである。(2)

プラグマティズムは常に、この私的博物館としての人間の心――そこでは、われわれが理解する語の意味が、展示されているのである――という神話に反対し続けてきた。特に、「かたい」「真である」さらに「実在する」といった語の意味が単に内省（博物館を訪れること）によって把握されるというのであれば、パースのプラグマティズムの格率には何ら顧慮すべき点はないことになるかもしれない。ここに挙げた語は、「剝離（avulsion）」や「浮渣（epistasis）」というような、深遠な専門用語でないことを思い起こそう。ここでの語は、どんな子どもでも完全に自信を持って使う語であり、それらを理解できないとは、ゆめゆめ考えたこともないような語なのである。だから、もしも博物館の神話が正しければ、それらを明確に理解するための規則（rule）を、われわれが必要とすることはないであろう。しかし規則の必要性を認識することこそが、プラグマティズムにとって本質的な問題であり、それゆえパース、デューイ、さらに彼らの同僚たちがこの博物館の神話を拒否したのは当然だったのである。

デューイにとって、

1.「意味は……第一義的には行動の特性（property）である(3)」

（第二義的にはそれは、その行動によって言及される対象の特性ではあるが）。「しかし意味を質

(quality) として持つ行動は独特な行動である。すなわち、他の人の行為に反応することは、その人の行動の一部にもなっているような事柄への寸時の反応を含んでおり、それは双方に言えることなので、その行動は協力的なのである(4)」。それゆえ、

2.「第一義的には意味とは意思《インテント》である(5)」

そして

3.「言語は……少なくとも二つの存在、すなわち話し手と聞き手の相互作用の一つの様態である。それは、こうした被造物たちが帰属し、また彼らがそこにおいて、発話という習慣を獲得する組織化されたグループを前提としている(6)」

のである。

われわれが、本章および次の第八章で焦点を当てるデューイの三人の後継者の中で、W・V・クワインはこの三つのテーゼの中の第一のテーゼを、また、ドナルド・デイヴィドソンおよびリチャード・ローティは第二、第三双方のテーゼを強調している。

クワインの「経験主義の二つのドグマ」は一九五一年一月に公刊された。それはデューイの死に先立つ一年半前のことであった。アラン・ドノガンは一九七〇年の彼の『哲学百科事典』における解説

で、この論文を「おそらく第二次世界大戦以降に書かれた最も影響力を持った論文」[7]と呼んだ。このような強靭で有能な腕によって高らかに掲げられたプラグマティズムの灯火を、生きて見ることができたのはデューイにとって喜びであったに違いない。クワインが大学院生であった一九三一年、彼はハーバード大学でデューイが行った第一回ウィリアム・ジェイムズ記念講義を聴講している（後にこの講演は『経験としての芸術』として刊行されている）。そして、一九六八年、コロンビア大学で第一回ジョン・デューイ記念講義「存在論的相対性」を行ったのはクワインであった。

一九三〇年代および一九四〇年代の経験主義的哲学は、プラグマティズムではなく論理実証主義によって支配されていた。実際、プラグマティズムはこの二〇年ほどの間ほとんど瀕死の状態にあったのである。一九五〇年代、六〇年代になると話は違う。この時代はプラグマティズムのクワイン版の解釈によって支配されたのである。すなわち、クワインのプラグマティズムとは、現代経験主義の中で、経験主義を広範にわたって規定していた二つのドグマが純化された後、生き残ったものだったのである。

ひとつ［のドグマ］は分析的真理、すなわち事実の問題からは独立した意味に根拠を持つ真理と、総合的真理、すなわち事実に根拠を持つ真理、の基本的な分割についての信念である。もう一つのドグマは還元主義、すなわちそれぞれの有意味な文は直接的経験に言及する用語に基づく、何らかの論理的構築に等しいという信念である。[8]

「経験主義の二つのドグマ」はこのようなドグマは二つとも誤った根拠に基づいている、と主張する。こうしたクワインの議論は論理実証主義の死出の旅路の弔いの鐘を打ち鳴らしたのである。なぜだろうか。なぜなら、実証主義は、哲学の仕事は自然科学を思弁的形而上学から切り離している厳密な境界を明らかにし、そしてそれを強化することだと信じていたからである。クワインの分析的－総合的の区分と還元主義に対する反論は、こうした何らかの先行する境界線の存在に関して、また、恣意的ではない何らかの方法でこうした境界線を引くことのできるわれわれの能力に関して、重大な疑義を提起したのであった。二〇世紀の経験主義の中で、プラグマティズムへの回帰の流れは、経験主義のこの大きなドグマに反対したクワインの議論の帰結を認識することによって生み出されたのである。もちろん、プラグマティズムは常に反－実証主義の立場にあった――なぜパース、ジェイムズ、それに彼らの同僚たちの討論グループを形而上学クラブと呼んだかというパースの説明や、ジェイムズの「信ずる意志」の中でのクリフォードの実証主義への攻撃を思い起こしてみればよい――が、しかし、クリフォードやその同志の実証主義の源泉を最初に明確に特定したことは、クワインの偉大な業績であった。

（「意味において真」である言明の）分析的真理という概念に対するクワインの攻撃は、結果として、意味そのものの概念への攻撃でもあった。というのも、もしもわれわれが、任意の名辞tについて、「tの意味」が指示しているものを理解するならば、われわれは、二つの名辞、t_1とt_2が同義語であると語ることが、何を意味しているかを知っていることになるだろう。そのことは、それらの意味が同一であることを意味するであろう。

t_1とt_2は、t_1の意味＝t_2の意味の場合、またその場合に限って同義語である。

さらに、もしもわれわれが、同義性を理解しているとすれば、われわれはそれを分析性の説明のために使うことができるであろう。すなわち、

ある言明は、同義語と同義語を入れ替えることによって、論理的に真となることが可能なとき、またそのときに限って、分析的である。

例えば、もしも「弾力性がある（squishy）」と「柔らかい（soft）」が同義語であれば、

「弾力性があるものは、すべて柔らかい」は分析的である。

なぜかといえば

「弾力性があるものは、すべて弾力性がある」は論理的に真である

からである。したがって、分析的－総合的の区分を攻撃することによって、クワインは実のところ意

味そのものの概念を俎上に載せているのである。

デューイは、意味とは第一義的には言語行動の（あるいは、その行動をコード化する表現の）特性であるが、しかし第二義的にはその行動によって指示される対象の特性でもあると主張したことを思い起こそう。例えば、もし、「人間」という語の意味が合理的動物という特性であるとするなら、デューイはこの特性が、第二義的な意味において、個々の人間の意味であると言うことになるであろう。こうした観点から意味を表す伝統的な言葉が、「本質（essence）」である。したがって、クワインの見解によれば、デューイは本質と意味を区別することに失敗したのである。

本質に関するアリストテレスの見解は、疑いなく、内包あるいは意味に関する現代の見解の先駆をなす。アリストテレスにとって、合理的であることは人間にとって本質的であり、二足であることは偶然的であった。しかし、この態度と意味の理論の間には重要な違いがある。後者の観点からすれば、以下のことは（議論のためだけだとしても）実際認めざるをえないであろう。すなわち、合理性は「人間」という語の意味に含まれることになるが、二足であることはそうではない、しかし同時に二足性は「二足動物」の意味には含まれるが、合理性はそうではないということである。したがって意味の理論の観点からすれば、同時に人間であり、二足動物でもある実際の各個人について、合理性が本質的であり二足性が偶然的であるとか、あるいはその逆であるとか語ることはまったく意味がないのである。アリストテレスにとっては、すべての事物は本質を持っている。しかし言語形式だけが、意味を持っているのである。本質が指示の対象と離婚し、語と結婚したとき、本

質がまさに意味となるのである。(9)

このような結婚は明確さを生み出すことはないかもしれない。しかしそれは明らかに　混乱を減少させるであろう。ある実際の個人を数学者と考えれば、われわれは彼の合理性を本質的と考え、二足性を偶然的と考えることであろう。一方、彼を自転車愛好家と考えれば、本質的と考えられるものは彼の二足性であり、彼の合理性は偶然的であろう。しかし数学者でもあり、自転車愛好家でもある現実の個人であったらどうであろうか。この個人は本質的に合理的であり、偶然的に二足性を持っている、あるいはその逆なのであろうか。クワインが他の文脈の中で指摘したように、われわれが、自転車愛好家に対して数学者を、あるいはその逆をグループ分けする背景に何ら特別の偏見を持ち込まず、この個人の指示に関して語る限りにおいて、彼のある属性を本質的、他の属性を偶然的とランク付けすることに格別の意味はないのである。彼の属性のあるものを重要と見なし、他のものを重要でないと見なすのは、もちろん、確かである。あるものは永続するし、他のものはうつろい変化する。しかし、いずれのものも、本質的であるとか、偶然的であるとかいうことはないのである。クワインはこの点では確かに正しい。実体を真に本質的であるものとそうでないものに二分することと同様に、属性を本質的なものとそうでないものに二分する方法は、二〇世紀の世界観の中ではもはやその場所を見出すことのできない、古代的形而上学の残滓なのである。

そうであるから、われわれは指示の対象と離婚もせず、語と結婚もしない本質についてこれ以上語ることはもうやめよう。しかしそのように離婚し再婚したものについてはどうしたらよいのだろう。

意味についてはどうすればよいのだろうか。われわれが一度博物館の神話を放棄してしまうと、この概念が一体どの程度まで有意義なのかという疑問が生じる。デューイとクワインが依然としてわれわれに思い起こさせる、留意すべき重大な事実は、言語はそれを話す人々によって獲得されるものだということである。さらに、そのようにして獲得する際、言語－学習者は「他の話者の外的な行動以外に、参考にするデータは何も持ってはいないのである[10]」。デューイとクワインがこのよう言語学習の事実から導いた結論は、意味についての議論は「われわれが人間の意味論（semantics）を外的な行動への傾向性で示唆されるものを超えた、何らかの形で心の中で決定されるもの（determinate）と見なす限り、有害な心理主義（mentalism）によって侵害されるであろう[11]」というものであった。クワインが言うように、

われわれがデューイとともに言語の自然主義的な見方と意味の行動主義的な見方に……目を向けたとき、放棄するものは、単に発話の博物館形態だけではない。われわれは確定性という確信を放棄するのである。……われわれはデューイとともに「意味とは……第一義的には行動の特性である」ことを認識するとき、外的な行動をとる傾向性の中に含まれるものを超えては、意味は存在しないこと、また、意味に類似性とか、区分などもないことを認識するのである。自然主義にとって、二つの表現が意味において似ているのか似ていないのかという問いに対しては、人々の発話の傾向性によって原理上解決される場合を除き、確定的な答えなど、まったく存在しないのである。ここでは、傾向性や答えが知られているとか知られていないとかは問題ではない。もしも、こうした基準

によっては決定できない場合があるとなれば、意味や意味の類似性という用語にとって、問題ははるかに厄介だということである(12)。

論文「存在論的相対性」の多くの部分は、このような意味の不確定性こそ、まさにわれわれが現実に直面している問題であるという議論に費やされている。

クワインはこの点をまったく馴染みのない言語の翻訳の文脈の中で論じている（「根元的翻訳」）ので、彼の結論は通常根元的翻訳の不確定性のテーゼと呼ばれる。例えば、フィールド言語学者がまったく聞きなれない発言を

1. *Demki gavagai zaronka pursch denot gavagai*

と語句分けすることに成功し、この発言は、どうやら、前に一度見かけたウサギが再度現れたとき、その場合にのみ発せられるように思われることに注目したと想定しよう。もしも、次のように翻訳しても、他の表現についての同じ程度に明瞭な翻訳と衝突することがなければ、フィールド言語学者は躊躇なく1を

2. このウサギはあのウサギと同じウサギだ

と訳すだろうし、「ガヴァガイ」の訳として「ウサギ」を採用するだろう。この「ガヴァガイ」の翻訳は直示によって、言い換えれば、例を指し示すことによって決着できる純粋に客観的な事柄だと人々は考えるかもしれない。しかし、クワインはそうではないと主張する。というのは、

総体としてのウサギというものは、ウサギが各部分に分離されていないまま存在する場合、またそうした場合にのみ、またウサギがある時間での相（stage）として存在する場合、またそうした場合にのみ、存在することになるのである。もしも、われわれが「ガヴァガイ」という現地語の表現を、「ウサギ」と訳そうか、あるいは「分離されていないウサギの部分」と訳そうか、または「ウサギ相」と訳そうかと迷っているのであれば、われわれは単に直示によって――すなわち、「ガヴァガイ」という表現について、種々さまざまな刺激のもとで、現地の人々に単純に繰り返し賛否を尋ねることによって――問題を解決することなど決してできないのである。(13)

クワインが指摘するように、問題は次の点にある。

「ウサギ」はいくつにも分割される指示対象を持った名辞である。それゆえ、この名辞はその個別化（individuation）の原則を熟知しなければ、熟知したことにはならないのである。すなわち、〔個別化のやり方によって、〕あるウサギはウサギでなくなり、別のウサギが現れ出るのである。だから、純粋な直示だけでは、どんなに繰り返し続けても、熟知されることはない。

「ガヴァガイ」をめぐる難題とはこのようなものである。すなわち、〔個別化のやり方によって、〕あるガヴァガイはガヴァガイでなくなり、別のガヴァガイが現れ出るのである。ウサギと、分離されていないウサギのさまざまな部分と、ウサギのさまざまな相との唯一の違いは、個別化の違いにある。もしもあなたが、ウサギから構成されている時空間世界に散在する断片の総体を、また分離されていないウサギのさまざまな部分から構成されている同様な総体を、さらに、ウサギのさまざまな相から構成されている同様な総体を取り出そうとすれば、世界に散在する同一の領域を三回それぞれに提示することになる。唯一の違いはどのようにそれを切り分けるかにある。そして、どのように切り分けるかというその方法については、どのような直示によっても、あるいはどのように条件を設定してみても、またいかにそれを執拗に繰り返して行ったとしても、教えることはできないのである(14)。

クワインの主張は、「ガヴァガイ」は等しく妥当性を持った少なくとも三つの方法で——すなわち、「ウサギ」として、「分離されていないウサギの部分」として、さらに「ウサギ相」として——英語〔日本語〕に翻訳できるというものである。クワインが語っていることが、馴染みのない言語がその内部で持つ多義性についてではないことに注意しなければならない。彼は、「ガヴァガイ」という表現についての現地人のまったく同一の用法に、他の言葉を翻訳する際にも施される補完的修正で調整を加えるならば、三つの英語〔日本語〕のいずれの翻訳も充てることができると考えているのである。例えば、もしも「ガヴァガイ」が「分離されていないウサギの部分」と翻訳されるなら、1は次のように翻訳されるだろう。

3．この分離されていないウサギの部分は、あの分離されていないウサギの部分と同じウサギの部分である。

ここでは、「zaronka pursch」は2で訳されたような「……と同じ」というより、むしろ「……と同じウサギの部分」と訳されている。同様に、もしも「ガヴァガイ」が「ウサギ相」と訳されるのであれば、「zaronka pursch」は「……と同じウサギの相である」と訳されることであろう。そして、

4．このウサギ相はあのウサギ相と同じウサギの相である

が、2とか3よりもむしろ1の翻訳ということになるだろう。クワインの論点は、意味が内省的意識に展示されているという博物館の神話を放棄した人々にとって、こうした「ガヴァガイ」の三つの翻訳のうち、どれが正しいかという問いには、それが知られているにしろ知られていないにしろ、ともかく、決定的な答えはないということである。

[三通りすべての] 翻訳が、それぞれの場合にこうした調整を伴えば、馴染みのない言語の話者と英語の話者双方の観察可能な行動と、まったく等しく調和するものと仮定しよう。また、それらは、

現実に観察される行動と調和するばかりではなく、関係するすべての話者のすべての行動への傾向性とも完全に調和するものと仮定しよう。このような前提に立てば、こうした翻訳の中の一つについて、それが正しく、他は誤ったものだ、と知ることは永遠に不可能なことであろう。確かに、万が一、博物館の神話が正しいということなら、この問題に関する正しい翻訳、誤った翻訳は存在することになるかもしれない。しかし、われわれはそのような博物館には近づくことはできないのであるから、それは決してわれわれが知ることのできないものということになるであろう。これに対し、自然主義的に言語を考えてみよう。そうすれば、このような場合の意味の類似性（likeness）の概念はただナンセンスなものと理解せざるをえないだろう[15]。

もちろんクワインは現実のフィールド言語学者が「分離されていないウサギの部分」とか「ウサギの相」といったひねくれた選択肢を排除し、「ガヴァガイ」を「ウサギ」と同一に考える、十分な賢明さを持っていることを承知している。

こうした賢明な選択やこれに類した選択は、彼〔フィールド言語学者〕が、次の段階でどのような現地語の言い方（locution）が英語の個別化の装置（apparatus）と対応しているのかについて仮説を決定する際には役に立つであろうし、そうすることによって、すべてはうまく運ぶことになるだろう。彼が〔ガヴァガイの翻訳として〕「ウサギ」を選択し、その他の現地語の単語にも同様の選択をするように導く暗黙の格率とは、対照的な背景の下でも全体として纏まりを持って動く持続的で比較的同質な対象が、短い表現にとっては無難な指示対象である、というものである。もしも、彼がこの格率を自覚しているのであれば、これを言語的普遍性の一つとして、あるいはすべての言語の特徴の一つとして称揚することであろうし、またその心理学的妥当性を指摘することにも何の困難も伴わないであろう。しかし、彼は誤っているかもしれないのである。実際、この格率は、客観的には確定できないものを決定するための、彼自身による押し付けなのである。それは非常に賢明な押し付けではある。そして私もこれ以外には勧めるものがないであろう。しかし、私はここにある哲学的な問題は指摘しておきたい[16]。

その哲学的問題とは何なのかを明らかにしよう。それは意味についてのものである。すなわち、ある一つの名辞の意味は、そのすべての正しい翻訳が、そしてそのような翻訳のみが共有するものだとするなら、その名辞が何を意味するかは、客観的には決定されないということである。なぜなら、ある名辞の、いくつかの同義ではない翻訳の中でどれが正しい翻訳であるかは、それ自体確定できないからである。意味の不確定性は翻訳の不確定性の帰結なのである。

意味（または内包）は、指示（または外延）とは、通常明らかに対照的な位置にある。具体的な一般名辞（「ウサギ」のような）は任意の数の具体的対象（ウサギたちのような）のいくつかを、それぞれ別々に指示している。こうした名辞はその指示対象（例えば、分類学上のウサギ目）を個々の対象に分割するのだが、そのような対象の総体が外延と呼ばれるのである。ある言葉の内包は、その言葉の外延のすべてのメンバーが、またそのメンバーだけが共有する特徴、または特徴の複合体（例えば、ウサギ性、すなわち、ウサギ目であるものの特性）を意味する。クワインは、この内包という概念が空虚であると論じてきた。言い換えれば、ある名辞の内包が何であるかという問いは、確定した解答を持ってはいないというのである。内包は、精査すべき何物でもないのであるから、精査しようのないものなのだ。このように主張する彼の議論の中で特に注目すべき点は、その主張が内包と同様に外延にも適応されるという点である。「根元的翻訳のレベルでは、外延自体が不可測なのである」とクワインは論じている。

この人為的な例において確定できないのが、意味だけではなく外延、すなわち指示もそうだということは、さらに哲学的に興味深いことである。不確定性についての私の言及は、意味の類似性への挑戦という形で始まった。私は「英語での意味においては類似していないが、等しく妥当性を主張できる二つの方法で英語に翻訳可能な表現」を想像してみた。確かに意味の類似性は、繰り返し疑問が提示されたように、はっきりしない概念である。外延が等しい二つの述語に関して、それらを意味において等しいと言うのか言わないのかは、決して明確なことではない。これは、羽のない二足動物と理性的な動物、または等角と等辺の三角形に関する古くからの問題でもある。指示あるいは外延は、確定されるものであるが、意味あるいは内包は、確定されないものと見なされてきたのである。しかしながら、今われわれに突き付けられている翻訳の不確定性は、外延と内包の双方に等しく切り込んでくる。「ウサギ」、「分割されていないウサギの部分」、さらに「ウサギ相」という名辞は、意味においてのみ異なっているわけではない。それらは異なったものだという方が本当なのである。指示それ自体が行動を通しては不可測であることを示しているのである。
われわれ自身の言語の限定された範囲の中であれば、われわれはいつものように内包的語りよりは外延的語りの方がより明確であることを認め続けることはできる。というのも、「ウサギ」、「ウサギ相」、さらにその他の間の不確定性は、英語の個別化の装置――代名詞、複数化、同定、数詞等々の装置――の翻訳の相関的な不確定性にもっぱら基づくからである。われわれが、こうした装置を所与の固定されたものと考える限りは、このような不確定性は何ら強力なものではない。この装置を受け容れれば、外延については何ら神秘的なものなどない。名辞というものは、同じ事物について真であるならば同じ外延を持つことになるのである。しかし一方で、根元的翻訳のレベルでは、外延自体が不可測なのである(17)。

「ガヴァガイ」の英語〔日本語〕への翻訳が不確定なものだとすれば、現地のこの語の話者が何を指示するためにこの語を使っているのかそれ自体が、行動を通しては不可測である。おそらく「ガヴァガイ」は、彼がさまざまなウサギを語る際に述語として使う一般名辞であろうが、それはまた統合されたウサギのさまざまな部分や、あるいはウサギの各時間における諸相を語る際の述語として使う一般名辞でもあるのだ。実際、彼にとって、それは決して一般名辞ではないのかもしれない。それは、この言語の話者がウサギ性（rabbithood）に言及するために使う抽象的単称名辞（abstract singular term）なのかもしれない――その場合には1の翻訳は、次のようになるだろう。

5. このウサギ性の例化は、あのウサギ性の例化と同じウサギを明示している。

あるいは、それは現地の人々がいわゆるウサギ目のメレオロジー〔全体と部分の論理的関係に関する形式的理論〕の総計（または融合体）を指示するための具体的単称名辞、すなわち、個々のウサギからなる非連続ではあるが単一の時空間世界の断片であるかもしれない。この場合、1の翻訳は次のようになるだろう。

6. ウサギ融合体のこの部分は、ウサギ融合体のあの部分と同じウサギである。

あるいはさらに、それは、現地の人々が、世界にある「ウサギ材」（ウサギが構成されている物質）を指示するために使う物質名詞（「木」あるいは「水」のような）であるかもしれない。この場合、

7. ウサギ材のこの断片は、ウサギ材のその断片と同じウサギである

が1の翻訳となるであろう。いずれにしても、2〜7のうちどれが1の英語〔日本語〕への翻訳として正しいのかが言えない限り、われわれは「ガヴァガイ」がさまざまなウサギを、あるいはそのさまざまな部分を、さまざまな相を、本質を、融合体を、あるいはまた材を、指示しているのかどうかを語ることはできないのである。

クワインが論じているように、このことは事実を調べることができないという問題ではない。「この問題に事実はないのである」[18]。ここでの議論は自然主義からの議論である。

哲学的には、デューイの最後の三〇年間を支配した自然主義によって、私は彼に結び付けられている。デューイとともに、私は知識や心、さらに意味が、それらがかかわりを持っている同じ世界の一部であり、さらにそれらは自然科学に生気を与えているのと同じ経験主義的精神の下で研究されるべきだと考えている。かつての哲学にはもはや場所はないのである[19]。

哲学者たちが伝統的に言語を捉えてきた見地——彼らの「無批判な意味論」——に優位を認めたかつての哲学とは、いわゆる「言語の模写説」である。クワインはこれを「有害な心理主義」と考え、さらに（計算しつくされた悪意をもって）「博物館の神話」と呼んでいる。というのも、言語についての自然主義的見解をとる者にとって、このような神話的意味論を理論化する余地は残されていないからである。

われわれが人間の意味論を、外的な行動を生み出す傾向性に含まれているものを超え、心の中で何らかの方法で決定されるものと見なす限り、意味論は、有害な心理主義に汚染されているのである。行動から解釈されなければならないのは、まさに意味についての事実であり、意味されている実在物ではないのである[20]。

さらに、今まで見てきたように、同様のことは指示についても言える。すなわち、行動から解釈されなければならないのは、まさに指示についての事実なのである。自然主義にとって、現地の人が「ガヴァガイ」を、英語〔日本語〕の話し手が「ウサギ」として指示するものを指示するために使っているのかどうかという問いには、現地語の話し手と英語〔日本語〕の話し手の発話の傾向によって原理上答えが決定されている場合を除いては、実際に知られていようといまいと、確定的な答えは存在しないのである。もしも、このような基準で不確定的な事例が存在するのであれば、指示や指示の同一性といった専門用語については、根元的翻訳の文脈においては事態はもっと難しいことになる。

例えば、もしも、現地の人は具体的なウサギを指示するために「ガヴァガイ」を使っているのだという主張と、彼らはウサギ性を指示するためにこの語を使っているのだという主張が、現地語の話者および英語〔日本語〕の話者のすべての行動傾向に、等しく十分に合致しているとすれば、これらの主張のうちどちらが正しく、どちらが誤っているかを知ることは、永久に不可能であろう。自然主義的に言語を理解する人々は、このような場合には、指示という概念をナンセンスと考えざるをえない。もしも、現地語の話者がウサギを指示しているのか、ウサギ性を指示しているのかという問いが、人間の言語行動への傾向性の全体から見て決定的な答えを見出しえないのであれば、それは原理上不確定だということなのである。だからこそクワインは、「デューイの言語の行動主義的哲学の擁護において、指示が明確でないということは、何らかの事実が明確でないということではない。この問題には事実などないのである」[21]と主張したのである。自然主義にとって、原理上不確定であるいかなるものにも、事実は存在しないのである。

〔こうした結論を導き出す〕この行動主義的意味論と自然主義的認識論はともに、「経験主義における プラグマティストの位置」において重要な役割を果たしている。その論文でクワインはヒューム以降の経験主義における五つの著しい進歩を明らかにし、こうした「経験主義がより良き方向に向かう契機となった五つの点[22]」に関して、古典的プラグマティストの見解を考察したのである。私はこの経験主義の五つの転換点を次のように名付けよう。

1. 方法論的唯名論
2. 存在論的文脈主義
3. 認識論的全体主義
4. 方法論的一元論
5. 認識論的自然主義

1は「認識論においては、可能な場合に観念に換えて言語表現について語るという方針(policy)[23]」である。クワインによると、これは、一七八六年にジョン・ホーン・トゥックによって経験主義に導入されたという。2は便利ではあるが存在論的には厄介な名辞が、その外延を放棄することで、心置きなく十分機能できるようにするために、文脈的定義に重きを置こうという方針である。これは、一九〇五年のラッセルの単称記述理論とともに、経験主義において支配的役割を果たすようになったが、クワインはその起源をジェレミー・ベンサムのフィクションの理論（一八一五年頃）にまで遡っている。3は、「科学理論では、完全な文であっても経験的意味の独立した担い手（vehicle）として機能するには、通常短すぎる」[24]のであり、科学理論のかなり包括的な総体のみが、全体としてようやくその機能を果たすことができるという認識である。この考えは一九〇六年にピエール・デュエムによって経験主義に導入された。4は、「分析－総合の二元論の放棄」[25]に当たるモートン・ホワイトの用語である。これは、既に見たように、一九五一年のクワインの古典的論文にまで遡る。5は「科学に先行する第一哲学の目的の放棄」[26]である。現代経験主義をこの方向へと導いたのはクワインの『ことばと対象』（一九六〇）であったが、クワインはその経験主義的起源を、一八三〇年のオーギュスト・コントの実証哲学の中に見出している。

クワインの認識論的自然主義は、人間を科学的真理一般の発明者としてよりも、発見者と見なすことを彼に強要するものではない。すなわち、それは彼を古典的プラグマティストたちから切り離すものではない。

ジェイムズの願望的思考を持つ者への優しい言葉は、優しい言葉の場合によくあるように、共感を呼んだのである。その言葉はF・C・S・シラーに影響を与えた。シラーは、そのヒューマニズムの哲学によって、プロタゴラスの再来（redivivus）となったのである。しかし、この点で、奇妙なことが起きた。彼は「要請（postulation）」という教説を持っていた。それはわれわれが望むものは何であれ、それが問題を持っていることが明らかになるまでは真であると信ずるようにせよ、という教説である。ところが奇妙なことに、これがまさしく仮説演繹法——願望的思考は修正に従わざるをえないという——の説明だということである。奇妙というような定義できない要素は別としても、これはほとんどポパーが推測と反駁として描いたものに他ならない。さらについでながら、ヒューム以降の経験主義の五段階を思い出せば、われわれは、この要請、あるいは仮説演繹的な説明が、全体論的な、あるいはシステムを中心においた立場であることに気づくことであろう。

仮説演繹法を称揚するポパーやわれわれの一部は、考えるに、それを、真理を作り出す方法としてより、真理を見出す方法として考えている点でシラーのヒューマニズムとは袂を分かつことになる。しかし、私は賛成できない。私は自然主義の立場を取るにもかかわらず、科学的理論の体系的構造が人為的なものであることを認めざるをえないのである。そう、それはデータに合致するように作られたものなのであり、データによって唯一のものとして特定されたものではないのであるから、それは発見されたものというより発明されたものなのである。他の体系でも、といっても他には何も夢想さえされなかったかもしれないが、データに適合する可能性は十分あるのである。

プラグマティストのジェイムズ、シラー、さらにデューイは、科学とは観察を体系化する概念の速記法だと考えた。ヨーロッパの観念論者であるマッハ、ピアソン、ポアンカレ、恐らくはラムジーも、同じような見解を持っていた。そして今、私は、自然主義を公言しているにもかかわらず、同じような立場に引き込まれているように思われる。それでは、そこには何の違いもないのであろうか。

違いは存在論の中に求められる。ジェイムズや私がヨーロッパの観念論者と名付けた人々にとって、実在は、第一義的には感覚であった。シラーの実在は人間の精神によって形作られた、基本的には形のない実体であった。デューイの実在は観察可能な対象からなっていた。ミードにとっても、同様であったように思われる。それに対し、私のような自然主義的哲学者にとっては、素粒子の中でも最も仮定的なものに至るまで、ともかく物理的対象こそが実在（real）なのである。もちろんこのような認識は、すべての科学同様、修正を受け容れる余地を残している。私はこのような愚直で頑固な実在論をとる存在論的考えを堅持するし、同時に真理の発見者というよりむしろ、もっぱらその創作者としての人間を称賛するのである。私は、物理的対象についての科学的真理が、人間の創作であるにもかかわらず、依然真理であるがゆえに、この双方の考え方をともに堅持できるのである。私の自然主義では、科学が提供し、また求めているもの以上のいかなる真理も認めることはできない。科学者は実に創造的であるから、何か物理的対象物を仮定として置いて、すべての過去、また未来のデータにまったく同様に適合する別の体系を作り上げることも、おそらくできるであろう。しかしこのようなことを言うことは、依然として科学の内部で科学についての種々の真理を認めることである。こうした真理はわれわれの科学の方法論を明らかにしてくれるが、われわれの科学を誤りと断定することも、われわれの科学を退けることもないのである。われわれは持っているもので間に合わせることもできるし、その方法が分かれば改良もする。われわれが真理を認めるとき、われわれは常にわれわれが現に用いている体系内部で議論しているのであり、われわれはそれ以外のところで議論することはできないのである。われわれの体系は変化する。当然である。それが変化するとしても、真理もそれとともに変化すると言うことはできない。われわれが言えるのは、われわれはあるものを誤って真であると考えてきたが、より良いものを学んだということである。可謬主義こそ合言葉であり、相対主義ではない。可謬主義と自然主義が合言葉なのだ。(27) 心理学と意味論における自然主義は、行動主義であると、クワインは言う。そして彼は、これがまさに彼を古典的プラグマティストと結び付けているものだと考えている。

自然主義はまた、可謬主義の中に姿を現すこともできる。もしも、自然主義によって第一哲学の理念と縁を切り、さらにそれに加えて、分析性という概念とも縁を切るなら、可謬主義は容易に成立する。どのような理由にしろ、可謬主義はプラグマティストの間に蔓延しており、ホワイトが言うには、デューイはそれによって確実性の探究を粉砕したのである。しかしパースとジェイムズにおける可謬主義は自然主義とは関係のない基盤を持っていた。彼らは絶対的偶然という要素を固く信じていた。すなわち、未来は原理的に不確かなのであった。

しかしながら、パースはデカルト的懐疑を否定する点で、明確に自然主義的であった。われわれは、それぞれの時代の概念枠の中に産み落とされていることを認識すべきだと彼は主張した。そして、たとえいつか問題が生じるのではないかと疑いを持ったとしても、われわれはその枠組みの中で、批判的に活動しなければならないのである。パースは、さらに、行動主義的意味論を構想した点で、自然主義に大きな貢献をなした。心理学と意味論における自然主義が、行動主義である。そしてパースは、信念とは行動への傾向性に他ならないと言明することで、こうした意味論への支持を鮮明にしたのである。

この主張は、魅力的なものであった。もしも、われわれが信念を告白だけに照らして確定しようとすれば、それが真実であるかどうか明らかにしなければならないという問題を課せられることになるだろう。行動主義的対応はそうした問題を回避する。またそれは、われわれとは「異なる方法で意味されるであろう、信ずる者」の言葉を解釈しなければならないという問題も回避することができる。さらに、もしも、行動主義的理論が信念一般に適用されるというのであれば、それは文一般の意味を説明することにもなろう。というのも、私が先に指摘したように、文の意味は文が真であるという信念を構成する、行動への諸々の傾向性を包括しているものだと言うことができるからである。

しかし、このような路線に沿った、いかなる信念あるいは文の意味に関する一般理論ももちろん――ジェイムズの侮蔑的な言葉を借りれば――ばかげている（moonshine）ように思われるだろう。行動への傾向性は、信念の基準としては極めて限られた範囲でしか役には立たない。どのような行動が、ブルータスがシーザーを殺したという私の信念を明らかにするというのだろう。私たちはここでは言語的行動を含ませてはならない。さもないと信念の行動主義的考えはその利点を失ってしまう。もっと言えば、ある信念の強固さに基づいて何らかの非言語的な行動をとることを、われわれが納得して語ることができる場合であっても、その行動からその信念を確認する明確な方法は一般的に言って存在しないのである。なぜなら、行動に貢献する信念は一般に、あるものが他を支えるというように、複雑な複合体となっているだろうからである。われわれは、理論が最低レベルの単純な場合において、行動から信念を確認できるに過ぎない。その他の場合は、行動は、言語的証言で十分に補われることによって初めて特定の信念を明らかにすることができるのである。

明らかにパースの信念についての行動主義的説明は、そこに安住するべきものではない。それを、各々の文章ごとに適用できる望みはない。それについて賞賛すべき点は、まさにその行動主義者の精神である。パースは、実際次のような言葉で、行動主義を支持する一般的かつ明瞭な宣言を行ったのである。「われわれは内省する力など何も持っていない。内面的世界についてのすべての知識は、外界の事実についてのわれわれの知識から、仮説的な推論によって導かれたものなのである」。この精神は、ミードの哲学と心理学、さらにまたデューイの意味論において、新しい活力を伴って再び現れる。デューイは、言語形式の社会的使用の中に見出される他に意味など何も存在しないと主張した点では、ウィトゲンシュタインをはるかに先行していたのである(28)。

実際、クワインは現代経験主義におけるプラグマティズムの位置について、次のように述べて彼の説明を締めくくっている。

私はヒューム以降の経験主義の第六の偉大なステップとして行動主義的意味論を挙げることもできたであろう。しかし私はそうはしなかった。なぜなら、私はそれも自然主義の構成要因だと考えたからである。しかし、自然主義を唱導したコントは、行動主義的意味論にまで進むことなく終わった。その栄誉はプラグマティストたちに与えられなければならない。

プラグマティストであるミードの下で学んだチャールズ・モリスが「プラグマティクス(pragmatics)」という語を言語研究の行動主義的目的を表すために選んだことは重要である。私は、行動主義的意味論が何よりもまずプラグマティズムの最も著しい特徴であると考えることに勇気を与えられた思いがする。実際、モリスは同じように主張している。確かにこれこそ、私が賞賛した特徴である。これが、ずっと前に私を論理実証主義者から切り離した点でもある。しかし「プラグマティズム」という語は、この特徴を現すもう一つの用語としては、あまり有効ではない。

プラグマティストを自称する人々は、私がヒューム以降の経験論の五つの転換点と捉えた問題に、それほど重要なかかわりを持っていない。しかし、パースのプラグマティズムの格率の中には、トゥックの観念から語への移行や、さらにベンサムの語から文への移行は見出せないが、パースは、進んだ意味論の議論が文重視へ向かっていることは、暗示的な形ではあるが、認められる。パースのさらにわれわれが彼の真理論まで立ち入って見てみないと、デュエムの体系を中心とする見解とは対立するように見えた。しかしこれは受け容れられないことだと、われわれは気づく。他のプラグマティストたちも暗示的な形では文を重視していたが、われわれがシラーのヒューマニズムを仮説演繹的に理解するまではやはり、彼らは依然、体系を中心とする見解とは対立しているように思えたのである。分析的－総合的という区分に関して、さらに自然主義に関して、プラグマティストたちは優柔不断でどっち付かずであった。

セイヤーはプラグマティズムの特徴的な教説を定めようと試みている。しかしその結果は複雑であり、それを公にするやいなや、何人かの高名なプラグマティストの主張を次々一覧に付け加え補足しなければならなくなった。私自身、中心的人物に限定して注目しても、共有される特徴的な教説をほとんど見出してはいないのである。そのような中で、最も優れた二つの特徴と推察されるのが、私が心からそう認めるところの行動主義的意味論と、私もほとんど全面的に同意する、人間を真理－創作者と見なす教説であると言えるだろう。(29)

第八章　ポスト－クワインのプラグマティズム

われわれはクワインがいささか消極的なプラグマティストであることを見てきた。この消極性は、クワインの代表的な高弟であるドナルド・デイヴィドソンの著作の中ではもっと明確に示されている。〔本章で〕デイヴィドソンから引用する文献は、一つを除き、他はすべて彼の著書『真理と解釈』から採られているが、この著作には「W・V・クワインに。その人がいなかったら、本書は存在しなかったであろう」という献辞が添えられている。デイヴィドソンはこの著作の序章を次のパラグラフで締めくくっているのである。

W・V・クワインは私の人生の重大な局面で私の師であった。彼は私に言語について考え始めさせたばかりでなく、私に、哲学には何か正しいであろうもの、少なくとも誤っているであろうものがあるという考え、さらにそれはいずれにしろ重大なことであるという考えを、教えてくれた最初の人であった。彼の著作からのインスピレーション、彼の忍耐強い擁護、彼の人懐っこいウイット、そして彼の寛大な励ましがなかったなら、この本が、現にあるものよりもっとひどいものになるなどという程度ではすまなかったであろう。まず、それは存在しえなかったであろう。(1)

本章は「今日のプラグマティズム」と題した方が良かったのかもしれない。しかしドナルド・デイヴィドソンはクワインへの応答として執筆活動(のかなりの部分)を行っており、リチャード・ローティはクワインとデイヴィドソンへの応答として、執筆活動(のかなりの部分)を行っていることから、デイヴィドソンとローティの著作の検討に割り当てられた本章には、彼らがいかに多くをクワインに負っているかを明らかにするタイトルを選ぶべきだと考えたのである。

第七章では一九五一年のクワインによるプラグマティズムの再生が経験主義を論理実証主義から大きく隔てさせる結果となった事実を強調した。クワインは次のように述べている。

カルナップ、[C・I・]ルイス、さらにその他の人々もさまざまな言語形式、科学的枠組みのどれを選ぶべきかという問題にプラグマティックな立場をとっている。しかし彼らのプラグマティズムは分析的なものと総合的なものとの間の空想上の境界に留まっている。このような境界を拒否することは、私がより徹底したプラグマティズムを信奉するということである。人間にはそれぞれに、科学的な遺産に加え、次から次へと絶え間のない感覚刺激が与えられる。そして、科学的遺産をまとい、絶え間なく続く感覚的興奮に適合するように人々を導いていく洞察は、合理的であるならば、

プラグマティックなものにならざるをえないのである。(2)

クワインの動向を評価するにはさまざまな見方がある。特に、論理実証主義を、何世紀にもわたって人々を支配してきた形而上学的、また神学的な足かせから、人間性を解放するための戦いの最前線に立った革命的な哲学運動であったと考えるなら、実証主義からの離反は、反動的運動、すなわち、精神を科学的に明晰にしようとする勢力に対する、形而上学的たわごとの擁護者の勝利と見なされるだろう。実際、私は、彼の動向が、まさにそのようにしばしば考えられて来たのではないかと懸念している。もちろん、プラグマティズムの研究を十分に進めてきた人々は、パース(「形而上学は有用というよりは、むしろ奇妙な教科である。ちょうど、海面から隠れた珊瑚礁についての知識がそうであるように、形而上学についての知識は、もっぱら私たちをそれに近づかないように教えるために役立つのである(3)」)からクワイン(「知識や心、さらに意味が……自然科学に生気を与えている同じ経験主義的精神の下で研究されるべきだと考えている。かつての哲学にはもはや場所はないのである(4)」)に至るプラグマティストが、われわれの知的遺産に影をおとす過剰な形而上学的影響を十分認識し、将来このような過剰な影響を回避するために人類が手に入れた最高の希望として、自然科学を擁護する精神を推奨してきたことを承知している。しかしながら、われわれのすべてが、クワインの研究の衝撃が十分に理解される以前に教育を受けた人々とはかなり異なった形で論理実証主義を考えるようにならない限り、こうした論争はしばらく続くことになるだろう。

ローティの主要な学術的業績のひとつは、哲学者たちの何世代にもわたる論争に決着をつけたことである。それは彼の著書『哲学と自然の鏡』（一九七九）によって成し遂げられた。ローティはそこで、論理実証主義、さらにもっと一般的には、すべての「ラッセルとフレーゲを起源とする種類の哲学」(5)――分析哲学――は思想の革命的形態ではなく、反動的運動であったと論じたのである。ローティは次のように論じている。

〔それは、〕古典的なフッサールの現象学と同じように、カントが哲学に期待した地位――すなわち、文化の他の領域について、それらの領域の「基盤」についての特別な知識に基づいて判断を下す地位――に哲学を就かせようとする単なる一つの試みに過ぎないのである。「分析」哲学は、カント哲学のもう一つの変異態、すなわち、表象を心的なものとしてよりも言語的なものとして考えることによって、さらに「知識の基盤」を明らかにする学として、「超越論的批判」あるいは心理学よりも言語哲学を考えることによって、もっぱら特徴付けられる一つの変異態なのである。(6)

ローティは、言語の強調はそれ自体重要ではあるが、「デカルト－カントの問題を本質的に変えるものではないし、またそれゆえに、本当の意味で哲学に新たな自己像を与えるものでもない」と主張するのである。「というのも、分析哲学は、探究に、さらにはすべての文化に適応できる永久的・中立的な概念枠を構成することに、依然として拘っているからである」(7)。分析哲学を歴史と無関係にさせるのは、まさにこの考え、すなわち、「あらゆる可能な歴史的展開の非歴史的要件」(8)やそこから帰結する「歴史から逃れようとする試み」(9)が存在するという考えそのものなのである。われわれは、デューイが言うように、哲学者も「歴史の一部であり、歴史の流れの中に囚われている。すなわち、おそらくある程度は将来の歴史の創造者であるが、しかしまた、過去の歴史の被造物であることは否定しがたい」[10]ということを否応なく認めなければならないのである。

ローティの論文「失われた世界」（一九七二）は、クワインの論理実証主義批判をより大きな歴史的視座で捉えている。しかしこの論文は、デイヴィドソンの古典的論文「概念枠という考えそのものについて」（一九七三）から採られた議論をめぐって展開されている。ローティは「失われた世界」の執筆以前にその草稿を読んでいたのである。デイヴィドソンのタイトルが示唆しているように、問題になっているのは、他に取って代わる概念枠というより、概念枠という考え方そのものである。それはカントのアプリオリな概念、あるいはアプリオリなカテゴリーの体系という考えである。言い換えれば、経験を構成していく上で（予測とか操作とは対立するものとして）必須な概念の体系である。このような概念枠が存在するのであれば、それはあらゆる可能な歴史的展開が充足していなければならない非－歴史的な条件となるであろう。それゆえに、それは探究のための恒久的・中立的な概念枠として機能することになる。かくして、デイヴィドソンは、構成的枠組みとわれわれの経験の感覚的内容という区分に挑むために、ヘーゲルからデューイに至る偉大なる歴史主義の哲学者と手を組んだのである。ローティはプラグマティズムの中の歴史主義的要素を強調するので、「デイヴィドソンのこの区分への攻撃は哲学的伝統を打破しようとするプラグマティストの試みの最高の今日的表現である」[11]と論ずるのも、驚くには値しない。

デイヴィドソンが「概念枠という考えそのものについて」で問題にした概念枠－内容の二元論に対

する信念は、分析的－総合的の二元論に対する信念、あるいは還元主義に対する信念に並ぶ、経験主義に潜むもう一つのドグマなのである。

> 私は、この……概念枠と内容、組織化する体系と組織化されることを待っているものとの二元論は、理解されるものでも擁護可能なものでもありえないと主張したい。これ自体が、経験主義のドグマ、第三のドグマである。第三の、そしておそらく最後のドグマであろう。なぜなら、もしもわれわれがこれを放棄するならば、経験主義と呼ぶための何か明確なものが他に残されているのか、はっきりしなくなるからである。(12)

こうした経験主義の三つのドグマのそれぞれは、ある区分を設ける能力の存在を前提としているが、それは経験的に保証されているわけではない。還元主義というドグマは、言明が真であるための事実的要素が言語的要素から区別できることを前提としている。分析的－総合的二元論のドグマは、事実的要素に関係なく言語的要素だけによって真なる言明が区別されることを前提としている。また、概念枠－内容の二元論のドグマは、われわれの概念枠の変更から帰結する、真と考えられる言明の選択に生ずる変化と、われわれの経験的事実の理解の変更から帰結する変化が区別されうることを前提としているのである。

われわれはこの経験主義の第三のドグマに関する前提を、もっと簡潔に言い換えることができる。すなわちそれは、意味の変化により真と考えられる言明が変化することを、信念の変化により真と考えられる言明が変化することから区別できるという信念である。例えば、ベンジャミン・フランクリンの研究以前には、いわゆる電気の専門家はほとんど、「電気とは流れである」という文を真であると考えていた。しかし、フランクリンやその直系の後継者たちの研究の後では、専門家たちはもはやそうとは考えなくなった。それは「電気」という語の意味が変わったからであろうか、それとも電気についての信念が変わったからであろうか。デイヴィドソンによれば、このような質問に決定的な解答があると前提することが経験主義のドグマなのである。「電気」の意味の変化はわれわれの概念枠の変化だということかもしれない。一方、電気についての信念の変化は、概念枠が組織化しようとした経験内容の変化であるということかもしれない。しかしわれわれは、一度概念枠と内容という二元論を放棄すれば、意味の変化を信念の変化から区別できるという前提を放棄することになる。信念と意味は相互依存的なのである。

解釈の問題が引き起こされるのは、まさにこの事実による。

信念と意味の相互依存性は、発話行動の解釈についての二つの側面、すなわち信念の帰属と文の解釈から生じてくる。われわれは以前、このような依存性のゆえに概念枠と言語が連結していることを指摘した。今度はその点をもう少し明確なやり方で示すことができるであろう。人間の発話というものは、話者が信じていること（さらに意図していること、また欲していること）について、十分理解している者以外によって解釈されることはありえないということ、また発話が理解されなければ、それぞれの信念の間に正確な違いを見出すことは不可能であるということを認めよう。そうすると、われわれはどのようにして発話を解釈し、どのようにして信念やその他の態度をしかるべき所に帰属させるべきなのであろうか。われわれは明らかに、態度を説明し、同時に、発話も解釈でき、それでいてそのいずれをも前提としない理論を持っていなければならない。

私はクワインに従い、われわれが、循環や保証されていない前提に頼ることなく、文に対するある非常に一般的な態度を、根元的解釈（radical interpretation）の理論の基本的根拠として受け容れることができると指摘したい。われわれは、少なくとも現在の議論のために、決定的概念としてある態度、すなわち文に向けられそれを真として受け容れる態度に根拠を置くことができるだろう。（より十分に練り上げられた理論は、文に対するほかの態度、例えば、真であることを願望するとか、真かどうか迷うとか、真にしようと意図するとかなどにも同様に目を向けることになるであろう。）ここには、実際、すでにいろいろな態度が含まれているのであるが、しかし主要な問題の論点先取が犯されてはいないという事実は、次のことからも見て取ることができる。すなわち、たとえわれわれが、ある人がある文を真と考えていることを知ったとしても、それだけでは、彼がその文によって何を意味しているのかも、彼がそれを真であると考えている信念が何を表しているのかも、知っていることにはならないのである。彼がその文を真と考えることは、かくして二つの力のベクトルに依拠するのである。すなわち、解釈の問題は、明らかな証拠から、実効的な意味の理論と受け容れ可能な信念の理論を抽象的に導き出すことなのである。[13]

デイヴィドソンは「根元的解釈」――彼のもっとも影響力のある論文の一つ（一九七三）のタイトル

となっている語句であるが――について語っている。クワインが「根元的翻訳」という語句を「それまでの辞書の助けを借りず、行動に表れた証拠に基づいた隔たった言語の翻訳[14]」のために造語し、さらに根元的翻訳の文脈における指示の不可測性（inscrutability）について論じたことを思い起こそう。デイヴィドソンは「クワインの『根元的翻訳』との強い血縁性」を示唆する「根元的解釈」という語句を選んだのである。「しかしながら、血縁性は同一性ではない。また『翻訳』に代わる『解釈』は、ある違いを鮮明に表している。すなわち、根元的解釈では、明らかに意味論的なものに遥かに力点が置かれている[15]」のである。

「翻訳」に対し「解釈」を選んだもう一つの理由は、クワインとデイヴィドソンがともに対象とした問題の、少なくとも一つが、「異言語間（foreign）の問題であるとともに、同一言語内（domestic）での問題でもあるということである。すなわちそれは、言語が同じであるというのはどのようにして決定されるのかという問いという形で、同じ言語を話す人々にとっても明らかになってくる[16]」のである。あなたが、私と同じように「ウサギ」という言葉を発したとする。しかしどのようにして、私はあなたが意味しているものが、私が「分離されていないウサギの部分」という句で意味しようとするものとは違っていることを知りうるのであろうか。クワインが言うように、「同音翻訳（homophonic translation）を進んで停止できる点を除けば、同一言語内での問題も、いわゆる通常の根元的翻訳と何ら異なるところはない[17]」のである。デイヴィドソンは異言語間の場合と同様に同一言語内の場合にも適用できるもっと適切な言葉を使って、「他人の発話を完全に理解するには根元的解釈が含まれる」と述べているのである。

私は、この二つの理由だけでは、デイヴィドソンを彼の師の用語から離脱させた理由としてはまだ十分ではないと考えている。もっと深い問題、すなわち、解釈の理論を必要とした深い問題があるのだろう。デイヴィドソンにはクワインが、彼が否定する「解釈される言語から解釈者の言語への翻訳の方法こそ、必要とされる理論のすべてである[18]」という考えに固執しているように映ったのではないかと、私は考えるのである。デイヴィドソンは次のように主張する。

そのような理論は、まったく知らない言語の意味不明な文から馴染みの言語の文に移行する効果的な方法についての言明という形をとることになるであろう。それゆえに、それは、任意の文に適用可能で、しかも有限な形で述べられている方法への要求を充たすであろう。しかし、私には、翻訳のマニュアルが解釈の理論の最も良い形式だとは考えられないのである。

解釈がわれわれの目的である場合、翻訳の方法などを持ってきたのでは誤ったトピックを扱うことになる。すなわち翻訳は二つの言語の関係を扱うわけであるが、そこで求められているのは一つの言語についての解釈なのである（もちろん、もう一方の言語による解釈であるが、いかなる理論も何らかの言語を頼らなければならないのであるから、それは言うまでもない）。われわれが理論を記述するために使用する言語を理論の対象の一部と見なすことは、よほどそのことをはっきりさせないと、必ず混乱を招くことになるだろう。一般的には、翻訳の理論は三つの言語を含んでいる。すなわち、対象言語、主体言語、そしてメタ言語（一方から他方へと翻訳が進められるそれぞれの言語と、主体言語のどのような表現が対象言語のどのような表現を翻訳しているかを語る、理論の言語）である。さらに、一般的な場合、われわれは主体言語のどの文が対象言語のどの文を翻訳しているのかを、いずれかの言語からなる文のうちのあるものが、何を意味しているのか分からないとしても、知ることができる（ともかくも、何らかの意味で、それは、理論を理解している人が対象言語の文を解釈することを可能にするのであろう）。もし偶然にも主体言語が理論の言語と同一であるならば、その理論を理解している人は、疑いなく聞きなれない発話を解釈するために翻訳マニュアルを使うことができる。しかしこれは、彼が知ってはいるが、理論では述べられてはいない二つの事柄、すなわち、主体言語が彼自身の言語であるという事実と、彼自身の言語で述べられている発話解釈の方法についての知識を、駆使することによってなのである。(19)

デイヴィドソンは、馴染みのない言語による発話と同様に、自分自身の言語による発話を解釈する際にかかわる問題を明らかにすることにことのほか熱心である。

彼は、これにかかわる問題が、結局、主体言語で対象言語に対する真理の理論を構成することであると考えていたのである。

われわれ自身の言語を含め、何らかの言語の発話を解釈するための十全な理論は、重要な意味論的構造を明らかにするだろう。例えば、複雑な文〔複合文〕からなる発話の解釈は、もっと単純な文の発話の解釈に体系的に依存するということである。翻訳の理論に、われわれ自身の言語にとっての十全な解釈の理論を付け加えることができると想定しよう。そうすれば、われわれは、まさにわれわれが欲するものを手に入れることになるだろうが、しかし、それは不必要に大仰な形をとることになるだろう。翻訳マニュアルは、翻訳される言語のそれぞれの文に対応する翻訳者の言語の文を、機械的に多数生み出す。そして、解釈の理論はそうした馴染み深い文の解釈を与えるのである。確かに、母語への言及は余計である。それは解釈と馴染みのない慣用句の間の不必要な介在物に過ぎない。解釈の理論がかかわらなければならない表現は解釈されるべき言語に属している表現だけなのである。

したがって、対象言語にとっての解釈の理論は、構造的に明らかな既知の言語のための解釈の理論と、未知の言語から既知の言語への翻訳の体系との合体の結果と見なされるであろう。この合体では、既知の言語への言及は無駄なものとなる。このような言及が取り除かれたとき、残るものは構造的に明らかな、対象言語のための解釈の理論——もちろん、馴染み深い言葉で表現された——なのである。私が指摘したいことは、タルスキが最初に示した種類の真理論の中に、このような理論を見出すことができるということである。

タルスキ流の真理論を特徴付けるものは、それが対象言語のすべての文sに関し、次の形式の文を含意している点である。すなわち、sが（当該の対象言語において）真であるとき、またそのときに限ってpである。この形式（T－文と呼ばれる）のいくつかの実例は、「s」をsの標準記述によって置き換え、さらに「p」をsの翻訳によって置き換えることで得られる。この理論において重要でありながら、それでいて定義されていない概念は、充足という概念である。これは自由変項を含む開いた文にしろ、含まない閉じた文にしろ、それぞれの文を対象言語の変項の値域に属すると考えられる対象の無限列に関係付けることである。このような公理は、無限にあるが、二種類にまとめることができる。あるものは、より単純な文の充足条件に基づき、対象列が複雑な文を充足させる条件を与えるものであり、他のものはもっとも単純な（開いた）文が充足する条件を与えるものである。真理は充足という概念によって、閉じた文に関して定義される。このような再帰的理論は、この理論の言語が十分な集合論を含んでいれば、タルスキが示したように、周知の方法によって、明示的定義になりうるだろう。しかし、われわれはこうした方向に進むことに関心はない。

もしも固有名や関数的表現が対象言語の還元不能な特徴だとすると、さらに複雑な要因が加わる。またもっと厄介な問題は指標語（indexical）の表現に関係する。タルスキはいかなる指標的な、あるいは指示的（demonstrative）な側面も含まない、形式化された言語に関心を持っていた。それゆえに彼は文を真理の担い手として扱うことができたのである。この場合、この理論の発話への拡張はたいした問題ではない。しかし、自然言語は不可避的に時制のような指標的特徴であふれているのである。そしてそれゆえに、自然言語の文は時と話者により、真理がさまざまに変化するのである。改善の方法は、時や話者に相対的な言語に合わせて、真理を特徴付けることである。そうすれば発話への拡張もまた円滑に行われる[20]。

根元的解釈の理論がとる形式についてはこれで十分だろう。ここで論拠となっているいくつかの要因の考察に戻ろう。

われわれは先に、文を真として受け容れる態度を、このような理論の基本的論拠とする点で、デイヴィドソンがクワインに従っていることに触れた。それゆえ、われわれは解釈者として、主体（自分の発話が解釈されている人）がある文、例えば「横を航行していったヨール〔ヨットの一種〕は素晴らしい艇だ」を真と受け容れるという事実から始めることにする。しかし、われわれは、「横を航行していったヨールは素晴らしい艇だ」によって主体が何を意味しているのか、あるいは、この文を真であると考える主体の信念が何を表わしているのかを、知ろうとしているのではない。実際、われわれは、主体が「横を航行していったヨールは素晴らしい艇だ」を真と考えることを二つの力のベクトルと見なしているのである。そして、解釈の問題はこの証拠から実効的な意味の理論（真理の理論の形をとった）と受容可能な信念の理論を引き出すことなのである。

この問題を解決する一番良い方法は、あまり劇的とは言いがたい例から知ることができる。あなたが横を航行して行くケッチ〔ヨットの一種〕を眺めているとき、同僚が「あの素晴らしいヨールを見てごらんよ」と言ったとする。そうするとあなたは解釈の問題に直面することになる。一つの可能性として当然考えられるのは、あなたの友人がケッチをヨールと間違え、誤った信念を持っていたということである。しかし、もしも彼の視力は健全であり、視界も良好であったなら、彼は、あなたが使うように「ヨール」という語を使っていないのであり、通り過ぎていったヨットのジガー〔補助帆〕の位置を見間違えたわけではないと考えることが妥当であろう。われわれは、信念についての合理的理論を維持するために、語を再解釈する道を選び、常にこの種の迅速な解釈を行うのである。われわれは哲学者として、体系的な言葉の誤用には特に寛大であり、その結果を解釈することに習熟している。その過程は、真と考えられる文から信念と意味についての実効的な理論を構築する過程をたどることになる。

このような例は、常識的な信念という背景や現に使われている翻訳の方法に照らして、変則的な瑣末なケースの解釈を強調している。しかし、ここで関係している原理は、瑣末とは言えないケースにかかわる原理と同じものなのである。ここで問題になっているのは次のことである。すなわち、もしもわれわれが知っていることが、話者がどのような文を真と考えているかということだけであり、われわれとしては彼の言語がわれわれと同じとは想定できないとすると、話者の信念について相当なことを知っているか、相当なことを想定しないと、われわれは解釈のための第一歩さえ、踏み出すことはできないということである。信念に関する知識は語を解釈する能力とともにのみ与えられるのであるから、出発点においてできることは、信念については一般的に一致していると想定することだけである。われわれは話者がある文を真と考えるまさにそのときに、実際に獲得される真理条件（われわれの考える限りでの）を話者のそうした文に付与することによって、最終理論にとりあえず近いものを手に入れることはできる。それを行う際の指針は、簡潔さや社会的条件の影響についての予測、さらには説明可能な誤りについてのわれわれの常識的・科学的な知識をも当然考慮しながら、できる限りこれを行うということである。

この方法は不一致の軽減を目指しているわけではないし、そのようなことは実際できない。その目的は有意味な不一致を可能にすることであり、それは一致した基盤に――何らかの基盤に――全面的に依拠することになる。その一致は「同一の言語」の話者によって真と考えられる文の広範にわたる共有、あるいは、他の言語の話者のために、解釈者によって考え出された真理論を媒介とした広範にわたる一般的一致、という形をとることであろう。

善意の対応（charity）〔「寛大」「寛容」とも訳される〕は選択できるようなものではなく、実効的理論を持つための条件なのであり、われわれがそれを是認することによって集団的な誤りに陥るかもしれないなどと指摘することは意味をなさないのである。われわれが真と考えられる文と他の真と考えられる文との体系的な相互関係を確立しえて初めて、誤りを犯す可能性も生じるのである。善意の対応は、われわれがそれを好もうと好むまいと、われわれに強要されるものなのだ。もしも他者を理解したいというのであれば、われわれは彼らをほとんどの場合において正しいと考えなければならないのである。もしもわれわれが、善意の対応と、何らかの理論に対する形式的諸条件の折り合いをつける理論を作り出すことができれば、コミュニケーションを確かなものにするために行うことのできる、すべてのことをなし終えたことになるだろう。これ以上には何もできないのであり、これ以上には何も必要ではないのである。(21)

これは、実に感動的な結論である。われわれはこれを正しく理解しなくてはならない。主体が「横を航行していったヨールは素晴らしい艇だ」という文を真であると考えているとして、彼がなぜその文を真と考えているのか、解釈者が説明を加えようとしても、信念と意味の役割を明確にする何か直接的な方法があるわけではない。彼が誤って、通り過ぎたヨットが舵〔ラダー〕の後ろに立てられた小さなジガーマストを持っていなかったと信じた可能性もあろう。また彼は、「ヨール」という語を解釈者が使うようには使っていないのかもしれない。彼は「ヨール」によって、解釈者が「ケッチ」によって意味していることを意味しているかもしれないのである。もしも、解釈者が知っていることは、この主体が「横を航行していったヨールは素晴らしい艇だ」という文が真であると考えているということだけで、この主体が「ヨール」によって、自分と同じことを意味しているとは想定できないとすると、解釈者は、この主体の信念について相当なことを知っているか、相当なことを想定しないと、解釈のための第一歩さえ、踏み出すことはできないということである。信念に関する知識は語を解釈する能力とともにのみ与えられるのであるから、出発点においてできることは、信念については一般的に一致していると想定することだけである。

ここから、まず第一に、解釈者は、主体がある文を真と考えるまさにそのときに、実際に獲得される真理の条件（解釈者が考える限りでの）を解釈されるべき文に付与しなければならない。一言で言えば、解釈者は善意の対応の精神で解釈しなければならないのである。この場合、解釈者は彼自身が「ケッチ」によって意味していることを、主体は「ヨール」によって意味している可能性を考えなければならないのである。これは、クワインが善意の対応の原理（Principle of Charity）と呼んだものの応用である。すなわち、「表面上驚くべきほど誤った主張も、隠されている言語の相違に依拠していることが多いのである(22)」。解釈を行う際にこの原理を適用することは、選択できるようなものではなく、実効的な解釈の理論を手に入れるための条件なのであり、われわれがそれを是認することによって集団的な誤りに陥るかもしれないなどと指摘することは意味をなさない。善意の対応は、われわれがそれを好もうと好むまいと、われわれに強要されるものなのである。もしも他者を理解したいというのであれば、われわれは彼らをほとんどの場合において正しいと考えなければならないのである。さらに、デイヴィドソンがこの驚くべき結論のために行った議論は、「世界についてのわれわれの見方の一般的概要は正しいという結論に関しても同様に妥当する」のである。そして「われわれは個人的にも、また集団的にも多くの誤りを犯すであろう。しかしそれは最も広範な視点から見れば、われわれは正しいという条件を前提としての話である。われわれは、自分たちの言語が——いずれの言語にしろ——包括的な存在論において何を要求しているのかを研究するとき、さまざま事象についてわれわれ自身が描いた像を巡る旅をしているのではない。われわれが存在すると考えるものは、ほぼ間違いなく存在しているものなのである[23]」。

デイヴィドソンの見解の説明を終える前に、こうした見解を「プラグマティズムの立場の中でも近年最高の言明」であると捉えた哲学者ローティが、「プラグマティズム」という言葉をどのように使っているのか、明らかにすることは有用であろう。ローティは「プラグマティズム・相対主義・非合理主義」（一九八〇）の冒頭で、「曖昧で、多義的で、そして使われ過ぎる語[24]」であるプラグマティズムによって意味されている三つの特徴を挙げている。こうした特徴を一つずつ考えてみよう。

ローティの挙げるプラグマティズムの最初の特徴は、「それは、端的に、哲学的理論化の対象となる『真理』、『知識』、『言語』、『道徳』、さらにこれに類する対象の概念に適用される、反本質主義[25]」である。ローティはこれをジェイムズの「真なるもの」とは「信念においてよいもの」であるとする定義によって説明している。

ジェイムズの論点は、語られるべきより深いものなど何もないということである。真理は本質を持つような類のものではない。より明確に言うなら、彼の論点は、真理が「実在への対応」であると語ったところで、何の役にも立たないということである。言語と世界がどのようなものであるかについての見方が与えられれば、確かにわれわれは、真であると信じられている文が世界の事物間の関係と同型（isomorphic）の内的構造を持つように、言語の断片とわれわれが世界と考えているものの断片とを、一対のペアに組み合わせることができる。われわれが「これは水です」、「あれは赤い」、「あれは醜い」、「あれは不道徳だ」というような、日常のさして深く考えたわけでもない報告を行う場合、この短い断定的な文は、それぞれが一枚の地図を作るためにつなぎ合わされる絵とかシンボルのようなものだと、容易に考えることができる。このような報告は、実際、言語の小断片と世界の小断面とをペアに組み合わせているのである。ひとたびわれわれが否定を含む普遍的仮定やそれに類したものにまで行き着くと、こうしたペアを作ることは混乱した場当たり的なものになるだろうが、しかしおそらくそれでもペアは作られるであろう。ジェイムズの論点は、こうしたことを続けたところで、なぜ真理は信ずるに足る良いものなのかについてわれわれに何かが明らかにされるわけではないし、また、世界についてのわれわれの現在の見方がなぜ堅持されるべきものなのか、またそもそも堅持すべきものなのかどうかについて、解答の鍵となる考えを大まかにさえ提供してくれるわけでもないということである。しかし、もしもはじめからこうした問いに解答を期待しないのであれば、誰も真理の「理論」を要求することはなかったであろう。真理が本質（essence）を持っていることを願う人々は、知識や合理性、探究、あるいは思考とその対象との間の関係が、本質を持っていることを望むのである。さらに彼らは、本質についての彼らの知識が、彼らが偽であると考える見方を批判するために使われ、より多くの真理の発見を目指す進歩への道筋を示すために使われることを望んでいるのである。ジェイムズは、このような望みは空しい結果に終わると考えた。この領域ではどこにも本質など存在しないのである。探究の道筋を指し示すとか、批判するとか、保証するとか、こうしたことすべてを一挙に解決する認識論的方法などどこにも存在しないのである。

むしろ、プラグマティストたちがわれわれに教えてくれることは、それが理論というより実践についての、観想というより行動についての語彙であり、そのような場合においてこそ真理について何か有用なことが語られうるということである。「これは赤い」がどのように世界を描いているかを知りたいという理由で、認識論や意味論に携わろうとする人は一人もいないだろう。むしろわれわれは、どのような意味でパスツールの疾病についての見方が正確に、またパラケルススの見方が不正確に世界を描いていると言えるのか、あるいはマルクスはマキャベリより正確に世界を描いたということは厳密に言うとどのようなことなのか、を知りたいのである。しかし、まさにここにおいて、「描く」（picturing）という語彙がわれわれを惑わす。われわれが個々の文から語彙や理論に目を移すと、重要な術語は、同型性とか象徴主義、マッピングというようなメタファーから、有用性や利便性、さらにわれわれが欲するものを手に入れる公算についての話へと当然ながら移行する。適切に分析された真の文の各部分は、それらとペアにされた世界の各部分に同型となるように配列されているのだと語ることは、もしも「金星は月を持っている」のような文を考えるなら、もっとものように思われる。しかし、「地球は太陽の周りを動いている」という文を考えると些か怪しくなるし、「自然運動のようなものは存在しない」となるとさらに納得しにくくなり、「宇宙は無限である」となると、とても妥当とは思われない。この後者のような種類の文の主張を称賛したり非難したりする場合には、われわれは、それらの文を主張するという決断が、どのような言葉を使い、どのような本を読み、どのような計画に従事し、どのような人生を送るかについての決断の複合体全体とどのように合致しているかを示すことになるのである。この点では、それらは「愛は唯一の法則である」や「歴史は階級闘争の物語である」のような文に類似している。同型性とか描写とかマッピングのような用語は、実際、対象について真であるという概念がそうであるように、ここではまったく役に立たない。もしもこのような文はどのような対象について真であると主張しているのかという問いを発したならば、われわれは「宇宙」、「法律」、「歴史」のような主題についての、救いようのない議論の繰り返しにただただ巻き込まれることだろう。あるいは、もっと救いようのないことであるが、「事実」または「世界のありよう」などについての話に巻き込まれることになる。デューイが言うには、このような文への自然なアプローチは、「それらの文はそれを正しく捉えているか」と問うのではなく、「それを信ずるということはどのようなことなのだろうか。もし私がそうしたら何が起こるのだろうか。私自身は何に関与することになるのだろうか」と問うことなのである。観想あるいは注視、すなわちテオリアという語彙は、われわれが観察より理論を、すなわちインプットよりプログラミングを扱うまさにそのときにわれわれから遠ざかってしまう。観想的精神は、各瞬間の刺激から隔絶されて大きな視野に立ったとき、その活動は表象が正確であることを決定するというよりも行うべきことを決定することに近づくのである。ジェイムズの真理についての箴言が言うところによれば、実践という語彙は消し去るわけにはいかない。どのような種類の区分も科学を技巧から、また道徳的反省から、あるいは芸術から、切り離すことはできないのである(26)。

このことはローティを、プラグマティズムの第二の特徴へと導く。すなわち「何であるべきかについての真理と、何であるかについての真理の間には認識論上の相違はまったくないし、道徳と科学の間の形而上学的相違もまたまったくない(27)」のである。プラグマティストにとって、倫理と物理学は等しく客観的である。

プラグマティストにとって、すべての探究という様式は——道徳的であるとともに科学的であり——さまざまな具体的選択肢の相対的魅力に関する思慮である。科学または哲学では、思索のもたらすいくつかの可能な結果についての思慮を「方法」によって代替できると考えることは、まさに希望的観測に過ぎない。それは、道徳的に賢明な人間は、善のイデアについての記憶を頼ることによってか、あるいは関係する道徳律の項目を調べることによって、自分のジレンマを解決できると考えるようなものである。合理性は、規則により制御されていることにこそその根本を持つのだという考えは神話に過ぎない。このようなプラトン的神話に従えば、理性的生活は、ソクラテス的な対話の生活ではなく、状況のあらゆる可能な記述や説明を尽くしているかどうかを問う必要などまったくない、極めて明瞭な意識の状態であるということになる。人々は単に機械的な手続きに従うことで、真なる信念に到達できることになるのである。

　伝統的な、すなわち、プラトン主義的な認識論を中心とした哲学は、こうした手続きの探究に他ならない。それは、人々が対話や思慮を必要としない、物事のありようを端的に確認できる何らかの方法の探究である。これは、できうる限り視覚的感覚に似た方法で——ある対象に直接対峙し、すでにプログラムされているように反応することによって——興味深く重要な事柄についての信念を獲得するという考えである。テオリアをもってフロネシスにとって替えようとするこの主張こそ、「自然運動のようなものは一切存在しない」という文が「猫がマットの上にいる」という文と同じ方法で対象を描写しているのだと語ろうとする試みの背後にあるものである。それはまた、「愛は憎しみよりは良い」という文によって描かれる、何らかの対象の配列が見出されるはずであるという希望と、そのような対象は存在しないと認識されたときに生ずるフラストレーションの背後に潜むものでもある。プラグマティストが指摘するところによると、この伝統の大きな誤りは、視覚、対応、マッピング、描写、また表象といった、些細な日常的な主張に適用される比喩を、広範な、まだ議論の余地を十分に残している主張にまで適用できると考えていることだというのである。この基本的な誤りが、対応すべき対象が存在しないところではわれわれは合理性という希望を持つことはできず、ただ嗜好、情熱、そして意志に希望を託す以外ないという考えを生み出したのである。プラグマティストが表象の正確さとしての真理の概念を攻撃するとき、彼らはしたがって理性と欲望、理性と欲求、理性と意志という伝統的区分を攻撃しているのである。理性を視覚モデルに基づいて考えることをやめ、デューイが「知識の傍観者理論」と呼んだものに固執し続けることもやめれば、このような区分はいずれも何の意味も持たなくなるのである。

プラグマティストは、われわれが一度このモデルから逃れることができたなら、理性的生活についてのプラトン的発想が不可能なことは明らかだと述べている。対象を正確に表象することに費やされる生活は、計算結果を記録し、連鎖式に従って推論し、観察される事物の特性に左右されず、曖昧さのない基準に従ってさまざまな事案を解釈し、物事を正すことに費やされるだろう。実際問題として、人々は、クーンが「通常科学」と呼んだ範囲内でしか、あるいは何か類似した社会的コンテクストの中でしか、このような生活を送ることはできない。しかし、プラトン主義者は、社会的諸規範に適合するだけでは十分とは考えないのである。プラトン主義者は、単にその時代の規律によってではなく、実在そのものの、超歴史的で非人間的な本質によって規制されたいと欲しているのである。この衝動は、二つの形態をとる。すなわち、本来のプラトンの戦略である、対応すべき特に重要な命題として新たな対象を要請すること、あるいはカントの戦略である、知識または表象、道徳性、合理性の本質を決定する原理を発見することの二つである。しかし、その形態の相違は、その時代の語彙や習慣から逃れ、超歴史的で頼りとするために必要な何らかのものを見出そうとする共通の要求に比べれば、大して重要ではない。それは、「なぜ、私が真であると考えるものを信じなければならないのか」、「なぜ、私が正しいと考えることをしなければならないのか」といった問いに、人々の今日的見方を形成している、日常的で細部にわたる詳細な具体的理由以上の何物かに訴えることによって、答えようとする要求なのである。この要求はラッセルからフッサールにいたる、一九世紀の観念論者と今日の科学的実在論者に共通している。それは、西欧の哲学的伝統とこの伝統が語る文化に決定的な影響を与えている。ジェイムズとデューイはそうした伝統、そうした文化を放棄するようにわれわれに迫っているという点で、ニーチェとハイデガーと同じ立場に立っているのである。(28)

ローティはプラグマティズムの第三にして最後の特徴を提示することによって要点をまとめている。「それは、対話を通しての規制以外、探究を規制するものは何もない、という教説である。すなわち、対象や精神、あるいは言語の本質から導かれるおおもとでの（wholesale）規制などないのであって、ただ、われわれの同志である探究者の意見によって与えられる末端での（retail）規制があるだけ(29)」なのである。プラグマティストであることは、われわれが同志である探究者とともに感じる連帯感を客観性の中に基礎付けようとする試みを諦めることである。プラグマティストであるということは、そのようなことを追い求めることは混乱でしかないと見ることなのである。客観性は連帯感に還元されるべきものである。そして、自然科学が客観性の範例であるという唯一の意味は、それが人間の連帯感の最も優れたモデルの中の一つだからなのである。

プラグマティストは、もしも、対象に対して一点の曇りもない心の目で、あるいは厳密な方法で、あるいは平明な言語で近づいたなら、対象がそれ自体真理であると信ずるようにわれわれを規制してくれるであろうなどと期待することには意味がないというのである。プラグマティストは、われわれわれの現在の世界像の下書きをした神とか進化とか、あるいは他の何かが、その計画を正確な言語により描写する機械としてわれわれをプログラムしたとか、哲学はわれわれにわれわれ自身のプログラムを解読させ、自己知を獲得させるといった考えを放棄させたいのである。われわれが真理に囚われている唯一の理由は、パースが示唆したように、すべての反論に抗すことができる見解でさえ誤っているかもしれないという考えを受け容れることができないからである。しかし、反論というもの——対話を通しての規制——は予測されるものではない。いつ人々が真理に到達するのか、あるいはいつ人々が以前よりも真理に近づいたのかを知る方法など存在しないのである。

私はこの第三のプラグマティズムの特徴をとりわけ気に入っている。なぜならこれは、反省的精神に突き付けられる基本的な選択肢に焦点を当てているように思われるからである。すなわち、それぞれの出発点での予測不可能な（contingent）特徴を受け容れるか、この予測不可能性を回避しようと試みるかの選択である。出発点での予測不可能性を受け容れるということは、同志の人々から受け継いだ遺産と彼らとの対話をわれわれの唯一の導きの源として受け容れることである。一方、このような予測不可能性から逃れようとする試みは、適切にプログラムされた機械になることを望むことに他ならない。これはプラトンが、いくつもの仮説を超えて突き進み、枝分かれしていた経路の頂点にたどり着いたときに、充足されるはずだと考えた望みである。キリスト教徒は、それは心の中で神の声に従うことによって到達されるのではないかと望みを託し、またデカルト主義者は、精神を空っぽにして、疑いようのないものを希求することによって充足されるのではないかと願ってきた。カント以来、哲学者たちは、それがあらゆる可能性を持った探究、あるいは言語、あるいは社会生活という形態のアプリオリな構造を見出すことによって充足されるのではないかと望みを託してきたのである。もしもわれわれがこの望みを放棄するならば、われわれはニーチェが「形而上学的慰め」と呼んだものを失うことになるだろう。しかし、われわれは一新された共同体の意味を獲得することになるかもしれない。われわれが持つ共同体――われわれの社会、われわれの政治的伝統、われわれの知的遺産――との一体感（identification）は、われわれがこの共同体を自然によるものというよりわれわれの手によるものと見なし、見出されたものというより形づくられたもの、すなわち人間が作り上げた多くのもののうちの一つと見なすときに頂点に達する。結局のところ、プラグマティストは、重要なことはわれわれが暗闇の中でしがみつきあう相手がいかに信頼できるかであり、物事を正そうという望みではないということを述べているのである。ジェイムズが、実在論者や観念論者に反対して「人間という蛇ののた打ち回った痕跡がいたるところに残されている」と主張しながらわれわれに思い起こさせたのは、われわれの栄光は誤っている可能性もあれば、うつろいやすくもある人間の営みに参加していることにあるのであって、永遠の非人間的規制に従うことにあるのではないということであった[30]。

このようなプラグマティズムの特徴を心にとどめながら、デイヴィドソンの「真理と知識の整合説」（一九八三）とローティのそれに対する反論、「プラグマティズム、デイヴィドソン、真理」（一九八六）を考察してみよう。

デイヴィドソンは彼の真理と知識に関する理論を「整合説」と呼んだ。こうした真理論は、少なくとも普通は、いわゆる「対応説」に反対するものとして提起される。対応説は、真理とは実在との一致であると主張する。言い換えれば、真理とは何らかの実在（通常は事実と言われる）との間に成立する対応関係（それぞれ異なった対応説によって、異なった精緻な形が主張される）に拠ると主張するのである。これに対し、整合説は、真理とは本質的に一つのシステムであると主張する。真理の整合説を奉ずる人々は、知識の進歩を、信念に関する単一の完全な体系を目指した前進と捉えるところに特徴を持つ。彼らは、厳密に言えば、真理はこの体系に関してのみ語ることができると考えるのである。われわれは、デイヴィドソンが意味の理論は真理の理論であると主張し、意味の全体論的見解を採っていること（「われわれは、ある言語においてすべての文［と語］の意味を与えることによってのみ、いかなる文［と語］の意味も与えることができる」[31]）を思い起こせば、彼が真理と知識の整合説に賛成することになったことも驚くに値しないであろう。しかし、だからといってわれわれは、彼の整合説の観念がいかなる点においても対応説の概念と衝突すると、一気に結論すべきではない。実際、彼が「整合説」の冒頭の節で述べているように、それとはまったく反対なのである。すなわち、「この論文で私は真理と知識の整合説と呼んで差し支えないものを擁護する。私が擁護するこの理論は対応説と対立するものではなく、その擁護に関しては整合性こそが対応を生み出すということを示すように思われる議論に依拠するのである[32]」。

デイヴィドソンにとって、真理と知識を結び付けるのは「意味」である。このことは次の問いを生み出す。すなわち、もしも意味が客観的な真理条件によって与えられるのであれば、われわれはどのようにしてわれわれの信念がこうした条件を充足することを知りうるのだろうか。標準的な対応説を採る論者は、そのような知識は、われわれが信ずるものと実在との突合せ（confrontation）を要求すると主張する。しかしデイヴィドソンは「このような突合せの観念は理に合わない[33]」と考える。彼のスローガンは突合せなき対応である。「しかし、もしも整合性が真理のテストであるとするならば、整合性は客観的な真理条件が充足されているかどうかを判断するテストでもあり、そうであればわれわれはもはや、可能な突合せに基づいて意味を説明する必要はない[34]」。整合性が真なる信念の定義に対立するものとして、真なる信念のテストとして語られていることに注目しよう。「私が整合性と信念によって真理を定義しようと望んでいるわけでないことは明らかにすべきであろう。真理は信念や整合性に比べて美しく透明性を持っているものであり、私はそれをプリミティブなものとして考えている[35]」とデイヴィドソンは述べている。

しかし正確には、どのような意味で整合性は真なる信念のテストであると考えられるのだろうか。デイヴィドソンは整合している集合の中のすべての信念が真であると主張しているのではない。もちろんある信念は偽である。信念という概念の問題の大半は、真と考えられるものと真であるものとの間に、この概念が持ち込んでくる潜在的な溝なのである。それゆえ、単なる整合性は、いかに強力にもっともらしく定義されたとしても、信じられているものが真であると保証することはできない。整合説で主張できるものはただ、整合した信念の集合全体の中のほとんどの信念は真であるということに過ぎない。

このように状況を述べたとしても、せいぜいそのほんの一端が示されているに過ぎないと考えられよう。なぜなら、おそらく信念を数え上げる有効な方法はないであろうし、また人々の信念のほとんどは真であるとする考えについても明確な意味はないからである。論点を整理する多少なりともましな方法は、相当の量の信念と整合している信念は真であるという推定が成り立つと言うことだろう。信念の整合した全体集合の中のすべての信念は、合理的行為者（その選択、信念、欲求がベイズの決定理論の意味で整合している人）によって行われるすべての志向的行為が正当化されるのと同じように、この推定に照らして正当化されるのである[36]。

そこで、デイヴィドソンの意味する整合説は次の懐疑的問いへの回答として捉えることができる。その問いとは「なぜ私の信念はすべてがうまく折り合っているのに、現実世界については全体として偽である、というようなことは起こりえないのか[37]」というものである。整合説はこの問いへの答えを提供するという意味において、すなわち、「懐疑論者に、整合的な信念は真であると想定して差し支えない理由[38]」を提供するという意味においてのみ、真理のテストなのである。

デイヴィドソンがどのようにしてそれをやり遂げるかは、彼の論文の最も興味深い側面である。懐疑論者は、われわれのすべての信念に疑問を投げかけながら、解答しようとする者に、われわれの非―認識的生活を形成している言語ゲームの外部の優越的地点（vantage point）から解答するように迫ってくる。懐疑論に対応する際の問題は、いつも外部の視点を欠いていたことであった。クワインが書いたように、「そのような宇宙的亡命はありえない[39]」からである。ところが、デイヴィドソンはその視点を発見した。すなわちそれが根元的解釈者の視点である。

自分の言葉が理解されることを望んでいる話し手は、どんな場合に文に承認を与えているのか――すなわち、それを真と考えているのか――について、彼の解釈者になろう（would-be）とする人々を組織的に欺くことはできない。それゆえ原理上、意味や、意味と繋がっている信念もまた、公に開かれた形で決定される。私はこの事実の利点を以下の議論で活用しようと思うし、信念の本質を問うときには根元的解釈者のスタンスを取り入れたい。十分に情報を与えられた解釈者が話し手が意味していることについて学ぶことができるものは、学ぶべく存在しているもの以外にはない。同じことは話し手が信じていることについても言える(40)。

これは、クワインがパースやデューイの中で高く評価し、デイヴィドソンへと引き継がれた自然主義のもう一つの例である。全能の、あるいは「十分に情報を与えられた」解釈者が学ぶことができないものは、原則として不確定なものであり、それゆえにこそ当然、そこには学ぶべきものは何もなく、懐疑的になるべきものなど何もない、すなわち「問題になる事実など何もない」のである。

われわれがすでに見てきたように、根元的解釈者は話し手を理解しようとする際には、善意の対応の原理を適用する以外の選択肢はないのであるから、彼がそれを是認することによって大きな誤りに陥るかもしれないなどと指摘することは意味をなさない。要するに、もしも他者を理解したいというのであれば、われわれは彼らをほとんどの場合において正しいと考えなければならないのである。

行為者の思考や発言が真であり一貫性を維持しているという点では申し分ないなどということは、解釈者がその人の発言や態度を正しく解釈した結果言えることである。しかしこれは解釈者の基準に基づく真理であり一貫性である。話し手と解釈者が信念を共有してはいるが、誤った信念に基づいてお互いを理解し合っているというようなことは起こりえないのだろうか。これは起こりうるし、間違いなくしばしば現実に起こっている。しかしそれはいつも起きていること（rule）であるはずがない。というのも、世界についてすべてを知り尽くしており、さらに何が原因となって話し手が彼の（可能性としては制限のない）レパートリーの中の任意の文に同意しているか、あるいは同意するのかを知り尽くしている解釈者をちょっと想像してみればよいだろう。全知の解釈者は、誤りを犯しうる解釈者と同じ方法を使いながら、誤りを犯しうる話し手が大体は一貫して正しいということを知るのである。彼自身の基準によれば、もちろん、この基準は客観的に正しいのであるから、誤りを犯しうる話し手は客観的基準によって大体は正しく一貫していると考えられることになる。また、もしも必要なら、この全知の解釈者の関心を、誤りを犯しうる話し手を解釈する誤りを犯しうる解釈者にも向けさせてみよう。そうすれば、誤りを犯しうる解釈者はあるものについて間違いかねないが、しかし一般的にそうだというわけではないし、彼が解釈している行為者と普遍的な誤りを共有しているわけでもないことが明らかになる。一度、私が素描した一般的な解釈の方法で一致できれば、誰であろうと、物事がどのように存在しているかについてほとんどの場合間違いかねないなどと、正当に主張することは不可能となるのである。(41)

デイヴィドソンが素描した根元的解釈の一般的方法は、われわれが見てきたクワインの根元的翻訳の方法とはさまざまな点で異なっている。われわれがまだ触れていない一つの重要な相違が、包括的な懐疑主義に反対するデイヴィドソンの議論において決定的な役割を担うことになる。

その相違は解釈を統制する原因として選んだものの本質にある。クワインは解釈を感覚刺激のいくつかのパターンに依拠させた。一方私はそれを当該の文が言及していると解釈される外的な出来事と対象に依拠させたのである。そのようなわけで、クワインの意味の概念は彼が自明な証拠としても扱いうると考えたあるもの、すなわち感覚的な判定基準と結びついている。このことによってクワインは観察文と他のものとの区分に認識上の意義を与えたのである。なぜなら、観察文は、感覚への直接的な条件付けによって、言語外からのある種の正当化を与えられていると考えられるからである。これが、私が論文の最初の部分で反論した見解である。感覚刺激は実際、信念を導く因果連鎖の一部ではあるが、しかしそのことが、信念が刺激によって生まれた証拠であるとか、正当化の源であるとかと考えることは、混乱以外の何物でもないと主張したのである。

感覚に関する包括的な懐疑主義に立ちはだかるものは、私の見解では、最も素朴で、方法論的に最も基本的な場合においては、信念の対象を信念の原因と考えなければならない、という事実であろう。そしてわれわれが、解釈者としてそれら〔対象〕をそのようなもの〔原因〕であると考えなければならないのは、実際そうであるからなのである。コミュニケーションは、原因が一致したところから始まる。すなわち、発話が真であるという信念が、同じ出来事や対象を原因として体系的に生み出されているならば、あなたの発話は私の発話が意味していることを意味しているのである。[42]

デイヴィドソンによると、整合説にとっての必要条件は、「一つの信念を保持する理由として、他の信念以外の何物も当てにすることはできないという主張[43]」なのである。特に、いわゆる感覚刺激をそのようなものとして頼るわけにはいかない。したがって、デイヴィドソンはわれわれが「意味あるいは知識は、証拠の究極的な源として、頼ることのできる何物かに依拠しているのだという発想を放棄する」ことを提起するのである。「確かに、意味と知識は経験に依拠しており、経験は感覚に依拠している。しかし、これは因果関係に関して『依拠』しているのであり、証拠あるいは正当化に関してではない[44]」。デイヴィドソンの真理と知識に関する整合説に対するローティの反応に入る前に、デイヴィドソンが特に重要と考えた、理解に関する一つの障害について注目しておこう。

私がこの方法の重要な側面と考える点は見逃されがちである。なぜなら、この方法は、理解がすでに確保されている状況から導かれるコミュニケーションについてのわれわれの自然な考え方を逆転させているからである。ひとたび理解が確保されていれば、人が信じていることを、何が彼にそう信じさせたのかということからまったく切り離して知ることができるというのはよくあることである。これはわれわれを決定的な、実際のところ致命的な結論に導きかねない。すなわち、ある人が意味していることを、彼が信じていることから切り離して、また何がそのような信念の原因となったのかという問題から切り離して確定させることが一般的にできる、という結論に導きかねないのである。しかし、もしも私が正しいなら、われわれは一般的には、まず第一に信念や意味を同定し、それからその原因となったものが何であるかを問うことなどできないのである。この因果関係は、われわれが語ることや信ずることの内容を決定する際、不可欠な役割を演ずる。これは、われわれが、実際してきたように、解釈者の視点に立つことによって、認識するに至る事実なのである。(45)

コミュニケーションの問題は、一般に、信頼（credence）と意味を前提とした信念の決定にかかわる問題であるのに対し、解釈の問題はまったく趣を異にしている。それは、信頼と信念を前提とした意味の決定にかかわる事柄なのである。われわれがその点について明確でないと、デイヴィドソンの言うことはほとんど意味をなさないであろう。

それでは、ローティの「プラグマティズム、デイヴィドソン、真理」に目を向けることにしよう。この論文で、われわれのプラグマティズムの研究を締めくくることにしたい。われわれは、デイヴィドソンが真理の整合説と対応説について語る際に、真理の本質が何にあるのかについて説明しようとする意図を持っていないことを見てきた。デイヴィドソンは、彼に先行するジェイムズやデューイと同様、例えば真理の本質の説明のために必要だとされる主体－客体の二元論（「『こころ』や『言語』のような何物かが世界に対して『対応する』とか『組織化する』というような何らかの関係を持つことができるとする考え(46)」）を拒否するのである。〔ローティによれば〕デイヴィドソンは、ジェイムズと同じように、「真」を「例えば真なる信念を持っている人々の実践的な成功などを説明した事態（a state of affairs）の存在に言及する用語というよりも、称賛の用語、承認のために使われる用語(47)」と

見ている。デイヴィドソンがジェイムズを超えたところは、

1. 承認する用法

に加え、真という述語はまた

2. 注意喚起的用法

と

3. 引用解除的用法

を持っていることを見抜いた点である。(48) ジェイムズはこれらに気づくことはなかった。「真」の注意喚起的用法は、例えば「私は、あなたのパートナーの誠実さに対するあなたの信念は疑う余地なく正当化されるということに異存はない。しかしそれでもなお、それは真ではないかもしれない」というような表現に見られる。「真」の引用解除的用法は、例えば「もしも証人の一人でもその証言が真であるとすると、少なくとも容疑者の一人は有罪である」というような表現に見られる。ローティが論じるところでは、デイヴィドソンは「信念の有用性はそれが真であることによって説明されるという

考え方を避けながら、こうした三つの用法それぞれに役割を担う真理について説明した」[49]のである。真理についてのこうした説明によってデイヴィドソンは反－プラグマティストと見なされるどころか、この議論こそが、彼が真理について十分な説明を与えた最初のプラグマティストと見なされる結果をもたらすのである。デイヴィドソンは次の四つのテーゼに拘りを見せていることからプラグマティストであると見なすことできるというのが、ローティの主張である。

1. 「真理」は何ら説明的用法を持たない。
2. われわれは、信念と世界との因果的関係を理解したとき、世界と信念の関係について知るべきことすべてを理解したのである。すなわち、「～について」や「～に関して真」というような用語を文に適用する方法についてのわれわれの知識は、言語行動の「自然主義的」説明から付随的にもたらされるものなのである。
3. 信念と世界の間には、「真にさせられる（being made true）」というような関係は一切ない。
4. 実在論と反実在論の間の議論には何ら注目すべきものはない。なぜなら、このような議論は、信念が「真にさせられる」というような空しい誤解を生む考えが前提となっているからである。[50]

こうした四つのテーゼをデイヴィドソンに帰すことによって、ローティは「プラグマティズム・相対主義・非合理主義」で挙げたプラグマティズムの特徴のそれぞれに従い、デイヴィドソンをプラグマティストと見なすのである。テーゼ1からすれば、デイヴィドソンは真理に関しては反本質主義者となるはずである。テーゼ2と3からすれば、彼は事実と価値の間の認識論的、形而上学的違いを放棄することになる。そしてテーゼ4からは、デイヴィドソンは対話による以外のあらゆる探究への規制を否定する側に与することになるであろう。それゆえ、もしもデイヴィドソンがテーゼの1から4を堅持するなら、彼は当然プラグマティスト（少なくともローティの用いるこの語の意味では）ということになるのである。「プラグマティズム、デイヴィドソン、真理」のかなりの部分はデイヴィドソンが実際にこうしたテーゼを堅持していることを論ずるために費やされている。

テーゼ3で指摘されている信念は、デイヴィドソンにとっては、端的に「文はそれらを理解する人によって真と見なされる[51]」ということであり、デイヴィドソンは「何が文Sを真にしているのか」という問いを、「文Sが真であるということはどういうことか」という問いの混乱した変形以上の何物でもないと考えている。この問いは、「真理は全体としての文と何らかの実体、おそらくは事実とか事態とかとの間の関係、によって説明されなければならない[52]」ことを示唆し、そのようにしてわれわれをまったく誤った方向に導くことで混乱させるのである。デイヴィドソンの見解によれば、タルスキの規約Tがここからの回復の方法を提供している。それは、

本来の問い（「文Sが真であるということはどういうことか」）を、それに続いて定式化された問い（「何が文Sを真にしているのか」）を持ち込むことなく、いかに問うべきかを示しているのである。T－文の形式は、真という性質を持つ文が特別に対応する実体を見出す必要なしに、真理の性質を特徴付けることを可能にする理論の存在を、すでに暗に示しているのである。[53]

テーゼ3がデイヴィドソンのテーゼに加えられたのは次のような理由による。

> 何事も……どんなものも、文や理論を真とすることはできないのである。いかなる経験も、皮膚表面への刺激も、世界も、ある文を真とすることはできない。経験はある経路をたどるということ、われわれの肌が温まるとか刺されるということ、宇宙が無限であるということ、などの事実は——もしもそのような言い方がしたいのであれば——確かに文や理論を真にする。しかし、こうした点はそうした事実に触れることなく、もっと適切に提示できる。「私の肌は温かい」という文は、私の肌が温かいとき、そしてそのときに限って、真なのである。ここにはいかなる事実への言及も、世界や経験、あるいは、一片の証拠への言及すらないのである。[54]

文を真とするものは、事実上、それらをすなわち信念として理解する人々によって真とされる文なのだから、テーゼ3をデイヴィドソンに帰することに異論はないだろう。

次に、テーゼ4を考えてみよう。すなわち、実在論対反実在論の論争は、それが信念は「真にされる」というような空しい誤解を生む考えが前提となっていることから、意味のないものだということである。デイヴィドソンは「概念枠という考えそのものについて」を次の文章で締めくくっているため、しばしばこの議論では実在論の側に立っていると指摘されてきた。

解釈の余地のない実在の概念、すなわちあらゆる枠組みと科学の外側にある何物かに依拠することを放棄することで、われわれは客観的真理という概念を放擲しようとするのではない――いやまったく反対である。枠組みと実在の二元論のドグマを前提とすることで、概念的相対主義、また枠組みに相対的な真理が成立する。このドグマがなければ、この種の相対主義は瓦解してしまうのだ。もちろん、文の真理性は言語に相対的であることに変わりはない。しかしそれは、できうる限り客観的なものなのである。枠組みと世界の二元論を放棄することで、われわれは世界を放棄するのではない。そうではなく、慣れ親しんだ対象との直接的な触れ合いを再構築しようというのであり、そうした対象のたわいもない振る舞いが、われわれの文や意見を真や偽にするのである。(55)

デイヴィドソンはこの〔実在論という〕名称を受け容れることに消極的だったわけではない。確かに、受け容れないですむことを期待することは非現実的であろう。慣れ親しんでいる対象――柑橘類、ドライフルーツ、野菜、鳥、魚、テーブル、アームチェアー、自動車、機械、等々――すなわち、「それらのたわいもない振る舞いが、われわれの文や意見を真や偽にする」(56)――と触れ合う機会を失ってしまっている人々だけが、実在的であると呼ばれることに抵抗したいと考えるのかもしれない。しかし、このことが、客観的世界（われわれの思考や言語からは独立して存在している世界）がわれわれの真なる言明を真とすると主張する（実在論者の）立場と、この主張に異議を唱える（反実在論者の）立場との専門的哲学者間の論争に関して、こうした人が採るであろう（採るべき）立場について、何かを示しているわけではない。問題がこのように形式化されれば、明らかに、デイヴィドソンは反実在論者である。われわれがまさに見てきたように、彼は世界が文を一般に真にするという主張を否定するからである。これ以上に反実在論的な立場がありうるだろうか。

このように、想定された問題の双方の立場を明確に非難することで、デイヴィドソンは事実上、その問題が実は何ら問題とはなりえない——彼の視点から見て——ことを示しているのである。「何がわれわれの信念を真としているのか」という問いは単なる混乱に過ぎないと見る人々は、この問いに「世界」と答える人々にも、彼らに反論する人々にも、同程度の親近性を感じる（または感じない）だろう。このように考える人にとっては、この論争はカントが言うように、一人が雄ヤギの乳を搾り、もう一人がその下でふるいを構えているような光景を現出させるに過ぎない。デイヴィドソンが雄ヤギを抱えたり、ふるいを構えたりすることを想像することは難しいのだから、ローティがテーゼ3と同じようにテーゼ4をデイヴィドソンの議論に帰することを認めることにしよう。

次は、テーゼ2について考えてみよう。そこで挙げられている言語行動の自然主義的説明は、根元的翻訳を行っている根元的解釈者、あるいはフィールド言語学者なら思いつく説明である。このテーゼ2をデイヴィドソンに帰することで、ローティはこうした根元的解釈者、あるいはフィールド言語学者の言語哲学が、「まさにデイヴィドソンが考えている言語哲学（そして、特に真理についての教説）であり、彼が、誰もが必要としていると考えた、まさにそのものだ(57)」と主張している。デイヴィドソンがこのように考えていることは明らかである。さらに指摘したように、これは、端的にクワインを経由してデイヴィドソンに至ったデューイの自然主義である。すなわち、「十分に情報を与えられた解釈者が、話し手が意味していることについて学ぶことができるのは、学ぶべく存在しているものがすべてである。同じことは話し手が信じていることについても言える[58]」のである。それゆえに、ローティがこのテーゼをデイヴィドソンに帰していることは改めて正当化されると思われる。さらに、「プラグマティズム、デイヴィドソン、真理」の最も重要な部分で、テーゼ2はデイヴィドソンの立場だというだけではなく、デイヴィドソンが堅持すべき正当な立場であると論じられているのである。

そうなると、ローティがテーゼ1をデイヴィドソンに帰した点が最後に考察すべき問題として残った。彼は、デイヴィドソンの意味論的全体主義を前提とすれば、テーゼ1はテーゼ2の当然の帰結であると主張するのである。この主張を支える議論には、かなりさまざまな問題がかかわってくる。われわれは、発話が同義であるのは、それが真であるという信念が、同じ出来事や対象を原因として体系的に引き起こされる場合であるとデイヴィドソンが主張していることを確認した（「コミュニケーションは、原因が一致したところから始まる[59]」）。ローティによると、デイヴィドソンは次のような二つの主張を結婚させることによって、この結論に到達したのである。すなわち、

クリプキ流の、因果関係は指示対象と何らかの関係を持っていなければならないという主張と、ストローソン流の、あなたがある人が何について語っているかを理解するのは、その人の信念のほとんどがどの対象について真であるのかを理解することによってであるという主張である。ストローソンが正しいのは全体論的に解釈された場合――彼の主張の前にアリストテレスの言葉「全体として、かつ、ほとんどの部分で」を置いた場合――であることを付け加えて初めて、この結婚は完結する。しかしながら、正しいと確信するために個々のケースでストローソンの基準を使うことはで

きない。しかしあなたの翻訳の枠組みとその帰結としての指示対象の指定の結果がほとんどストローソンの基準に合致しないのであれば、その枠組みは何か重大な誤りを含んでいるに違いないのである。ストローソンとクリプキの間を調停するものは、因果関係および指示対象の両方の知識は（等しく）フィールド言語学者自身の信念との整合性の問題だというクワインの洞察である。(60)

自然主義者にとっては、クワインの洞察が仲立ちとなる以外、他には何も考えられないだろう。というのも、もしも他に何かあるとしたなら、かつての哲学に他ならないだろうからである。

クリプキの指示対象についてのアプローチは、デイヴィドソンの全体論的アプローチとは鋭く対立する。例えば、もしもテーゼ2がクリプキの指示対象に関する原子論（あるいは「積木」）的アプローチによって解釈されるならば、テーゼ2を実際に遂行するには、因果の経路を諸々の対象から個々の言語行為に至るまで追跡しなければならないことになる。ローティによれば、

> このアプローチは、話し手がこのような経路をまったく誤って進む可能性（例えば、何が存在しているのかについて、はなはだしい誤りを犯すことによって）や、またそれゆえに、話し手が自分が指示しているものをまったく知らないままでいる可能性を放置しておきかねない。このことは、指示対象と志向的対象の全面的な離別——ちょうど、デイヴィドソンがわれわれに注意喚起した概念枠-内容の溝と同様の——の可能性を許すことになる。それとは対照的に、デイヴィドソンは、われわれはまず第一に、整合性と真理を最大化させ、それから、指示対象を成るがままに、落ち着く

ところに落ち着かせればいいと示唆しているのである。[61]

このことは、大多数のケースで、信念の志向的対象がその原因の中にあるだろうことを保証する。というのも、われわれは善意の対応の原理が「選択できるようなものではなく、解釈の実効的理論を持つための条件である[62]」ことを忘れるわけにはいかないからである。根元的解釈者あるいはフィールド言語学者が、

現地の人々とコミュニケーションできるのは、彼が現地の人々の志向対象のほとんどを知っている（すなわち、彼らの行動の規則のほとんどがそれぞれどの対象を扱うのに有効なのか、彼らの信念のほとんどがそれぞれどの対象について真なのかを知っている）場合なのである。しかし、彼は、これは「本当の」コミュニケーションではない（ほんの偶然的にうまくいった会話に過ぎない）というような懐疑的な主張については、ほとんど理解することはできない。それは、あるどうということもない現地の人の発話の「意図されている解釈」が「一つの岩もない」であるという提案を理解できないのと同様である。[63]

懐疑的な人には失礼ながら、ローティは信念とその他の実在との関係については、根元的解釈者あるいは翻訳家が有機体と環境の間の因果的交流（「誘発された同意」）についての自らの研究から学ぶことができること以上に知るべきものは何もないという点で、デイヴィドソンと一致している。

この研究からの関連する成果は、フィールド言語学者の民族誌学の報告書付きの翻訳マニュアルである。われわれはすでに（百科事典に）自己‐民族誌を持っているのと同様に、（辞書の中には）われわれ自身のための翻訳マニュアルも手にしているので、われわれがわれわれの実在に対する関係について知るべきことは、われわれがすでに知っているもの以上には何もないのである。この分野では、哲学者がやるべき仕事はこれ以上にはない。これはまさにプラグマティストが懐疑論者に常に語ってきたことである。プラグマティストとデイヴィドソンが指摘しているのは、もしも「対応」が信念と世界の関係を指し示し、その関係は、他に何も変化しないにもかかわらず——つまり、たとえすべての因果関係は同じであり続けるとしても——変化しうるというのであれば、「対応する」は説明的な用語ではありえないということである。したがって、もしも真理が「対応」であると考えられるべきであるとするなら、「真」は説明的な用語ではありえないのである。テーゼ2を限界まで突き詰め、クリプキの指示に関する「積木」理論が付け加えた原子論的前提からこれ（テーゼ2）を解放すれば、テーゼ1が帰結するのである。(64)

このようにして、ローティはテーゼ1もまたデイヴィドソンに帰属させることができることを示している。

テーゼ1から4すべてをデイヴィドソンに帰することができると論ずることを通じて、ローティはデイヴィドソンの哲学的業績がアメリカのプラグマティズムの伝統に属するものであると主張する正当性を示しえたと確信したのである。

訳者解説——プラグマティズムと現代アメリカ哲学

高頭直樹

1　プラグマティズムとはどういうものか

今日、哲学を語る場合にアメリカ哲学を無視することはできない。本書で取り上げられるクワインやデイヴィドソンをはじめとする、アメリカ生まれ、アメリカ育ちの多くの哲学者は哲学議論の先導役を務めている。しかし一〇〇年ほど前の状況は今とはまったく異なっていた。新興の地アメリカは、あらゆる点で、長い歴史と伝統に支えられたヨーロッパ文化に遅れをとっており、哲学的思索においてもこの遅れは否定しがたい状況にあった。しかし、一九世紀末から二〇世紀初頭にかけて、いわば「新興国の遅れ」を利するかのように、その独自性を基にヨーロッパの伝統的哲学とは異なる「プラグマティズム」(この名称は、ギリシア語の「行為」や「行い」の意味に由来する) と呼ばれる特異な哲学を誕生させたのである。

二〇世紀を代表するプラグマティストの一人I・シェフラーは、『四人のプラグマティスト』

(Israel Scheffler, *Four Pragmatist: A Critical Introduction to Peirce, James, Mead and Dewey*, Routledge, 2012) の中で次のように述べている。

私はプラグマティズムを、意味と知識と行為の理論を含んだ、独特な知的歴史的伝統から生まれ、合理的な議論にも応えられる哲学的伝統に根ざした一連の互いに関連した哲学説として……扱いたい。……プラグマティズムの主要な努力の一つは、現代科学を哲学の内に同化することであり、新しい科学の発達に照らして、伝統的な哲学の見方を批判することにあった。……科学的方法の概念は批判的思考一般を包含するものに拡大され、科学的共同体という考えは民主主義社会の示唆に富んだアナロジーと捉えられた。どちらの場合にも、教説にではなく、方法と手続きに基本的な一体性がある。科学は、自然に関するさまざまな考えを批判的に探究しテストする手順を制度化し、民主主義社会は、社会に関する考え方や、計画、政策を批判的に調べ上げる手順を制度化したのである。……民主主義社会では、……すべての考えや政策は仮説と考えられる。すなわちそれらは絶えざる経験というテストに付されるのであり、経験に照らし、また民主主義の方法を根底で支える一体性に従って批判的に見直されるのである。

ここには、プラグマティズム誕生の背景やその特徴が端的に描かれている。すなわち、ヨーロッパとは歴史伝統においてまったく異なったアメリカという地で生まれたこと。またそれゆえに、ヨーロッパで育まれた哲学的伝統を批判的に洞察し特異な方向へ進んだこと。そして民主主義というアメリカの社会・統治制度の意思決定方法と、著しい進歩を見せた自然科学の方法にならった、探究の手順を制度化した思想であるということである。

実際、プラグマティズムに何か「イズム」を予想させる統一的な「思想」があるわけではない。プラグマティズムの生みの親と言われるパース、さらにジェイムズ、デューイの思想の間には大きな違いも存在する。本書でも触れられている、ジェイムズによる「プラグマティズム」の通俗化は、生みの親パースとの葛藤を生み、以後パースは自らの立場を「プラグマティシズム」と称して、ジェイムズのプラグマティズムから区別したことが知られている。ただそのような多様な思想においても、上記のいくつかの特徴は、このアメリカに生まれた哲学が持つ共通した特徴を示しているものと考えられるのである。

このような背景から生まれた「プラグマティズム」は、哲学史の中で必ずしも幸せな生い立ちを持っているわけではない。確かに二〇世紀初頭、ジェイムズの『プラグマティズム』の出版を受けて、ヨーロッパで一時この新しい哲学が注目されたことはあったが、本書の序文にも引かれているバートランド・ラッセルの『西洋哲学史』（市井三郎訳、岩波書店、一九五六年。第二九章、第三〇章で、ジェイムズ、デューイを扱っている）での評価のように、ヨーロッパの伝統的哲学の目には、プラグマティズムは未熟な「哲学以前」の主張と映ったのであろう、それ以後ジェイムズの心理学やパースの記号論など一部を除いて、哲学の分野でプラグマティズムが注目を浴びる機会は、決して多くはなかった。特に二〇世紀も後半に入り、精緻な専門的議論を展開するようになった哲学研究者の多くは、どちらかといえば、かなり雑駁な印象を与えるプラグマティストの議論に少なからず抵抗感を持っていたことも事実であろう。事情は日本においても同様であった。

日本に「プラグマティズム」が紹介されたのは、一九世紀末と比較的早い時期であり、桑木厳翼などにより、パース、ジェイムズ、デューイ、さらにイギリスのシラーなどの学説がかなり詳細に紹介されている(例えば、桑木厳翼「『プラグマティズム』に就いて」(『哲学雑誌』二一巻二二七号、明治三八年)などがある)。また、ジョン・デューイは一九一九年に日本を訪れ、後に『哲学の改造』として刊行されることになる連続公演を当時の東京帝国大学で行っている。しかし、その後ヨーロッパの哲学、特にドイツ哲学の移入にもっぱら力を注いできたわが国においては、哲学としてのプラグマティズムへの関心は決して高かったとは言えないのである。

プラグマティズムが再び脚光を浴びるきっかけとなったのは、ハーバーマスのコミュニケーション理論と、さらに本書に序文を寄せているローティによるプラグマティズム再評価であろう。特にローティによる再評価は、ネオプラグマティズムの名の下に哲学という一専門分野の領域を超え、多くの関連分野にまで及ぶ一種のブームを巻き起こし、ヨーロッパ、アメリカで大きな反響を呼んだ。わが国でも、ローティの代表的著作の多くが翻訳され、多くの研究書も出版されている(が、その多くは、哲学研究者によるものではない)。しかし、ローティが特に強調し、本書の主題ともなっているアメリカの現代哲学と古典的プラグマティズムとの関連については、一部に早くから指摘され、研究もされてきたが、いわゆる「言語論的転回」の前後に位置する二つの流れはむしろ切り離されたものと見る傾向が強く、さらにアメリカ現代哲学を牽引してきたクワイン、デイヴィドソンの議論が、一見身近な問題を取り扱いとっつきやすい印象を与える一方、いざ読み進めると背後にあるさまざまな哲学的専門知識が要求されることから、このあたりの関係が一般読者に十分に理解されてきたようには思われない。またローティの解釈には、デイヴィドソンなど、採りあげられた現代哲学者当人をも戸惑わせるかなり刺激的な議論が含まれており、彼の解釈が関連分野に及ぼしたほどには、哲学の専門分野で彼の解釈が大きな影響を及ぼしてきたようには思われない。

2　パースとジェイムズをめぐる「プラグマティズム」の問題

本書の特徴について、序文を寄せたローティは、本書が一貫して「反表象主義」、「反本質主義」、あるいは「反実在論」の観点から、プラグマティズムの系譜を辿っていると述べている。確かに、それは本書の特色であり、近年注目されるプラグマティズムの一面を明確にしている。ローティは序文で徹底した「反実在論」の立場でプラグマティズムの系譜を描いているが、プラグマティズムには、実在論者パース対反実在論者ジェイムズ（デューイ）の対立、あるいは、二つのプラグマティズムという、最近もよく議論される問題があることも事実である。

二人の対立は、本書の中心的視点でもある「真理」についての考え方に顕著に表れている。ただし二人とも、真理をわれわれから独立して存在する世界の事実の「コピー」と考える素朴な「実在論」（ローティの言う「表象主義」あるいは「本質主義」）に与してはいない。プラグマティズムの特徴は、先のシェフラーからの引用文にもあるように、「すべての考えや政策は仮説」と考え、それらを「絶えざる経験というテストに付す」方法である。すなわち、どのような理論についてもそれを「仮説」と考え、それが「誤謬」である可能性を排除しない「可謬性（fallibility）」と「絶えざる経験というテスト」により、問題を解決する新たな「仮説」（パースにおいては「信念」、ジェイムズ、デューイにおいては「保証された言明可能性」）を求めていく「探究（Inquiry）」が、プラグマティズム最大の特徴となっているのである。

パースは、「われわれの概念の対象がどのような効果（effects）を、つまり実際的にかかわることが予想されるどのような効果を持つと考えられるのかを考察してみよ。そうすれば、こうした効果についてのわれわれの概念こそが、われわれの対象の概念の全体である」（*Philosophical Writings of Peirce*, 以下パースからの引用は同書による）という、後にプラグマティズムの格率と呼ばれる原則に基づき、日常的行動において抱く「疑念」から「信念」に至る思考の過程を「探究」と考えた。そして、その探究の方法として、自己の願望の実現だけを願う「固執の方法」「権威の方法」のほかに「先天的方法」そして「科学の方法」を挙げ、その中でも「科学の方法」が主観的選好や趣味を退け客観的事実に基づく信念へと導く探究の最終的方法であると見なしたのである。

パースは科学的探究が何らかの信念を前提としてスタートしなければならないことを認める。しかしその信念は異なった状況では修正を必要とする。この意味で、いかなる信念も「誤っている可能性」をまぬがれないというのである。しかしパースはここで、懐疑的態度をとるわけではない。確かに科学者は異なる仮定に立ち異なる方法を用い、異なる結果を得てそれぞれの見解を戦わせてはいるが、探究が十分の長きにわたり、しかも責任ある可謬性をわきまえた精神で継続されたなら、すべての科学者が一致するように運命付けられている結論があると想定されていると、パースは考える。そしてこの科学の探究方法こそ、哲学もまたとるべき方法だとパースは考えた。この「十分な経験を持ち、それについて十分な推論を行えば」導かれる一つの「真なる」結論は、「到達するようにあらかじめ定められているという実在する事実」に基づいており、これこそ「実在の概念」であり、「究極的には研究する者すべてが一致するように運命付けられている意見が、われわれが真理によって意味するところのものである」と、パースは結論したのである。これが、いわゆるパースの「実在論」である。

一方、ジェイムズは「Pを信ずることの結果が、人間にとってよいというのであれば、Pは真である」と言う。レッシャーによれば、「パースがプラグマティズムの中に、非個人的で客観的な基準への道を見た、そのところに、ジェイムズは個人的かつ主観的なひねりを加えた」(*The Oxford Companion to Philosophy*, Oxford University Press, 1995, p. 710)ということにもなる。このような言わば「反実在論」的真理論は、パースが「プラグマティズム」という言葉の使用を拒否するに至った原因とも言われ、パースがジェイムズによるプラグマティズムの通俗化を批判した背景には、こうしたジェイムズの真理論がある。そしてラッセルは「ジェイムズの教説は、懐疑主義の基礎の上に信念という上部構造を築こうとする試みであって……さまざまな誤謬に依拠している。その誤謬は、すべての非人間的事実を無視しようとする試みから派生している。バークリ的観念論と懐疑主義とが結びついたものが彼をして神の代わりに神への信仰を代置させたのであり……大部分の近代哲学の特徴であるところの、主観主義的狂気の一形態に過ぎない」と結論付けたのである。

3　パトナムのジェイムズ解釈

しかし近年、ローティ同様プラグマティズムに関心を寄せるH・パトナムは（ただし、パトナムはローティの「反実在論」的解釈とは対立する）、ここにジェイムズ解釈の根本的な誤りがあることを指摘する。パトナムによれば、しばしば非難を浴びせられるこの「真理論」を、ジェイムズ自身は明確に退けているというのである。パトナムは、むしろジェイムズの中に、きわめてパース的なものを見出そうとしているように思われる。そしてパトナムの目指すジェイムズ解釈の方向は、次の見解の中に端的に描かれているものと考えられる（Hilary Putnam, *Pragmatism: An Open Question*, Blackwell, 1995, 邦訳『プラグマティズム――限りなき探究』高頭直樹訳、晃洋書房、二〇一三年）。

彼〔ジェイムズ〕は、パースのように、しばしば真理を「究極的意見（final opinion）」と同一視する。すなわち、現に確認されたものとではなく、もしも探究が十分の長きにわたり、しかも責任ある可謬をわきまえた精神で（fallibilistic spirit）継続されたなら、確認が運命付けられているものと同一視するのである。真理は、ジェイムズがあるところに書いているが、「思考の運命」である。また（同じところであるが）「実在の唯一客観的な基準は、思考に対する、最終的な強制力（coerciveness）」である。

確かにジェイムズの『真理の意味』(*The Meaning of Truth*) の中には、パトナムの解釈を裏付けるかのように、興味深い記述が散見される。例えば、

プラグマティストは次のように言っている。絶対的真理とは、すべての意見が経験の最終段階において、そこへと収斂することが期待される、理想的な記述 (formulations) の集合である。絶対的真理についてのこの定義で、彼〔プラグマティスト〕は単にこのような意見の収斂、すなわち、このような究極的な合意へ向かう傾向性が存在すると想定しているばかりでなく、彼は彼の定義のそれとは別の要素をも、到達するであろうと予想される真の結論から予想しながら、それらを引き出して、等しく想定している。彼はさまざまな意見の存在を想定し、それらを変更させる経験、そのような経験が示す一貫性を想定しているのである。彼はこのような仮定について、それは厳密な意味における仮定ではなく、単に過去をアナロジーによって、未来へと拡張したものだと語ることによって、自らを正当化している。この定義自身が含まれる用語すべてに関して、まさにこれが定義しようとしている絶対的真理の一部であろう。

と述べるのである。

これが、本書にも触れられているパースが考えた「究極概念」としての真理と類似していることは明らかであろう。パトナムはこのような対照の中から、パース的な実在論や反懐疑主義、さらには可

謬主義をジェイムズの中に読み取ろうとする。パトナムは、確かにジェイムズの真理論に「真理」と「有用性」を同一視するかのような記述が存在し、それがラッセルのような（あるいは伝統的哲学からの）ジェイムズに対する批判を定着させてきた一つの要因になっていることも指摘する。しかしパトナムは、その「有用性」も、それらが「実在」と「一致（agreement）」しているからこそなのであり、「有用性だけではそのような一致は成立しない。それら〈真なる観念〉は、われわれのその後の経験が不愉快な驚きにならないように行動するよう、導くことによって有用となる」ところに、むしろジェイムズの議論の核心があると捉えるのである。

そして彼は、確かに「ジェイムズは真理が実際的利益に資することを強調する。しかし、多くの批判者が言うのとは反対に、ジェイムズは実際的利益に資するものは何でも真であると言っているのではまったくない。むしろ真なる信念の本質は『実在との一致』であり、その信念がどのような利益に資するかは、その信念がどのような種類かに依るのである」と指摘する。すなわち、ジェイムズは「真理の共同作用因（coefficients）としてのわれわれの役割を、強調してはいる」が、「われわれが共通の世界を共有し、視野に入れているのだということを強調することによって、すなわち、われわれは、われわれが造り上げることに力を貸す真理は登録してあるものなのだと強調することによって、均衡を保たせている」のであり、ここで述べられている「共通の世界」は、「前もって与えられたもの（preconceptual）」と考える必要のないことをパトナムは強調する。そしてここで、パース以来の多くのプラグマティストに共通した（数少ない）特徴である「可謬主義」を前提にすることによって、この「共通の世界」へ到達する可能性が論じられるのである。

4　ローティのプラグマティズム解釈

ローティは、パトナムが慎重な姿勢をとったプラグマティストの「主観的」、「相対的」、あるいは「反実在論的」傾向を肯定的に、また積極的に評価する。ローティは、パースの持つ「実在論」的傾向をプラグマティズムの否定的側面と捉え、「パースの過大評価」が、プラグマティズムの思想の持つラディカルさを見失わせると言う。そして「プラグマティズムへのパースへの貢献は、彼がそれに名称を与えたこととジェイムズを刺激したことに過ぎない」と言うのである（Richard Rorty, *Consequences of Pragmatism: Essays 1972-1980,*『哲学の脱構築——プラグマティズムの帰結』室井尚ほか訳、御茶の水書房、一九八五年、三六〇頁）。そしてローティはプラグマティズムの持つ「反実在論」（反対応説）や、「事実」と「価値」の不可分性の特徴は、クワインの「経験主義のドグマ」の批判、「根元的翻訳（radical translation）」、そしてデイヴィドソンの「根元的解釈（radical interpretation）」（「根底的翻訳」「根源的解釈」の訳語も使われているが“radical”という共通の単語が使われていることを考慮し、本書ではともに「根元的」と訳した）などの議論として、現代アメリカ哲学に継承されてきていると考えるのである。

本書はこのような系譜を踏まえて、古典的プラグマティズムの思想と現代アメリカ哲学の関連を描き出していることに大きな特色を示している。その中でもローティのデイヴィドソンの真理論についいての解釈がかなり詳細に解説されている。デイヴィドソンの真理論自体決して容易な議論とは言えないが、それに対するローティの解釈が、簡潔な形で紹介された例は多くはない。その点、本書はかなりその論点を明瞭にまとめられているように思われる。しかし、ローティの「真理」に関する議論は、彼の哲学史解釈の明瞭さに比べ、難解さも目立つ。その論点は一見極めて単純な主張とも思われるが、デイヴィドソンをプラグマティストと解釈するローティの議論を追うと、不明な点も少なくない。(本書の「プラグマティズム・デイヴィドソン・真理」の解説部分にも、多少分かりにくい点もある。）そこで、二人の議論を本書の解釈やその後の展開を参考にしながら、簡単にまとめておくことにしよう。

5 ローティとデイヴィドソン

ローティはデイヴィドソンの「概念枠という考えそのものについて」における「形式と内容」の二元論批判を高く評価する。「枠組み」(経験を構成するもの）と「構成されるもの」という伝統的哲学を支える二元論的基本構造を厳しく批判するローティにとって、デイヴィドソンのここでの議論は、「この区分への攻撃は哲学的伝統を打破しようとするプラグマティストの試みの中でも最高の今日的表現である」と評価される。デイヴィドソンのこの試みこそ、ローティが『哲学と自然の鏡』や『プラグマティズムの帰結』以来一貫して行ってきたプラグマティズム評価の核心となる、いわゆる真理に関する対応説批判、「反表象主義」の典型だというのである。デイヴィドソン自身は、「プラグマティスト」と呼ばれることを歓迎してはいない。むしろ多くの戸惑いを見せている。マーフィーも、デイヴィドソンをクワイン以上に「消極的なプラグマティスト」と表現している。クワインが、少なくとも本書でも紹介されている「経験主義におけるプラグマティズムの位置」などで、プラグマティズムの伝統の中に自らを置き、その伝統を受け継いでいることをそれなりに自覚し、そのように語っているのに比べても、デイヴィドソンの「消極性」は際立っていると言えよう。しかし、ローティは一貫してデイヴィドソンをプラグマティズムの系譜の中で捉えようとする。そしてローティは、デイヴィドソンの真理論がプラグマティズムの真理論と多くの特徴を共有する点を指摘するのである。

ローティは「プラグマティズム・デイヴィドソン・真理」の中でデイヴィドソンの「真理と知識の整合説」の議論を採り上げ、デイヴィドソンの真理論の特徴を挙げている。その中でも、彼は「引用解除的用法」と「注意喚起的用法」に注目しているものと思われる。それでは、ローティはなぜこうした点に注目したのであろうか。

「プラグマティズム・デイヴィドソン・真理」でのローティのデイヴィドソン解釈の要点は、まず、デイヴィドソンが拘る真理の「対応説」がデイヴィドソン自身の議論からも成立しないという点である。そして、デイヴィドソンとプラグマティズムの真理論が共有する特徴として、「真理」が説明的用法を持ってはおらず、引用解除的用法、命令的用法、および注意喚起的用法を持っている点を挙げたのである（ただし、後年の論文「真理は探究の最終目的か」（"Is Truth a Goal of Inquiry? Donald Davidson versus Crispin Wright", in his *Truth and Progress: Philosophical Papers*, Cambridge

University Press, 1998）では、この「説明的用法を持たない」という解釈は、誤解を生みやすいとして撤回している）。

ローティが、その反本質主義の立場から「対応説」を容認できないと主張することは、すでに指摘したとおり、広く知られるところである。またデイヴィドソン自身も、「真理とは実在（世界の在り方）との対応である」とする伝統的真理論における「対応説」の立場を採るわけではない。このことを明らかにするために、論文「真理と知識の整合説」の中でデイヴィドソンは「突合せなき対応説」を「知識論」のスローガンに掲げたのである。デイヴィドソン自身が認めるように、彼は初期の段階では対応説と理解されかねない議論を展開していたし、また彼が頻繁に援用するタルスキの「真理の定義」の解釈も、対応説を前提にしているかの印象を与えると受け取られる傾向があったが、彼はこの点についても晩年明確に否定し、反対応説の真理論を展開するようになる。デイヴィドソンはこの問題については、ローティの批判を率直に受け容れてその用語の不適切さを認め、いわば自説の「撤回」を表明したのである。また整合説に対しても、それが真理を整合した信念の体系と結び付けることによって規定する、いわば認識論的真理論である点を指摘し、主観主義、体系相対的真理論に陥る危険性から批判的立場をとることになる（Donald Davidson, "The Structure and Content of Truth", *Journal of Philosophy* 87(6), 1990 を参照）。

つぎに、ローティがデイヴィドソンの特徴として挙げている「引用解除」は、どのような解釈から出てきているのであろうか。ローティはデイヴィドソンを「デフレ主義」（deflationism）に属するものと考える。「デフレ主義」とは、「真理を……本質的にトリヴィアルなもので、それが受けているほど形而上学的注目に値する重要な概念ではない」(Donald Davidson, "Truth Rehabilitated", *Rorty and His Critics*, Blackwell, 2000)(この概念を導入するする必要はない)とする立場である。いろいろな形態をとる「デフレ主義」の中では、余剰理論(redundant)と呼ばれるラムジーの議論がよく知られている。すなわち、「シーザーが暗殺されたのは真理である」という文のうち「真理である」はちょうど二重否定のように「シーザーが暗殺された」ことを導くに過ぎないのであって、「真である」ということによって何か新しいことがつけ加えられているわけではないとするものである。ホーウィッチによれば、タルスキの真理の議論で知られる「『雪は白い』が真であるのは、雪が白いとき、またそのときに限る」も「引用解除」に区分されることになる(Paul Horwich, *Truth*, Oxford University Press, 1990)。ローティもデイヴィドソンがこの「引用解除」を彼の真理論で強調していることから、デイヴィドソンをこの陣営に加えているのである。

要するに、「真である」という述語は引用符を解除することによって排除されるのであり、「真」は文の性質を示すために加えられる述語ではないということになる。その意味では「真」は説明的な役割を果たすこともないと考えるのである。この点については、デイヴィドソンが「真」は説明的概念であると繰り返し主張し、ローティがこの解釈を撤回しているのは先に述べた通りである。(なお、マーフィーが本書において「真」の「引用解除」的用法の例として挙げている、「もしも証人の一人でもその証言が真であるとすると、少なくとも容疑者の一人は有罪である」は、いささか唐突な感じがする。おそらく、「『容疑者は犯人である』が真であるのは、容疑者は犯人であるとき、またそのときに限る」というような「引用解除」を考えているのであろう。)

デイヴィドソンは、このような陣営に組み込まれることを受け容れているわけではない。むしろ彼は、こうした議論がいずれにしても、真理という概念を排除し他の概念に還元することに成功しているわけではないことを強調する。デイヴィドソンは、ローティや、いわゆるプラグマティストが指摘する問題を、「なぜ真理という概念が哲学にとって特に重要なテーマであるのか」という問いであると考えている。ローティは、デューイやジェイムズ、さらにニーチェやフーコーなどと同様に「真理などなくとも十分やっていける」と主張しているとデイヴィドソンは考えるのである。しかし、デイヴィドソンは、このような主張を単に「誤っているというより空疎」なものだと反論する。デイヴィドソンは、むしろ「真理、知識、信念、行為、原因、善なるもの、悪なるもの、のような、哲学者が注目すべく抽出した概念は、ほとんどにおいてそれなくしてはわれわれは何の概念も持ちえなく（と私は言いたくなるのだが）なるような、もっとも基本的な概念である。なぜわれわれはこのような概念が、定義上でもっと単純で明確でもっと基本的な概念に還元されることを期待しなければならないのだろうか」、と主張する。そしてこれはまさに「真理」についてとりわけあてはまるというのである（"The Folly of Trying to Define Truth", *Journal of Philosophy* 93(6), 1996）。すなわち、デイヴィドソンは「真理」が他の概念に還元されることのない原初的概念（プリミティブ）であると考えているのである。

一方ローティは、デイヴィドソンの真理論の特徴として「引用解除的用法」、「注意喚起的用法」に注目し、これらの特徴からデイヴィドソンの真理論を「真理」を文や思考の本質的性質と考える必要はないと主張するデフレ主義に分類したのであった。この主張に沿えば、デイヴィドソンの真理に関する議論は、「真理論を提示しない」プラグマティズムの立場に立つものに他ならないはずである、とローティは考える。ローティにとって、デイヴィドソンの「概念枠‐内容」の二元論の批判は、「実在」を前提とした「表象主義」批判の究極的議論であると受け取られた。ローティは、プラグマティズムの中心にある主張はまさに、このギリシア以来の二元論、実在とその表象への批判であり、それゆえに、デイヴィドソンはローティのプラグマティズムの伝統の中で、現在最も重要な人物と位置付けられるのである。

ローティにとって、プラグマティズムの「真理論」は、こうした伝統的二元論を否定する典型的議論でもあった。実在との対応を前提とする「対応説」、「整合説」に対し、ローティは、対応すべき「元」の存在を否定する。それにかわり、ローティは、デューイやウィトゲンシュタインを代表とする、「使用」、すなわち言語の社会での使われ方こそが、言語の本質を明らかにしてくれるとする言語使用説を主張する。デイヴィドソンも、タルスキの真理の理論の欠陥は言語の使用者との関係を欠いている点にあることを指摘し、「真理の概念のいかなる完全な説明も現実の言語的な交わりと関係付けられていなければならない」と述べている（"The Structure and Content of Truth"）。

一方、使用説に常に付きまとう「相対主義」的側面には、デイヴィドソンは強い警戒心を持っている。それゆえにデイヴィドソンはローティのプラグマティズムの真理論で言及される、ジェイムズ、デューイの真理説の、真理＝「保証された主張可能性」を拒絶するのである。デイヴィドソンにとって「真である」ことは、「正当化されている」ことや、「主張可能である」こととは違うのである。

ここでの議論は、「注意喚起的用法」、すなわち「私は、あなたのパートナーの誠実さに対するあなたの信念は疑う余地なく正当化されるということに異存はない。しかしそれでもなお、それは真ではないかもしれない」に関係するように思われるが、ローティはこれを一種の可謬性と理解し、彼のプラグマティズム解釈に組み込んでいるものと思われるのである。

実際デイヴィドソンは、多くの点でローティの解釈に戸惑いを隠せない。ローティもまた、自身自分の解釈が、必ずしもデイヴィドソンの議論を正確に解釈したものでないことを認めもしている。彼は「デイヴィドソンの教説を彼自身が進んではいない方向に……また彼が進もうとも欲しないであろう方向に進め、またそこから推定している。……しかし私は、デイヴィドソンがそのような推定に共感するか、しないかは重要とは考えていない」(Herman J. Saatkamp (ed.), *Rorty and Pragmatism: The Philosopher Responds to His Critics*, Vanderbilt University Press, 1995) と述べているのである。

このようなことから考えれば、ローティの関心はあくまで、デイヴィドソンの議論を借りた自らのプラグマティズム解釈の披瀝にあると考えるべきかもしれない。二人の議論がかみ合っているかいないかを特に問題にすることより、お互いがそれぞれの批判を受けてそれぞれの主張をいかに鮮明に打ち出していったかに注目すべきであろう。

おわりに

ここに訳した『プラグマティズム――パースからデイヴィドソンまで』が、ローティのデイヴィドソン解釈を論じて終わっていることは、古典的プラグマティズムから現代哲学へのアメリカ哲学の「系譜」を描き出そうとした本書の目的を象徴しているとも言える。本書は古典的プラグマティストの学説間にある差異を指摘することよりは、むしろ、クワインが「経験主義におけるプラグマティズムの位置」において指摘した、「認識論上の自然主義」と「意味論上の行動主義」を軸にプラグマティズムの系譜を描いて見せているのである。ここでは、「実在論」を巡ってパースとジェイムズ、デューイを対峙させる、よく見られる構図はどちらかといえば抑制され、その相違はそれぞれの思想の発展過程の違いとして描かれているものと考えられる。パースとジェイムズの葛藤については先にも触れたが、本書にも具体的な文献からの引用を含め、興味深い記述がある。

本書（原題 *Pragmatism: From Pierce to Davidson*）は、執筆の時期を考えると、ローティのネオプラグマティズムが大きな反響を呼んでいるまさにその最中に当たっていることが分かる。今となっては決して最新の議論を扱っているとは言えない面もあるが、古典的プラグマティズムから現代アメリカ哲学への展開を、多くの文献を介しながら論点を絞って簡潔にその関連を解説してくれており、その点では今日でも、初学者から専門研究に進もうとする多くの読者にとって有用な参考文献となることであろう。著者J・P・マーフィーは、テキサス州サンアントニオにあるトリニティ大学で長らく教壇に立ったのち、一九八七年に五〇歳の若さで亡くなっている。その後この本の出版までの経緯については、ローティの序文に記されているので参照されたい。

本書の編纂にあたり、また本書の議論の基盤を提供してもいるローティも、本書の議論の中核を占めるクワイン、デイヴィドソンもすでに鬼籍に入った。ローティのプラグマティズム解釈の妥当性の検討も、また「パースからデイヴィドソンへ」というテーマも、今や現代哲学のテーマから哲学史のテーマになったと言うべきかもしれない。

なお、本書に引用されているほとんどの文献にはすでに邦訳がある（参考文献表参照）。本書の翻訳に当たっては、原則として本書の文脈に合わせて改めて訳出しているが、適宜既訳書を参照させていただいている。ここに記してお礼申し上げる。

本書の刊行にあたっては、多くの方々からご助力を頂いた。笠松幸一氏には出版社への紹介の労を取っていただいた。また和田和行氏、森田茂行氏には草稿に目を通していただき多くの有益なご指摘を頂いた。勁草書房の土井美智子氏、山田政弘氏には長期にわたり、大変なお世話になった。出版にまでこぎつけられたのも両氏、とくに土井氏の献身的なご協力によるところが多い。この場をお借り御礼申し上げる。

訳出にあたっては細心の注意を払ったつもりではあるが、思わぬ誤りが多々残されているものと懸念される。その責任が訳者にあることは言うまでもない。読者諸兄のご叱正をたまわれば幸いである。

著者略歴

ジョン・マーフィー（John Murphy）

1937年生まれ、1987年没。元トリニティ大学教授。

（はしがき・序）

リチャード・ローティ（Richard Rorty）

1931年生まれ。プリンストン大学教授、バージニア大学教授を経て、1998年よりスタンフォード大学教授、2005年よりスタンフォード大学名誉教授。2007年没。

訳者略歴

高頭直樹（たかとう・なおき）

1949年生まれ。早稲田大学大学院文学研究科博士課程満期退学。Ph.D.（クィーンズランド大学）。兵庫県立大学名誉教授。

人名索引

ア行

アインシュタイン（Albert Einstein）　128
アガシ（Lous Agasiz）　24
アドルノ（Theodor Adorno）　8
アボット（Frank Abbot）　13, 24, 26
アリストテレス（Aristotle）　116–117, 133, 144, 155, 220
アンゲル（J.R. Angell）　113
ウィトゲンシュタイン（Ludwig Wittgenstein）　9, 97, 147–149, 175
ウィリアムズ（Bernard Williams）　3, 4, 6–7
ウェルズ（H.G. Wells）　90
エマーソン（Ralph Waldo Emerson）　23
エリオット（Charles Eliot）　30
オースティン（J.L. Austin）　5

カ行

カクリック（Bruce Kuklic）　26
ガスリー（Woody Guthrie）　62
カルナップ（Rudluf Carnap）　180
カント（Immanuel Kant）　8, 12, 74, 144, 182–183, 202, 219
キルケゴール（S. Kierkegard）　92
グッドマン（Nelson Goodman）　6
クーン（T. Kuhn）　202
グリーン（Nicolas St. John Green）　12, 24, 26, 36–37, 43
クリフォード（W.K. Clifford）　67–68, 153
クリプキ（Saul Kripke）　220–221
クルター（John M. Coulter）　112
グレイ（John Chipman Gray）　24, 26
クワイン（W.V. Quine）　(i), 1, 8, 14, 148–149, 151–153, 156, 160, 170, 173, 179–181, 186–188, 192, 195, 209, 211, 219, 221
ケニー（Anthony Kenny）　15
コマジャー（Henry Steele Commager）　31, 61
コント（Auguste Comte）　170, 175

サ行

ジェイムズ、ウィリアム（William James）　(i), 1, 10, 22, 24, 26–28, 30, 33, 35, 39, 59–62, 64, 68–69, 71–72, 82, 84, 87, 104, 109, 114, 142, 147, 170, 173–174, 197–198, 203, 213–214
ジェイムズ、ヘンリー（Henry James）　23, 26
ジェイムズ、ヘンリー・ジュニア（Henry James, Jr.）　23
シラー（F.C.S. Schiller）　90, 94, 100, 170, 176
スチュアート（Dugald Stewart）　88
ストローソン（Peter Strawson）　220–221
スペンサー（Herbert Spencer）　24, 27–28, 31–34
スミス（A. Smith）　112
セイヤー（H.S. Thayer）　176

タ行

ナ行

ハ行

ホイソン（G.H. Howison） 60
ホイットマン（Charles Whitman） 112
ホワイトヘッド（A.N. Whitehead） 9
ホームズ（Oliver Wendell Holmes, Jr.） 12, 23–25, 26, 69
ホジソン（Shadworth Hodgson） 88, 90
ポパー（K. Popper） 171
ホワイト（Morton White） 170, 173

マ行

マーフィー（John Murphy） i, ii, 4, 9–10
マキャベリ（Machiavelli） 198
マッハ（Ernst Mach） 94, 171
マルクス（K. Marx） 198
ミード（G.H. Mead） 113, 172, 176
ミケルソン（Albert Michelson） 112
ミル、ジェイムズ（James Mill） 88
ミル、ジョン（John Mill） 88
モリス（Charles Morris） 176
モンターギュ（William Montague） 26

ラ行

ライト（Chauncey Wright） 12–13, 24, 26–27
ラッセル（Bertrand Russell） 1, 182, 202
ラムジー（F.P. Ramsey） 171
ルイス（C.I. Lewis） 180
ルヌヴィエ（Charles Renouvier） 28
レーブ（Jacques Loeb） 112
ローティ（Richard Rorty） 151, 180–183, 196, 203, 205, 212–216, 219–220, 222–223
ロック（John Locke） 4, 6–7, 14–15, 88

ワ行

ワーナー（Joseph B. Warner） 24, 26, 36

事項索引

さ　行

た　行

ま　行

や　行

ら　行

わ　行

注

序（リチャード・ローティ）

（1）Martin Heidegger, *The Question Concerning Technology and Other Essays*, trans. William Lovitt (New York: Harper and Row, 1977), p. 153. 出典は *Holzwege* (Frankfurt: Klostermann, 1972), pp. 103-104（ハイデッガー『世界像の時代』桑木勉訳，理想社，1962 年，71 頁）である．

（2）John Dewey, *The Quest of Certainty* (New York: Putnam, 1960), p. 108（デューイ『確実性の探究』植田清次訳，理想社，1936 年，122 頁）

（3）*Ibid*., p. 104（同書，116 頁）.

（4）パトナムは，現代プラグマティズムに貢献した最も重要な人物の１人であるが，マーフィー教授は彼のコースのシラバスを適切なサイズにとどめるために，この本ではパトナムについては論じていない．同様の理由で，彼はＦ・Ｃ・Ｓ・シラー，ジョージ・ハーヴァード・ミード，Ｃ・Ｉ・ルイス，シドニー・フック，またネルソン・グッドマンなどの影響力を持ったプラグマティストについても論じていない．シラー，ミード，ルイスを含んだプラグマティズムの議論としては，H. S. Thayer, *Meaning and Action: A Critical History of Pragmatism* (New York: Bobbs-Merrill, 1968) を参照のこと．フックについては，Cornel West, *The American Avoidance of Philosophy: A Genealogy of Pragmatism* (Madison: University of Wisconsin Press, 1988) を参照．

（5）Bernard Williams, *Ethics and the Limits of Philosophy* (Cambridge, Mass.: Harvard University Press, 1985), pp. 138-139（Ｂ・ウィリアムズ『生き方について哲学は何が言えるか』森際康友・下川潔訳，産業図書，1993 年，230 頁）.

（6）*Ibid*, p. 135. プラグマティストの視座からのウィリアムズに対する応答は，リチャード・ローティの以下の論考を参照．Richard Rorty, "Is Natural Science a Natural Kind?" in *Construction and Constraint: The Shaping of Scientific Rationality*, ed. E. McMullin (Notre Dame, Ind.: Notre Dame University Press, 1988), pp. 49-74.

（7）Donald Davidson, "The Myth of the Subjective," *Relativism: Interpretation and Confrontation*, ed. Michael Krausz (Notre Dame, Ind.: Notre Dame University Press, 1989), pp. 165-166.

（8）*Philosophical Writings of Peirce*, ed. Justus Buchler (New York: Dover, 1955), p. 38（パース『世界の名著 48 ――パース，ジェイムズ，デューイ』上山春平責任編集，中央公論社，1968 年，99 頁）.

（9）Hilary Putnam, *Representation and Reality* (Cambridge, Mass.: MIT Press, 1988), p. 115（Ｈ・パトナム『表象と実在』林康成・宮崎宏志訳，晃洋書房，1997 年，166 頁）参照．

（10）Hilary Putnam, *Reason, Truth and History* (Cambridge: Cambridge University Press, 1981), p. 185（パトナム『理性・真理・歴史』野本和幸・中川大・三上勝生・金子

洋之訳，法政大学出版局，1994 年，275 頁）.

(11) プラグマティストの中では，最も科学的ではなく最も宗教的信念に共感を示していたジェームズでさえ，『プラグマティズム』の最初の部分でプラグマティストの「硬い心」について語る際には，科学的なレトリックに陥っている．私は――これは多くの議論のあるところであるが――デューイの科学的方法に対する変わらぬ称賛は，パトナムが非難するところのもの，すなわち自然科学がともかくも，他の文化領域より，物事のあり方により接近しているということを示唆しているわけではなく，自然科学者によって典型的に示されてきた，ある種の道徳的徳性に対する賞賛であると主張してきた．私の *John Dewey: The Later Works, Vol. 8: 1933*, ed. Jo Ann Boydston (Carbondale: Southern Illinois University Press, 1986) の序文 ix-xviii，並びに "Comments on Sleeper and Edel," *Transactions of The Charles S. Peirce Society* 21 (Winter 1985), 40-48，また注 6 で触れた "Is Natural Science a Natural Kind?" の最後の何ページかを参照.

(12) Willard Quine, *Word and Object* (Cambridge, Mass.: MIT Press, 1960), p. 22（クワイン『ことばと対象』大出晁・宮館恵訳，勁草書房，1984 年，35 頁）．クワインに見られるロックへの共感に関するデイヴィドソンの最も最近の批判としては，"Meaning, Truth and Evidence," *Perspectives on Quine*, ed. Robert B. Barrett and Roger F. Gibson (Cambridge, Mass.: Basil Blackwell, 1990), pp. 68-79 を参照.

(13) *Philosophy and the Mirror of Nature* (Princeton, N.J.: Princeton University Press, 1979), chapter 6（ローティ『哲学と自然の鏡』野家啓一監訳，伊藤春樹・須藤訓任・野家伸也・柴田正良訳，産業図書，1993 年，第六章），また，"Heidegger, Wittgenstein and the Reification of Language," *The Cambridge Companion to Heidegger*, ed. Charles Guignon (Cambridge, Mass.: Cambridge University Press, 1993), pp. 337-57 を参照.

(14) Davidson, "The Myth of the Subjective," p. 159（デイヴィドソン『主観的，間主観的，客観的』清家邦彦・柏端達也・篠原成彦訳，春秋社，2007 年，72 頁）.

第一章

(1) Bruce Kuklick, *The Rise of American Philosophy* (New Haven and London: Yale University Press, 1979), p. xv から引用.

(2) Ibid.

(3) Ibid.

(4) *Philosophical Writings of Peirce*, ed. J. Buchler (New York: Dover Publications, Inc., 1955), p. 252.

(5) Ibid.

(6) C. S. Peirce, *Collected Papers* (Cambridge, Mass.: Harvard University Press, 1932), 2.113.

(7) *Philosophical Writings of Peirce*, pp. 1-2.

(8) Willis Doney, "Cartesianism," *The Encyclopedia of Philosophy*, ed. Paul Edwards

(New York and London: Macmillan Publishing Co. Inc. & The Free Press, 1972), Vol. II, p. 37.

（9） *Philosophical Writings of Peirce*, p. 228.

（10） W. V. Quine, *Theories and Things* (Cambridge, Mass.: The Belknap Press of Harvard University Press, 1981), p. 68.

（11） Richard Rorty, *Philosophy and the Mirror of Nature* (Princeton, N.J.: Princeton University Press, 1980), pp. 48-51（ローティ『哲学と自然の鏡』野家啓一監訳，伊藤春樹・須藤訓任・野家伸也・柴田正良訳，産業図書，1993年，35～36頁）．ローティはここで Anthony Kenny, "Descartes on Ideas," in *Descartes: A Collection of Critical Essays*, ed. Willis Doney (Garden City, N.Y.: Doubleday, 1967), p. 226 を引用している．

（12） *Philosophical Writings of Peirce*, p. 228.

（13） *Ibid.*, pp. 228-229.

（14） *Ibid.*, p. 229.

（15） *Ibid.*

（16） John Dewey, *Experience and Nature* (New York: Dover Publications, Inc., 1958), p. 3a（デューイ『経験と自然』帆足理一郎訳，春秋社，1959年，4頁）．

第二章

（1） William James Earle, "James, William," *The Encyclopedia of Philosophy*, ed. Paul Edwards (New York and London: Macmillan Publishing Co. Inc. & The Free Press, 1972), Vol. IV, p. 240.

（2） Ralph Barton Perry, *The Thought and Character of William James* (Westport, Conn.: Greenwood Press, 1974), Vol. I, p. 211.

（3） Bruce Kuklick, *The Rise of American Philosophy* (New Haven and London: Yale University Press, 1979), p. 160.

（4） *Ibid.*, p. 47.

（5） *Ibid.*, p. 48.

（6） *Ibid.*

（7） *Ibid.*, p. 47.

（8） *Ibid.*, p. 161.

（9） "James, William," p. 241.

（10） *The Rise of American Philosophy*, p. 160.

（11） *The Writings of William James*, ed. John J. McDermott (Chicago and London: The University of Chicago Press, 1977), p. 7.

（12） *The Rise of American Philosophy*, p. 168.

（13） William James, *The Will to Believe* (New York: Dover Publications, Inc., 1956), pp. 113-114.

(14) *The Writings of William James*, pp. 7-8.
(15) *The Rise of American Philosophy*, p. 165.
(16) *Ibid.*
(17) *Ibid.*
(18) Henry Steele Commager, *The American Mind* (New Haven: Yale University Press, 1950), pp. 82-83.
(19) Jack Kaminsky, "Spencer, Herbert," *The Encyclopedia of Philosophy*, Vol. VIII, p. 523, cited in note l, above.
(20) *The American Mind*, p. 89.
(21) *Ibid.*, p. 86.
(22) *Ibid.*, p. 87.
(23) *Ibid.*, p. 92.
(24) *Ibid.*
(25) *Ibid.*, p. 88.
(26) *Ibid.*, p. 89.
(27) *Ibid.*, p. 92.

第三章

(1) *Charles S. Peirce: Selected Writings*, ed. Philip Wiener (New York: Dover Publications, Inc., 1966), p. 31.
(2) *Philosophical Writings of Peirce*, ed. Justus Buchler (New York: Dover Publications, Inc., 1955), pp. 269-270.
(3) *Ibid.*, pp. 9-10（『世界の名著 48　パース，ジェイムズ，デューイ』上山春平責任編集，中央公論社，1968 年，61 頁）.
(4) *Ibid.*, p. 10（同書 61 頁）.
(5) *Ibid.*, pp. 10-11（同書 61 頁）.
(6) *Ibid.*, pp. 26-27（同書 81 ～ 82 頁）.
(7) W. Z. Sawrey and J. D. Weisz, "An experimental method of producing gastric ulcers," *Journal of Comparative and Physiological Psychology* 49(1956): 269-270.
(8) J. V. Brady, R. W. Porter, D. G. Conrad, and J. W. Mason, "Avoidance behavior and the development of gastro-duodenal ulcers," *Journal of Experimental Analysis of Behavior* 1(1958): 69-72.
(9) *Philosophical Writings of Peirce*, p. 27（『世界の名著 48　パース，ジェイムズ，デューイ』83 頁）.
(10) *Ibid.*, p. 28（同書 84 頁）.
(11) *Ibid.*
(12) *Ibid.*

(13) *Ibid.*

(14) *Ibid.*

(15) *Ibid.*, p. 29（同書 85 頁）.

(16) *Ibid.*, p. 30（同書 87 頁）.

(17) *Ibid.*

(18) *Ibid.*, p. 31（同書 87 頁）.

(19) *Ibid.*

(20) *Ibid.*

(21) *Ibid.*, p. 30（同書 87 頁）.

(22) *Ibid.*, p. 251.

(23) *Ibid.*, p. 18（同書 70 頁）.

(24) *Ibid.*, pp. 36-37（同書 98 頁）.

(25) *Ibid.*, p. 38（同書 98 頁）.

第四章

(1) Ralph Barton Perry, *The Thought and Character of William James* (Westport, Conn.: Greenwood Press, 1974), Vol. II, p. 407.

(2) H. S. Thayer, "Pragmatism," *The Encyclopedia of Philosophy*, ed. Paul Edwards (New York and London: Macmillan Publishing Co. Inc. & The Free Press, 1972), Vol. VI, p. 431.

(3) Henry Steele Commager, *The American Mind* (New Haven: Yale University Press, 1950), p. 91.

(4) William James, *The Will to Believe* (New York: Dover Publications, Inc., 1956), p. 64.

(5) *Ibid.*

(6) *Ibid.*, p. 63.

(7) *The Writings of William James*, ed. John J. McDermott (Chicago and London: The University of Chicago Press, 1977), p. 346.

(8) *The Will to Believe*, p. 66.

(9) *Ibid.*, p. 77.

(10) *Ibid.*, p. 82.

(11) *Ibid.*, p. 86.

(12) *Ibid.*, pp. 163-164.

(13) *Philosophical Writings of Peirce*, ed. Justus Buchler (New York: Dover Publications, Inc., 1955), p. 338.

(14) *The Writings of William James*, pp. 610-611.

(15) *Ibid.*, p. 616.

(16) *Ibid.*, p. 623.

(17) *Ibid.*, p. 625.
(18) Ralph Barton Perry, *The Thought and Character of William James: Briefer Version* (Cambridge, Mass.: Harvard University Press, 1948), p. 208.
(19) *The Will to Believe*, p. 8.
(20) *Ibid.*
(21) *Ibid.*, p. 9.
(22) *Ibid.*, p. 11.
(23) *The Thought and Character of William James: Briefer Version*, p. 215.
(24) Oliver Wendell Holmes, Jr., *The Common Law* (Boston: Little, Brown and Co., 1923), p. 1.
(25) Oliver Wendell Holmes, Jr., "The Path of Law," *The Holmes Reader* (New York: Oceana Publications, 1925), p. 59.
(26) *The American Pragmatists*, ed. M. R. Konvitz and G. Kennedy (Cleveland and New York: Meridian Books of World, 1969), p. 144 から引用.

第五章

(1) John Dewey, *Essays in Experimental Logic* (Chicago: University of Chicago Press, 1916), p. 329.
(2) Ralph Barton Perry, *The Thought and Character of William James* (Westport, Conn.: Greenwood Press, 1974), Vol. II, p. 480.
(3) *Ibid.*
(4) *The Writings of William James*, ed. John J. McDermott (Chicago and London: The University of Chicago Press, 1977), p. 348.
(5) William James, *Pragmatism* (Indianapolis: Hackett Publishing Co., 1981), p. 26（ジェイムズ『プラグマティズム』桝田啓三郎訳，岩波文庫，1957 年，39 頁）.
(6) *Philosophical Writings of Peirce*, ed. Justus Buchler (New York: Dover Publication, Inc., 1955), pp. 252-253.
(7) *Ibid.*, p. 252.
(8) *The Writings of William James*, p. 348.
(9) *Ibid.*
(10) *Philosophical Writings of Peirce*, p. 36.
(11) *The Writings of William James*, p. 348.
(12) *Ibid.*
(13) *Pragmatism*, p. 25（『プラグマティズム』38 頁）.
(14) *The Writings of William James*, p. 349.
(15) *Pragmatism*, p. 27（『プラグマティズム』42 頁）.
(16) *The Writings of William James*, p. 360.

(17) *Ibid.*

(18) *Ibid.*

(19) *The Thought and Character of William James*, Vol. II, pp. 466-467.

(20) *Ibid.*, pp. 408-409.

(21) *Pragmatism*, p. 100（『プラグマティズム』163 頁）.

(22) *Ibid.*

(23) Soren Kierkegaard, *Concluding Unscientific Postscript* (Princeton, N.J.: Princeton University Press, 1941), p. 178（『哲学的断片への結びとしての非学問的あとがき』小川圭治・杉山好訳『キルケゴール著作集 8』白水社, 1968 年所収, 28 頁）.

(24) *Pragmatism*, p. 29（『プラグマティズム』46 頁）.

(25) *Ibid.*, p. 30（同書 47 頁）.

(26) *The Thought and Character of William James*, Vol. II, p. 444.

(27) *Pragmatism*, p. 30（『プラグマティズム』48 頁）.

(28) *Ibid.*, p. 92（同書 147 頁）.

(29) *Ibid.*, p. 100（同書 163 頁）.

(30) *Ibid.*（同書 163 ～ 164 頁）.

(31) *Ibid.*, p. 101（同書 164 頁）.

(32) *Ibid.*, p. 38（同書 65 頁）.

(33) *Ibid.*, p .32（同書 51 頁）.

(34) *Ibid.*, p. 92（同書 134 頁）.

(35) *Ibid.*, p. 38（同書 63 頁）.

(36) *Ibid.*, p. 31（同書 51 頁）.

(37) *Ibid.*（同書 49 ～ 50 頁）.

(38) *Ibid.*, p. 101（同書 164 頁）.

(39) *Ibid.*

(40) *Ibid.*, pp. 104（同書 171 頁）.

(41) *Ibid.*, pp. 32-33（同書 52 ～ 53）.

(42) *Ibid.*, p. 104（同書 170 頁）.

(43) *Ibid.*, p. 95（同書 151 ～ 152 頁）.

(44) *Ibid.*, p. 98（同書 160 頁）.

(45) *Ibid.*, p. 92（同書 147 頁）.

(46) *Ibid.*, p. 100（同書 163 頁）.

(47) *Ibid.*, p. 37（同書 61 ～ 62 頁）.

(48) *Ibid.*

第六章

(1) Sidney Hook, *John Dewey: An Intellectual Portrait* (Westport, Conn.: Greenwood

Press, 1971), p. 16.
(2) *Ibid.*, p. 15.
(3) Richard J. Bernstein, "Dewey, John," *The Encyclopedia of Philosophy*, ed. Paul Edwards (New York: Macmillan Publishing Co. Inc., 1972), Vol. II, p. 384.
(4) *Ibid.*
(5) *John Dewey: An Intellectual Portrait*, p. 10.
(6) *The Philosophy of John Dewey*, Two Volumes in One, ed. John J. McDermott (Chicago and London: The University of Chicago Press, 1981), p. 8.
(7) *John Dewey: An Intellectual Portrait*, p. 13.
(8) *The Philosophy of John Dewey*, p. 52.
(9) *Ibid.*, pp. 52-53.
(10) *Ibid.*, p. 54.
(11) John Dewey, *The Quest for Certainty* (New York: Capricorn Books, 1960), pp. 16-17 (デューイ『確実性の探究』植田清次訳, 理想社, 1936年, 16〜17頁).
(12) *The Philosophy of John Dewey*, p. 35.
(13) John Dewey and Arthur Bentley, *A Philosophical Correspondence, 1932-1951*, ed. S. Ratner and J. Altman (New Brunswick: Rutgers University Press, 1964), p. 643.
(14) William James, *Some Problems of Philosophy* (Cambridge, Mass.: Harvard University Press, 1979), p. 32.
(15) "Dewey, John," p. 381.
(16) John Dewey, *Art as Experience* (New York: Paragon Books, 1979), p. 46 (デューイ『経験としての芸術』栗田修訳, 晃洋書房, 2010年, 52頁).
(17) *Ibid.*
(18) *Ibid.*, p. 35 (同書39頁).
(19) *Ibid.*
(20) *Ibid.*
(21) *Ibid.*, pp. 42-43 (同書48〜49頁).
(22) *Ibid.*, p. 37 (同書41頁).
(23) *Ibid.*, p. 50 (同書57頁).
(24) *Ibid.*, p. 46 (同書52頁).
(25) *The Quest for Certainty*, p. 224 (『確実性の探究』256頁).
(26) *The Philosophy of John Dewey*, p. 242.
(27) *Ibid.*
(28) John Dewey, *Experience and Nature* (New York: Dover Publications, Inc., 1958), p. 21 (デューイ『経験と自然』帆足理一郎訳, 春秋社, 1959年, 21〜22頁).
(29) *Ibid.*, pp. 4-6 (同書9〜10頁).
(30) *Ibid.*, p. 6 (同書10頁).

(31) *Ibid.*, pp. 7-8（同書 11 頁）.
(32) *Ibid.*, p. 36（同書 33 頁）.
(33) *Ibid.*, pp. 37-38（同書 34 頁）.
(34) *The Quest for Certainty*, p. 230（『確実性の探究』264 頁）.
(35) *Ibid.*, p. 229（同書 262 ～ 263 頁）.
(36) *Ibid.*, pp. 242-243（同書 279 ～ 280 頁）.
(37) *Ibid.*, p. 245（同書 282 頁）.
(38) *Ibid.*, pp. 245-246（同書 283 頁）.
(39) *Ibid.*, pp. 249-250（同書 287 ～ 288 頁）.
(40) *Ibid.*, p. 260（同書 298 ～ 299 頁）.
(41) *Ibid.*, p. 262（同書 301 ～ 302 頁）.
(42) *Ibid.*, p. 265（同書 305 頁）.
(43) *Ibid.*, pp. 272-273（同書 314 ～ 315 頁）.
(44) John Dewey, *Philosophy and Civilization* (New York: Capricorn Books, 1963), p. 6.
(45) *Ibid.*, p. 7.
(46) *Ibid.*, pp. 7-8.
(47) *Ibid.*, pp. 3-4.

第七章

(1) W. V. Quine, *Ontological Relativity and Other Essays* (New York: Columbia University Press, 1969), pp. 26-27.
(2) *Ibid.*, pp. 27, 28-29
(3) John Dewey, *Experience and Nature* (New York: Dover Publications, Inc., 1958), p. 179（デューイ『経験と自然』帆足理一郎訳，春秋社，1959 年，143 頁）.
(4) *Ibid.*
(5) *Ibid.*, p. 180（同書 143 頁）.
(6) *Ibid.*, p .185（同書 147 頁）.
(7) Alan Donagan, *"The Encyclopedia of Philosophy," The Philosophical Review* (January, 1970), p. 91.
(8) W. V. Quine, *From a Logical Point of View*, 2nd ed., rev. (New York: Harper Torchbooks, 1963), p. 20（クワイン『論理的観点から――論理と哲学をめぐる九章』飯田隆訳，勁草書房，1992 年，31 頁）.
(9) *Ibid.*, p. 22（同書 34 頁）.
(10) *Ontological Relativity and Other Essays*, p. 28.
(11) *Ibid.*, p. 27.
(12) *Ibid.*, pp .28-29.
(13) *Ibid.*, pp. 30-31.

(14) *Ibid.*, pp. 31-32.
(15) *Ibid.*, pp. 29-30.
(16) *Ibid.*, p. 34.
(17) *Ibid.*, pp. 34-35.
(18) *Ibid.*, p. 38.
(19) *Ibid.*, p. 26.
(20) *Ibid.*, p. 27.
(21) *Ibid.*, p. 47.
(22) *Pragmatism: Its Sources and Prospects*, ed. Robert J. Mulvaney and Philip M. Zeltner (Columbia: University of South Carolina Press, 1981), p. 23.
(23) *Ibid.*, p. 24.
(24) *Ibid.*, p. 26.
(25) *Ibid.*, p. 23.
(26) *Ibid.*, pp. 23-24.
(27) *Ibid.*, pp. 33-34.
(28) *Ibid.*, pp. 35-37.
(29) *Ibid.*, p. 37.

第八章

(1) Donald Davidson, *Inquires into Truth and Interpretation* (Oxford: Clarendon Press, 1984), p. xx（デイヴィドソン『真理と解釈』野本和幸・植木哲也・金子洋之・高橋要訳，勁草書房，1991年，xv頁）.
(2) W. V. Quine, *From a Logical Point of View*, 2nd ed. rev. (New York: Harper Torchbooks, 1963), p. 46（クワイン『論理的観点から——論理と哲学をめぐる九章』飯田隆訳，勁草書房，1992年，68頁）.
(3) *Philosophical Writings of Peirce*, ed. Justus Buchler (New York: Dover Publications, Inc., 1955), p. 40.
(4) W. V. Quine, *Ontological Relativity and Other Essays* (New York and London: Columbia University Press, 1969), p. 26.
(5) Richard Rorty, *Philosophy and the Mirror of Nature* (Princeton, N.J.: Princeton University Press, 1980), p. 8（ローティ『哲学と自然の鏡』野家啓一監訳，伊藤春樹・須藤訓任・野家伸也・柴田正良訳，産業図書，1993年，26頁）.
(6) *Ibid.*
(7) *Ibid.*
(8) *Ibid.*, p. 9（同書28頁）.
(9) *Ibid.*
(10) John Dewey, *Philosophy and Civilization* (New York: Capricorn Books, 1963), p. 4.

(11) Richard Rorty, "Philosophy as Science, as Metaphor and as Politics," in *The Institution of Philosophy*, ed. Avner Cohen and Marcello Dascal (La Salle, Ill.: Open Court, 1989), p. 18.

(12) *Inquiries into Truth and Interpretation*, p. 189（『真理と解釈』200 ～ 201 頁）.

(13) *Ibid.*, pp. 195-196（同書 208 頁）.

(14) *Ontological Relativity and Other Essays*, p. 45.

(15) *Inquiries into Truth and Interpretation*, p. 126（『真理と解釈』124 頁）.

(16) *Ibid.*, p. 125（同書 123 頁）.

(17) *Ontological Relativity and Other Essays*, p. 47.

(18) *Inquiries into Truth and Interpretation*, p. 129（『真理と解釈』127 頁）.

(19) *Ibid.*

(20) *Ibid.*, pp 130-131（同書 129 ～ 130 頁）.

(21) *Ibid.*, pp. 196-197（同書 209 ～ 210 頁）.

(22) *Ibid.*, p. xvii（同書 ix ～ x 頁）でクワインが引用されている.

(23) *Ibid.*, pp. xviii-xix（同書 xii 頁）.

(24) Richard Rorty, *Consequences of Pragmatism* (Minneapolis: University of Minnesota Press, 1982), p. 160（ローティ『哲学の脱構築――プラグマティズムの帰結』室井尚・吉岡洋・加藤哲弘・浜日出夫・庁茂訳，御茶の水書房，1986 年，359 頁）.

(25) *Ibid.*, p. 162（同書 362 頁）.

(26) *Ibid.*, pp. 162-163（同書 362 ～ 363 頁）.

(27) *Ibid.*, p. 163（同書 365 頁）.

(28) *Ibid.*, pp. 164-165（同書 365 ～ 367 頁）.

(29) *Ibid.*, p. 165（同書 367 頁）.

(30) *Ibid.*, pp. 165-166（同書 368 ～ 369 頁）.

(31) *Inquiries into Truth and Interpretation*, p. 22（『真理と解釈』9 頁）.

(32) Donald Davidson, "A Coherence Theory of Truth and Knowledge," *Truth and Interpretation: Perspectives on the Philosophy of Donald Davidson*, ed. Ernest LePore (Oxford and New York Blackwell, 1986), p. 307（「真理と知識の斉合説」『主観的，間主観的，客観的』清塚邦彦・柏端達也・篠原成彦訳，春秋社，2007 年所収，218 頁）.

(33) *Ibid.*（同書 219 頁）.

(34) *Ibid.*

(35) *Ibid.*, p. 308（同書 221 頁）.

(36) *Ibid.*（同書 220 ～ 221 頁）.

(37) *Ibid.*, p. 309（同書 223 頁）.

(38) *Ibid.*, pp. 309-310（同書 223 頁）.

(39) W. V. Quine, *Word and Object* (Cambridge, Mass.: The M.I.T. Press, 1979), p. 275（クワイン『ことばと対象』大出晁・宮館恵訳，勁草書房，1984 年，459 頁）.

(40) "A Coherence Theory of Truth and Knowledge," p. 315（『主観的，間主観的，客観的』234 ～ 235 頁）.
(41) *Ibid.*, p. 317（同書 239 頁）.
(42) *Ibid.*, pp. 317-318（同書 239 ～ 240 頁）.
(43) *Ibid.*, p. 310（同書 224 頁）.
(44) *Ibid.*, p. 313-314（同書 231 頁）.
(45) *Ibid.*, p. 317（同書 238 頁）.
(46) Richard Rorty, "Pragmatism, Davidson and Truth," *Truth and Interpretation* ed. Ernest Le Pore (Oxford and New York: Basil Blackwell, 1986), p. 333（ローティ「プラグマティズム・デイヴィドソン・真理」『連帯と自由の哲学』冨田恭彦訳，岩波書店，1999 年所収，217 頁）.
(47) *Ibid.*, p. 334（同書 219 頁）.
(48) *Ibid.*, p. 335（同書 221 頁）.
(49) *Ibid*（同書 222 頁）.
(50) *Ibid.*
(51) "A Coherence Theory of Truth and Knowledge," p. 308（『主観的，間主観的，客観的』220 頁）.
(52) *Inquiries into Truth and Interpretation*, p. 70（『真理と解釈』64 頁）.
(53) *Ibid.*
(54) *Ibid.*, p. 194（同書 206 ～ 207 頁）.
(55) *Ibid.*, p. 198（同書 212 頁）.
(56) *Ibid.*
(57) "Pragmatism, Davidson and Truth," p. 339（『連帯と自由の哲学』230 ～ 231 頁）.
(58) "A Coherence Theory of Truth and Knowledge," p. 315（『主観的，間主観的，客観的』235 頁）.
(59) *Ibid.*, p. 318（同書 240 頁）.
(60) "Pragmatism, Davidson and Truth," p. 340（『連帯と自由の哲学』233 ～ 234 頁）.
(61) *Ibid.*
(62) *Inquiries into Truth and Interpretation*, p. 197（『真理と解釈』210 頁）.
(63) "Pragmatism, Davidson and Truth," p. 341（『連帯と自由の哲学』235 頁）.
(64) *Ibid.*, pp. 341-342（同書 237 ～ 238 頁）.

文献一覧

＊以下のA～Cについては，原書の文献一覧をもとにしながら部分的に新しい情報を補足した．訳者が補足を加えた箇所については〔　〕で示してある．Dは日本の読者の便宜を考慮して訳者が新たに加えたものである．

A　参考となる文献

以下の参考文献一覧は，マーフィー教授が選んだ，各章ごとの参考文献である．各章ともかなり多くの文献が挙げられていることについて，マーフィー教授は「ここに挙げられたすべての文献が半期の講義で扱われるべきだということではない」と記していた．講義では触れることのできない文献は「副読本として，またレポートや試験のテーマとして」役に立つであろう．

第一章　チャールズ・パース――デカルト主義の拒絶

1. René Descartes, "Selections from *Meditations on First Philosophy*" (1641). 種々の選集版が入手可能である．例えば Donald A. Cress (Indianapolis: Hackett, 1979). マーフィー教授がどの選集を念頭に置いていたかは不明である．
2. C. S. Peirce, "Questions Concerning Certain Faculties Claimed for Man" (1868). In:
   Charles S. Peirce: Selected Writings, ed. Philip P. Wiener (New York: Dover, 1966), pp.15-38.
   Collected Papers (Cambridge, Mass.: Harvard University Press, 1934), 5.213- 5.263.
   Writings of Charles S. Peirce: A Chronological Edition (Bloomington: Indiana University Press, 1984), Vol. 2, pp. 193-211.
3. C. S. Peirce, "Some Consequences of Four Incapacities" (1868). In:
   Philosophical Writings of Peirce, ed. Justus Buchler (New York: Dover, 1955), pp. 228-250.
   Collected Papers, 5.264-5.317.
   Writings of Peirce: Chronological, Vol. 2, pp. 211-242.
   Charles S. Peirce: Selected Writings, Wiener, pp. 39-72.

第二章　ウィリアム・ジェイムズ――心の目的論的理論

1. Herbert Spencer, "Life and Mind as Correspondence" (1870), in *The Works of Herbert Spencer, Vol. 4: The Principle of Psychology,* Vol. 1 (Osnabruck: Otto Zeller, 1966), pp.

291-294.

2. John Fiske, "Selection from *Outlines of Cosmic Philosophy*" (1874). フィスクの *Outlines of Cosmic Philosophy* (Boston: Houghton, Mifflin and Co., 1902) は4巻からなっている．マーフィー教授がどの版を念頭に置いていたかは明記されていない．論文1編は *Philosophy in America, ed.* Paul R. Anderson and Max H. Fisch (New York: D. Appleton-Century Co., 1939), pp. 398-412 に収録されている．
3. William James, "Remarks on Spencer's Definition of Mind" (1878). In:

Essays in Philosophy (The Works of William James) (Cambridge, Mass.: Harvard University Press, 1978), pp. 7-22.

Collected Essays and Reviews, ed. Ralph Barton Perry (New York: Longmans, Green, and Co., 1920), pp. 43-68.

第三章　パースのプラグマティズム

1. Alexander Bain, "Belief" (1868), in *Mental and Moral Science* (London: Longmans, Green, and Co., 1868), pp. 371-385.
2. C. S. Peirce, "The Fixation of Belief" (1877). In:

Philosophical Writings of Peirce, ed. Justus Buchler (New York: Dover, 1955), pp. 5-22.

Collected Papers (Cambridge, Mass.: Harvard University Press, 1934), 5.358-5.387.

Writings of Charles S. Peirce: A Chronological Edition (Bloomington: Indiana University Press, 1986), Vol. 3, pp. 242-257.

Charles S. Peirce: Selected Writings, ed. Philip P. Wiener (New York: Dover, 1966), pp. 91-112.

The American Pragmatists, ed. M. R. Konvitz and G. Kennedy (Cleveland: Meridian Books of World, 1969), pp. 82-99.

Pragmatism: The Classic Writings, ed. H. S. Thayer (Indianapolis: Hackett, 1982), pp. 61-78.

Classic American Philosophers, ed. Max H. Fisch (Englewood Cliffs, N.J.: Prentice- Hall, 1951), pp. 54-70.

American Philosophy in the Twentieth Century, ed. Paul Kurtz (New York: Macmillan, 1966), pp. 47-61.

The Golden Age of American Philosophy, ed. Charles Frankel (New York: George Braziller, 1960), pp. 53-67.

3. C. S. Peirce, "How to Make Our Ideas Clear" (1878). In:

Writings of Peirce, Buchler, pp. 23-41.

Collected Papers, 5.388-5.410.

Writings of Peirce: Chronological, Vol. 3, pp. 257-276.

Peirce: Selected Writings, Wiener, pp. 113-136.

American Pragmatists, Konvitz and Kennedy, pp. 99-118.
Pragmatism: Classic Writings, Thayer, pp. 79-100.
Classic American Philosophers, Fisch, pp. 70-87.
American Philosophy in the Twentieth Century, Kurtz, pp. 62-78.
The Golden Age of American Philosophy, Frankel, pp. 68-80.

第四章　草創期のプラグマティズム

1. William James, "The Sentiment of Rationality" (1879). In:
   The Will to Believe (New York: Dover, 1956), pp. 63-110.
   The Will to Believe (The Works of William James) (Cambridge, Mass.: Harvard University Press, 1979), pp. 57-89.
   The Writings of William James, ed. John J. McDermott (New York: Random House, 1967), pp. 317-345.
   The Golden Age of American Philosophy, ed. Charles Frankel (New York: George Braziller, 1960), pp. 116-143.
2. William James, "The Dilemma of Determinism" (1884). In:
   The Will to Believe (Dover), pp. 145-183.
   The Will to Believe (Harvard University Press), pp. 114-140.
   The Writings of William James, McDermott, pp. 587-610.
   The Golden Age of American Philosophy, Frankel, pp. 143-165.
3. William James, "The Moral Philosopher and the Moral Life" (1891). In:
   The Will to Believe (Dover), pp. 184-215.
   The Will to Believe (Harvard University Press), pp. 141-162.
   The Writings of William James, McDermott, pp. 610-629.
   Classic American Philosophers, ed. Max H. Fisch (Englewood Cliffs, N.J.: Prentice- Hall, 1951), pp. 165-180.
4. C. S. Peirce, "The Doctrine of Necessity Examined" (1892). In:
   Philosophical Writings of Peirce, ed. Justus Buchler (New York: Dover, 1955), pp. 324-338.
   Collected Papers (Cambridge, Mass.: Harvard University Press, 1935), 6.35-6.65.
   Charles S. Peirce: Selected Writings, ed. Philip P. Wiener (New York: Dover, 1966), pp. 160-179.
   The American Pragmatists, ed. M. R. Konvitz and G. Kennedy (Cleveland: Meridian Books of World, 1969), pp. 127-142.
   Classic American Philosophers, Fisch, pp. 100-113.
   American Philosophy in the Twentieth Century, ed. Paul Kurtz (New York: Macmillan, 1966), pp. 88-100.

5. William James, "The Will to Believe" (1896). In:
The Will to Believe (Dover), pp. 1-31.
The Will to Believe (Harvard University Press), pp. 13-33.
The Writings of William James, McDermott, pp. 717-735.
Pragmatism: The Classic Writings, ed. H. S. Thayer (Indianapolis: Hackett, 1982), pp. 186-208.
Classic American Philosophers, Fisch, pp. 136-148.
American Philosophy in the Twentieth Century, Kurtz, pp. 133-141.
6. Oliver Wendell Holmes, Jr. "The Path of the Law" (1897). In:
The Holmes Reader, ed. Julius J. Marke (New York: Oceana, 1955), pp. 59-85.
The American Pragmatists, Konvitz and Kennedy, pp. 144-166.

第五章　ジェイムズのプラグマティズム

1. William James, "Philosophical Conceptions and Practical Results" (1898). In:
The Writings of William James, ed. John J. McDermott (New York: Random House, 1967), pp. 345-362.
Pragmatism (Cambridge, Mass.: Harvard University Press, 1975), pp. 257-270.
American Philosophy in the Twentieth Century, ed. Paul Kurtz (New York: Macmillan, 1966), pp. 105-117.
2. William James, Pragmatism (Indianapolis: Hackett, 1981). In:
Pragmatism and The Meaning of Truth (Cambridge, Mass.: Harvard University Press, 1978).
Writings: 1902-1910 (Library of America; 38), ed. Bruce Kuklick (New York: Literary Classics of the United States, 1987), pp .479-624.
The Writings of William James, McDermott, pp. 362-443, 449-472.

第六章　デューイのプラグマティズム

1. John Dewey, "Escape from Peril" (1929). In:
The Quest for Certainty (New York: Capricorn Books, 1960), pp. 3-25.
The Later Works, Vol. 4: 1929 (Carbondale: Southern Illinois University Press, 1984), pp. 3-20.
The Philosophy of John Dewey, Two Volumes in One, ed. John J. McDermott (Chicago: The University of Chicago Press, 1981), pp. 355-371.
2. John Dewey, "The Influence of Darwinism on Philosophy" (1909). In:
Philosophy of Dewey, McDermott, pp. 31-41.
The Middle Works, Vol. 4: 1907-1909, (1977), pp. 3-14
The Influence of Darwin on Philosophy and Other Essays on Contemporary Thought

(New York: Henry Holt and Co., 1910), pp. 1-19.

Classic American Philosophers, ed. Max H. Fisch (Englewood Cliffs, N.J.: Prentice-Hall, 1951), pp. 336-344.

American Thought Before 1900, ed. Paul Kurtz (New York, Macmillan, 1960), pp. 428-437.

3. John Dewey, "The Development of American Pragmatism" (1925). In:

Philosophy of Dewey, McDermott, pp .41-58.

The Later Works, Vol. 2: 1925-1927, pp. 3-21.

Philosophy and Civilization (New York: Capricorn Books, 1963), pp. 13-35.

Pragmatism: The Classic Writings, ed. H. S. Thayer (Indianapolis: Hackett, 1982), pp. 23-40.

4. John Dewey, "Having an Experience" (1934). In:

Art as Experience (New York: Paragon Books, 1979), pp. 35-57.

The Later Works, Vol. 10: 1934, pp. 42-63.

Philosophy of Dewey, McDermott, pp. 554-573.

5. John Dewey, "The Postulate of Immediate Empiricism" (1905). In:

The Philosophy of Dewey, McDermott, pp. 240-248.

The Middle Works, Vol. 3: 1903-1906, pp. 158-167.

The Influence of Darwin on Philosophy, pp. 226-241.

6. John Dewey, "Experience and Philosophic Method" (1929). In:

Experience and Nature (New York: Dover, 1958), pp. 1-39.

The Later Works, Vol. 1: 1925, pp. 10-41.

Philosophy of Dewey, McDermott, pp. 249-277.

7. John Dewey, "The Supremacy of Method" (1929). In:

Quest for Certainty, pp. 223-253.

The Later Works, Vol. 4: 1929, pp. 178-202.

The American Pragmatists, ed. M. R. Konvitz and G. Kennedy (Cleveland: Meridian Books of World, 1969), pp. 183-200.

Classic American Philosophers, Fisch, pp. 344-360.

8. John Dewey, "The Construction of Good" (1929). In:

Quest for Certainty, pp. 254-286.

The Later Works, Vol.4: 1929, pp. 203-228.

Philosophy of Dewey, McDermott, pp. 575-598.

The American Pragmatists, Konvitz and Kennedy, pp. 201-225.

Pragmatism: The Classic Writings, Thayer, pp. 290-315.

Classic American Philosophers, Fisch, pp. 360-381.

9. John Dewey, "Philosophy and Civilization" (1927). In:

Philosophy and Civilization, pp. 3-12.
The Later Works, Vol. 3: 1927-1928, pp. 3-10.
The American Pragmatists, Konvitz and Kennedy, pp. 175-182.

第七章　プラグマティズム的経験論と実証主義的経験論

1. John Dewey, "Nature, Communication and Meaning" (1925). In:
Experience and Nature (New York: Dover, 1958), pp.166-207.
The Later Works, Vol. 1: 1925 (Carbondale: Southern Illinois University Press, 1981), pp. 132-161.
2. W. V. Quine, "Two Dogmas of Empiricism" (1951), in *From a Logical Point of View,* 2nd ed., rev. (New York: Harper Torchbooks, 1963), pp. 20-46.
3. W. V. Quine, "Ontological Relativity" (1968), in *Ontological Relativity and Other Essays* (New York: Columbia University Press, 1969), pp. 26-68.
4. W. V. Quine, "The Pragmatists' Place in Empiricism" (1981), in *Pragmatism: Its Source and Prospects,* ed. Robert J. Mulvaney and Philip M. Zeltner (Columbia: University of South Carolina Press, 1981), pp. 21-39.

第八章　ポスト－クワインのプラグマティズム

1. Richard Rorty, "World Well Lost" (1972), in *Consequences of Pragmatism* (Minneapolis: University of Minnesota Press, 1982), pp. 3-18.
2. Donald Davidson, "On the Very Idea of a Conceptual Scheme" (1974), in *Inquiries into Truth and Interpretation* (Oxford: Clarendon Press, 1984), pp.183-198.
3. Donald Davidson, "Radical Interpretation" (1973), in *Inquiries into Truth and Interpretation,* pp. 125-140.
4. Richard Rorty, "Dewey's Metaphysics" (1977), in *Consequences of Pragmatism,* pp. 72-89.
5. Richard Rorty, "Pragmatism, Relativism, and Irrationalism" (1980), in *Consequences of Pragmatism,* pp. 160-175.
6. Donald Davidson, "A Coherence Theory of Truth and Knowledge" (1983). In:
Kant oder Hegel? ed. Dieter Henrich (Stuttgart, West Germany: Klett-Cotta, 1983), pp. 423ff.
Truth and Interpretation: Perspectives on the Philosophy of Donald Davidson, ed. Ernest LePore (Oxford: Basil Blackwell, 1986), pp. 307-319.
7. Richard Rorty, "Pragmatism, Davidson and Truth" (1986), in *Truth and Interpretation: Perspectives on Davidson,* pp. 333-368.

B　一次資料

チャールズ・サンダース・パース

パースの基本的文献は Charles S. Peirce, *Collected Papers* である．最初の 6 巻は Charles Hartshorne と Paul Weiss が編集にあたり，第 7 巻と第 8 巻は Arthur W. Burks が編集している (Cambridge, Mass.: Harvard University Press, 1931-1958).

Vol. 1: *Principles of Philosophy*. 1931.

Vol. 2: *Elements of Logic*. 1932.

Vol. 3: *Exact Logic*. 1933.

Vol. 4: *The Simplest Mathematics*. 1933.

Vol. 5: *Pragmatism and Pragmaticism*. 1934.

Vol. 6: *Scientific Metaphysics*. 1935.

Vol. 7: *Science and Philosophy*. 1958.

Vol. 8: *Reviews, Correspondence, and Bibliography*. 1958.

公刊，未公刊を含むより完全な著作集は Charles S. Peirce, *Writings of Charles S. Peirce: A Chronological Edition,* edited by Edward C. Moore, Max H. Fisch, and Christian J. Kloesel (Bloomington: Indiana University Press, 1982-　) である．このシリーズは 20 巻からなる予定であるが，現在のところ第 3 巻までが公刊されている〔本訳書刊行の時点では，第 1 巻から第 8 巻（第 7 巻は未公刊）の 7 冊が公刊されている．第 4 巻以降の情報を補足した〕.

v. 1. 1857-1866　1982

v. 2. 1867-1871　1984

v. 3. 1872-1878　1886

v. 4. 1879-1884　1989

v. 5. 1884-1886　1993

v. 6. 1886-1890　2000

v. 8. 1890-1892　2009

プラグマティズムに最も関連するパースの著作を集めた 1 巻ものの選集には以下のものがある．

Philosophical Writings of Peirce, edited and with an introduction by Justus Buchler (New York: Dover, 1955); 412 頁にわたり 28 編の論文が収録されている．

Charles S. Peirce: Selected Writings, edited and with an introduction and notes by Philip P. Wiener (New York: Dover, 1966); 470 頁にわたり 29 編の論文が収録されており，9 編については *Collected Papers* に収録されていないものである．

ウィリアム・ジェイムズ

The Works of William James, edited by Frederick H. Burkhardt, Fredson Bowers, and

Ignas K. Skrupskelis (Cambridge, Mass.: Harvard University Press, 1975-1988) は書簡を除くジェイムズの公刊，未公刊すべての著作を網羅した決定版となっている．この全集は各巻に新たな序文，註，補遺また編集指針が記載されている．

Pragmatism. 1975.

The Meaning of Truth. 1975.

Essays in Radical Empiricism. 1976.

A Pluralistic Universe. 1977.

Essays in Philosophy. 1978.

The Will to Believe. 1979.

Some Problems of Philosophy. 1979.

The Principles of Psychology. 3 vols. 1981.

Essays in Religion and Morality. 1982.

Talks to Teachers on Psychology. 1983.

Essays in Psychology. 1983.

Psychology: Briefer Course. 1984.

Varieties of Religious Experience. 1985.

Essays in Psychical Research. 1986.

Essays, Comments, and Reviews. 1987.

Manuscript Essays and Notes. 1988.

Manuscript Lectures. 1988.

Harvard University Press は，この全集から *Pragmatism* と *The Meaning of Truth* を合本としたペーパーバック版を刊行している．この版には註は付記されているが編集指針および補遺は削除されている（ハードカバー版の *Pragmatism* にはジェイムズの "Philosophical Conceptions and Practical Results" も含まれている）．

ジェイムズの著作を集めた１巻ものの選集には以下のものがある．

The Writings of William James, edited and with an introduction by John J. McDermott (New York: Random House, 1967);『プラグマティズム』をはじめとするジェイムズの主要な著書からの抜粋を含む，60 篇ほどの論文が 906 頁にわたり収録されている．

William James, *Writings: 1902-1910* (Library of America; 38), edited and with notes by Bruce Kuklick (New York: Literary Classics of the United States, 1987) には *The Varieties Religious Experience, Pragmatism, A Pluralistic Universe, The Meaning of Truth, Some Problems of Philosophy* のほか，1902 ～ 1910 年にかけての 20 篇の論文が 1381 頁にわたり収録されている．

ジョン・デューイ

The Early Works, 1882-1898, The Middle Works, 1899-1924, The Later Works, 1925-1953, edited by Jo Ann Boydston (Carbondale: Southern Illinois University Press,

1967- ）は，書簡を除くデューイの公刊著作の決定版となっている．この全集は37巻からなり，それぞれの巻には新たな序文，註，補遺，編集指針が加えられている．編集指針を削除したパーパーバック版がほとんどの巻について刊行されている．

The Early Works, 1882-1898

Vol. 1: 1882-1888. *Essays and Leibniz's New Essays Concerning the Human Understanding*. 1969.

Vol. 2: 1887. *Psychology*. 1967.

Vol. 3: 1889-1892. Essays and *Outlines of a Critical Theory of Ethics*. 1969.

Vol. 4: 1893-1894. Essays and *The Study of Ethics, A Syllabus*. 1971.

Vol. 5: 1895-1898. Essays. 1972.

The Middle Works, 1899-1924

Vol. 1: 1899-1901. Essays, *The School and Society, and The Educational Situation*. 1976.

Vol. 2: 1902-1903. Essays, *Studies in Logical Theory, and The Child and The Curriculum*. 1976.

Vol. 3: 1903-1906. Essays. 1977.

Vol. 4: 1907-1909. Essays, *The Pragmatic Movement of Contemporary Thought: A Syllabus, and Moral Principles in Education*. 1977.

Vol. 5: 1908. *Ethics* (with James H. Tufts). 1978.

Vol. 6: 1910-1911. Essays and *How We Think*. 1978.

Vol. 7: 1912-1914. Essays and encyclopedia articles. 1979.

Vol. 8: 1915. Essays, *German Philosophy and Politics,* and *Schools of Tomorrow*. 1979.

Vol. 9: 1916. *Democracy and Education*. 1980.

Vol. 10: 1916-1917. Essays. 1980.

Vol. 11: 1918-1919. Essays on China, Japan, and the war. 1982.

Vol. 12: 1920. Essays and *Reconstruction in Philosophy*. 1982.

Vol. 13: 1921-1922. Essays. 1983.

Vol. 14: 1922. *Human Nature and Conduct*. 1983.

Vol. 15: 1923-1924. Essays. 1983.

The Later Works, 1925-1953

Vol. 1: 1925. *Experience and Nature*. 1981.

Vol. 2: 1925-1927. Essays and *The Public and Its Problems*. 1984.

Vol. 3: 1927-1928. Essays. 1984.

Vol. 4: 1929. *The Quest for Certainty*. 1984.

Vol. 5: 1929-1930. Essays, *The Sources of a Science of Education, Construction and Criticism,* and *Individualism, Old and New*. 1984.

Vol. 6: 1931-1932. Essays. 1985.

Vol. 7: 1932. *Ethics,* new edition (with James H. Tufts). 1985.

Vol. 8: 1933. Essays and *How We Think,* new edition. 1985.
Vol. 9: 1933-1934. Essays and *A Common Faith.* 1986.
Vol. 10: 1934. *Art as Experience.* 1987.
Vol. 11: 1935-1937. Essays and *Liberalism and Social Action.* 1987.
Vol. 12: 1938. *Logic: The Theory of Inquiry.* 1986.
Vol. 13: 1938-1939. *Experience and Education, Freedom and Culture,* and *Theory of Valuation.* 1988.
Vol. 14: 1939. Essays. 1988.
Vol. 15: 1942-1948. Essays and *Problems of Men.* 2008.
Vol. 16: 1949-1952. Essays and *Knowing and the Known* (with Arthur Bentley).2008.
Vol. 17: 1925 - 1953: 1885 - 1953, Miscellaneous Writings. 2008.

The Philosophy of John Dewey, Two Volumes in One, edited and with an introduction and brief commentary to each of the selections by John J. McDermott (Chicago: The University Press of Chicago, 1981) は723頁にわたり，デューイの代表的論文44編を収録している．

ウィラード・ヴァン・オーマン・クワイン

クワインの著作には以下のものがある．

A System of Logistic. Cambridge, Mass.: Harvard University Press, 1934.
Mathematical Logic. Rev. ed. Cambridge, Mass.: Harvard University Press, 1951.
Word and Object. Cambridge, Mass.: The M.I.T. Press, 1960.〔『ことばと対象』大出晁・宮館恵訳，勁草書房，1984年.〕
From a Logical Point of View. 2nd ed., rev. New York: Harper Torchbooks, 1963.〔『論理的観点から——論理と哲学をめぐる九章』飯田隆訳，勁草書房，1992年.〕
Selected Logic Papers. New York: Random House, 1966.
Set Theory and Its Logic. Rev. ed. Cambridge, Mass.: Belknap Press of Harvard University Press, 1969.〔『集合論とその論理』大出晁・藤村龍雄訳，岩波書店，1968年.〕
Ontological Relativity and Other Essays. New York: Columbia University Press, 1969.
The Roots of Reference. LaSalle, Ill.: Open Court, 1973.
The Ways of Paradox and Other Essays. Rev. and enlarged ed. Cambridge, Mass.: Harvard University Press, 1976.
The Web of Belief (with J. S. Ullian). 2nd ed. New York: Random House, 1978.
The Time of My Life: An Autobiography. Cambridge, Mass.: The M.I.T. Press, 1980.
Elementary Logic. Rev. ed. Cambridge, Mass.: Harvard University Press, 1981.〔『現代論理入門——ことばと論理』杖下隆英訳，大修館書店，1972年（原書第2版の邦訳）.〕
Theories and Things. Cambridge, Mass.: Harvard University Press, 1981.

Methods of Logic. 4th ed. Cambridge, Mass.: Harvard University Press, 1982.〔『論理学の方法』中村秀吉・大森荘蔵訳，岩波書店，1978 年（原書第 3 版の邦訳).〕

Philosophy of Logic. 2nd ed. Cambridge, Mass.: Harvard University Press, 1986.〔『論理学の哲学』山下正男訳，培風館，1972 年（原書第 1 版の邦訳).〕

Quiddities: An Intermittently Philosophical Dictionary. Cambridge, Mass.: Belknap Press of Harvard University Press, 1987.〔『哲学事典――A から Z の定義集』吉田夏彦・野崎昭弘訳，筑摩書房，2007 年.〕

〔*Pursuit of Truth,* Rev. ed, Cambridge, Mass.: Harvard University Press, 1992.『真理を追って』伊藤春樹・清塚邦彦訳，産業図書，1999 年.〕

〔*From Stimulus to Science,* Cambridge, Mass.: Harvard University Press, 1998.〕

リチャード・ローティ

ローティの著作には以下のものがある.

Philosophy and the Mirror of Nature. Princeton: Princeton University Press, 1979.〔『哲学と自然の鏡』野家啓一監訳，伊藤春樹・須藤訓任・野家伸也・柴田正良訳，産業図書，1993 年.〕

Consequences of Pragmatism. Minneapolis: University of Minnesota Press, 1982.〔『哲学の脱構築――プラグマティズムの帰結』室井尚・吉岡洋・加藤哲弘・浜日出夫・庁茂訳，御茶の水書房，1986 年.〕

Contingency, Irony and Solidarity. Cambridge: Cambridge University Press, 1989.〔『偶然性・アイロニー・連帯――リベラル・ユートピアの可能性』齋藤純一・山岡龍一・大川正彦訳，岩波書店，2000 年.〕

Objectivity, Relativism and Truth: Philosophical Papers I. Cambridge: Cambridge University Press, 1991.

Essays on Heidegger and Others: Philosophical Papers II. Cambridge: Cambridge University Press, 1991.

Truth and Progress: Philosophical Papers Ⅲ. Cambridge: Cambridge University Press, 1998.

〔*Achieving Our Country: Leftist Thought in Twentieth-century America*. Harvard University Press, 1998.（『アメリカ未完のプロジェクト―― 20 世紀アメリカにおける左翼思想』小澤照彦訳，晃洋書房，2000 年.)〕

〔*Philosophy and Social Hope*. Penguin Books, 1999.『リベラル・ユートピアという希望』須藤訓任・渡辺啓真訳，岩波書店，2002 年.〕〕

〔*Philosophy as Cultural Politics: Philosophical Papers* Ⅳ. Cambridge: Cambridge University Press, 2007.（『文化政治としての哲学』冨田恭彦・戸田剛文訳，岩波書店，2011 年.)〕

ドナルド・デイヴィドソン

デイヴィドソンの著書は（パトリック・シュープスならびにシドニー・シーガルとの共著）*Decision-Making: An Experimental Approach* (Stanford: Stanford University Press, 1957) のほか，現在２巻〔翻訳書刊行時には７巻〕の論文集が刊行されている．

Essays on Actions and Events. Oxford: Clarendon press, 1985.（『行為と出来事』服部裕幸・柴田正良訳，勁草書房，1990 年.）

Inquiries into Truth and Interpretation. Oxford: Clarendon Press, 1985.（『真理と解釈』野本和幸・植木哲也・金子洋之・高橋要訳，勁草書房，1991 年.）

〔*Subjective, Intersubjective, Objective*. Oxford: Clarendon Press, 2001.『主観的，間主観的，客観的』（清塚邦彦，柏端達也，篠原成彦訳，春秋社，2007 年.〕

〔*Problems of Rationality*. Oxford: Clarendon Press, 2004.『合理性の諸問題』金杉武司・塩野直之・鈴木貴之・信原幸弘訳，春秋社，2007 年.〕

〔*Truth, Language, and History: Philosophical Essays*. Oxford: Oxford University Press, 2005.『真理・言語・歴史』柏端達也・立花幸司・荒磯敏文・尾形まり花・成瀬尚志訳，春秋社，2010 年.〕

〔*Truth and Predication*. Cambridge, Mass.: Harvard University Press, 2005.『真理と述定』津留竜馬訳，春秋社，2010 年.〕

〔*The Essential Davidson*. Oxford: Oxford University Press, 2006.〕

デイヴィドソンの以下の論文はプラグマティズムに関心を持つ学生にはとくに興味深いであろう．（＊印の二論文は *Subjective, Intersubjective, Objective*〔『主観的，間主観的，客観的』〕に収録されている．）

＊ "A Coherence Theory of Truth and Knowledge." In *Truth and Interpretation: Perspectives on the Philosophy of Donald Davidson*, ed. Ernest LePore (Oxford: Basil Blackwell, 1986), pp. 307-319.

"A Nice Derangement of Epitaphs." In *Truth and Interpretation: Perspectives*, LePore, pp. 433-446.

＊ "The Myth of the Subjective." In *Relativism: Interpretation and Confrontation*, ed. Michael Krausz (Notre Dame: University of Notre Dame Press, 1989), pp. 159-172.

"The Structure and Content of Truth," *Journal of Philosophy*, June 1990.

C　二次資料

プラグマティズムと現代アメリカ哲学

Anderson, Paul R., and Max H. Fisch, eds. *Philosophy in America: From the Puritans to James*. New York: D. Appleton-Century Co., 1939.

Aune, Bruce A. *Rationalism, Empiricism, and Pragmaticism: An Introduction.* New York: McGraw-Hill, 1970.

Ayer, A. J. *Origins of Pragmatism: Studies in the Philosophy of Charles Sanders Peirce and William James.* San Francisco: Freeman Cooper, 1968.

—— . *American Thought in Transition: The Impact of Evolutionary Naturalism.* Chicago: Rand McNally, 1969.

Caws, Peter, ed. *Two Centuries of Philosophy in America.* Oxford: Basil Blackwell, 1980.

Clarke, D. S., Jr. *Rational Acceptance and Purpose: An Outline of Pragmatist Epistemology.* Lanham, Md.: Rowman and Littlefield, 1989.

Cohen, Morris. *American Thought: A Critical Sketch.* Glencoe, Ill.: Free Press, 1954.

Commager, Henry Steele. *The American Mind: An Interpretation of American Thought and Character Since the 1880's.* New Haven: Yale University Press, 1950.

Conkin, Paul K. *Puritans and Pragmatists: Eight Eminent American Thinkers.* New York: Dodd, Mead, 1968.

Eames, S. Morris. *Pragmatic Naturalism: An Introduction.* Carbondale: Southern Illinois University Press, 1977.

Fisch, Max H., ed. *Classic American Philosophers.* Englewood Cliffs, N.J.: Prentice- Hall, 1951.

Flower, Elizabeth, and Murray G. Murphey. *A History of Philosophy in America.* 2 vols. New York: Capricorn Books, 1977.

Frankel, Charles, ed. *The Golden Age of American Philosophy.* New York: George Braziller, 1960.

Goetzmann, William H., ed. *The American Hegelians.* New York: Alfred A. Knopf, 1973.

Hartshorne, Charles. *Creativity in American Philosophy.* Albany: State University of New York Press, 1984.

Hollinger, David. *In the American Province: Studies in the History and Historiography of Ideas.* Bloomington: Indiana University Press, 1985.

Hollinger, David, and Charles Cupper. *The American Intellectual Tradition, Vol. 2: 1865 to the Present.* New York: Oxford University Press, 1989.

Holmes, Oliver Wendell. *The Common Law.* Edited by Mark DeWolfe Howe. Boston: Little, Brown and Co., 1963.

Hook, Sidney. *The Metaphysics of Pragmatism.* Chicago: Open Court, 1927.

—— . *Pragmatism and the Tragic Sense of Life.* New York: Basic Books, 1974.

Kallen, Horace M. *Indecency and the Seven Arts and Other Adventures of a Pragmatist in Aesthetics.* New York: A.M.S. Press, 1930.

Kallen, Horace M., and Sidney Hook, eds. *American Philosophy Today and Tomorrow.* Salem, N.H.: Ayer Co., 1968.

Kennedy, Gail. *Pragmatism and American Culture*. Boston: Heath, 1950.

Kolenda, Konstantin, ed. *Person and Community in American Philosophy*. Houston: Rice University Press, 1981.

Konvits, Milton R., and Gail Kennedy, eds. *The American Pragmatists*. Cleveland: Meridian Books of World, 1969.

Kuklick, Bruce. *The Rise of American Philosophy*. New Haven: Yale University Press, 1977.

Kurtz, Paul, ed. *American Thought Before 1900*. New York: Macmillan, 1960.

—— , ed. *American Philosophy in the Twentieth Century*. New York: Macmillan, 1966.

Lewis, J. David, and Richard L. Smith. *American Sociology and Pragmatism: Mead, Chicago Sociology and Symbolic Interaction*. Chicago: University of Chicago Press, 1981.

McDermott, John J. *The Culture of Experience*. New York: New York University Press, 1976.

MacKinnon, Barbara, ed. *American Philosophy: An Historical Anthology*. Albany: State University of New York Press, 1985.

Marcell, David. *Progress and Pragmatism: James, Dewey, Beard and the American Idea of Progress*. Westport, Conn.: Greenwood Press, 1974.

Margolis, Joseph. *Pragmatism Without Foundations: Reconciling Realism and Relativism*. Oxford: Basil Blackwell, 1986.

Marke, Julius J., ed. *The Holmes Reader*. New York: Oceana, 1955.

Marr, David. *American Worlds Since Emerson*. Amherst: University of Massachusetts Press, 1988.

Martland, Thomas R. *The Metaphysics of Williams James and John Dewey: Process and Structure in Philosophy and Religion*. New York: Philosophical Library, 1963.

Mills, C. W. *Sociology and Pragmatism*. Irving L. Horowitz, ed. New York: Oxford University Press, 1969.

Moore, Edward C. *American Pragmatism: Peirce, James, and Dewey*. Westport, Conn.: Greenwood Press, 1985.

Morris, Charles W. *The Pragmatic Movement in American Philosophy*. New York: George Braziller, 1970.

Morris, Van C., and Young Pai. *Philosophy and the American School*. 2nd ed. Boston: Houghton Mifflin, 1976.

Mulvaney, Robert J., and Philip M. Zeltner, eds. *Pragmatism: Its Sources and Prospects*. Columbia, S.C.: University of South Carolina Press, 1981.

Murray, D. L. *Pragmatism*. New York: Dodge, 1910.

Myers, Gerald, ed. *The Spirit of American Philosophy*. New York: G. P. Putnam's Sons,

1970.

Persons, Stow. *American Minds: A History of Ideas*. Huntington, N.Y.: R. E. Krieger, 1975.

Pratt, James Bissett. *What Is Pragmatism*? New York: Macmillan, 1915.

Riley, Woodbridge I. *American Thought from Puritanism to Pragmatism*. New York: Henry Holt and Co., 1915.

Rorty, Amelie, ed. *Pragmatic Philosophy: An Anthology*. Garden City, N.Y.: Anchor Books, 1966.

Rosenthal, Sandra B. *Speculative Pragmatism*. Amherst: University of Massachusetts Press, 1986.

Rucker, Darnell. *The Chicago Pragmatists*. Minneapolis: University of Minnesota Press, 1969.

Scheffler, Israel. *Four Pragmatists: A Critical Introduction to Peirce, James, Mead, and Dewey*. New York: Routledge, Chapman, and Hall, 1986.

Schneider, Herbert W. *History of American Philosophy*. 2nd ed. New York: Columbia University Press, 1963.

——. *Sources of Contemporary Realism in America*. New York: Irvington, 1964.

Shahan, Robert W., and Kenneth R. Merrill, eds. *American Philosophy: From Edwards to Quine*. Norman: University of Oklahoma Press, 1977.

Sheldon, Wilman H. *America's Progressive Philosophy*. New Haven, Conn.: Yale University Press, 1942.

Singer, Marcus G., ed. *American Philosophy*. Cambridge: Cambridge University Press, 1986.

Smith, John E. *The Spirit of American Philosophy*. New York: Oxford University Press, 1963.

——. *Purpose and Thought: The Meaning of Pragmatism*. Chicago: University of Chicago Press, 1984.

Stuhr, John J., ed. *Classical American Philosophy: Essential Readings and Interpretive Essays*. New York: Oxford University Press, 1987.

Thayer, H. S. *Meaning and Action: A Critical History of Pragmatism*. Indianapolis: Hackett, 1981.

——, ed. *Pragmatism: The Classic Writings*. Indianapolis: Hackett, 1982.

Van Wesep, Hendrikus Boeve. *Seven Sages: The Story of American Philosophy: Franklin, Emerson, James, Dewey, Santayana, Peirce, Whitehead*. New York: Longmans, Green, 1960.

Weinstein, Michael A. *The Wilderness and the City: American Classical Philosophy as a Moral Quest*. Amherst: University of Massachusetts Press, 1982.

Werkmeister, W. H. *A History of Philosophical Ideas in America*. Westport, Conn.:

Greenwood Press, 1981.

West, Cornel. *The Evasion of Philosophy: A Genealogy of Pragmatism*. Madison: University of Wisconsin Press, 1989.

White, Morton G. *Toward Reunion in Philosophy*. Cambridge, Mass.: Harvard University Press, 1956.

——. *Documents in the History of American Philosophy: From Jonathan Edwards to John Dewey*. New York: Oxford University Press, 1972.

——, ed. *Science and Sentiment in America: Philosophical Thought from Jonathan Edwards to John Dewey*. New York: Oxford University Press, 1972.

——. *Pragmatism and the American Mind: Essays and Reviews in Philosophy and Intellectual History*. New York: Oxford University Press, 1973.

——. *Social Thought in America: The Revolt Against Formalism*. London: Oxford University Press, 1976.

Wiener, Philip P. *Evolution and the Founders of Pragmatism*. Cambridge, Mass.: Harvard University Press, 1949.

Winetrout, Kenneth. *F.C.S. Schiller and the Dimensions of Pragmatism. Columbus*: Ohio State University Press, 1967.

Zoll, Daniel A. *The Twentieth Century Mind: Essays on Contemporary Thought*. Baton Rouge: Louisiana State University Press, 1967.

プラグマティズムに関する文献

Cornforth, Maurice Campbell. *In Defense of Philosophy: Against Positivism and Pragmatism*. London: Lawrence and Wishart, 1950.

Lovejoy, Arthur O. *The Thirteen Pragmatisms, and Other Essays*. Baltimore: Johns Hopkins Press, 1963.

Moore, Adison W. *Pragmatism and its Critics*. Chicago: University of Chicago Press, 1910.

Novak, George. *Pragmatism Versus Marxism: An Appraisal of John Dewey's Philosophy*. New York: Pathfinder Press, 1975.

Prado, C. G. *The Limits of Pragmatism*. Atlantic Highland, N.J.: Humanities Press International, 1987.

チャールズ・サンダース・パース

Almeder, Robert F. *The Philosophy of Charles S. Peirce*: A Critical Introduction. Oxford: Basil Blackwell, 1980.

Apel, Karl-Otto. *Charles Sanders Peirce: From Pragmatism to Pragmaticism*. Trans. John M. Krois. Amherst: University of Massachusetts Press, 1981.

Bernstein, Richard, ed. *Perspectives on Peirce: Critical Essays on Charles Sanders Peirce*.

Westport, Conn.: Greenwood Press, 1980.
Buchler, Justus. *Charles Peirce's Empiricism*. New York: Octagon Books, 1966.
Davis, William. *Peirce's Epistemology*. The Hague: Martinus Nijhoff, 1972.
Esposito, Joseph L. *Evolutionary Metaphysics: The Development of Peirce's Theory of Categories*. Athens: Ohio University Press, 1980.
Fann, K. T. *Peirce's Theory of Abduction*. The Hague: Martinus Nijhoff, 1970.
Feibleman, James K. *An Introduction to Peirce's Philosophy*. New York: Harper and Bros., 1946.
Fisch, Max H. *Peirce, Semeiotic, and Pragmatism*. Bloomington: Indiana University Press, 1986.
Freeman, Eugene, ed. *The Relevance of Charles Peirce*. LaSalle, Ill.: Hegeler Institute, 1983.
Gallie, W. B. *Peirce and Pragmatism*. Westport, Conn.: Greenwood Press, 1975.
Goudge, Thomas A. *The Thought of C. S. Peirce*. New York: Dover, 1969.
Hookway, Christopher. *Peirce*. New York: Routledge, Chapman and Hall, 1985.
Knight, Thomas Stanley. *Charles Peirce*. New York: Twayne, 1965.
Murphey, Murray G. *The Development of Peirce's Philosophy*. Cambridge: Harvard University Press, 1961.
Potter, Vincent G. *Charles S. Peirce on Norms and Ideals*. Amherst: University of Massachusetts Press, 1967.
Reilly, Francis E. *Charles Peirce's Theory of Scientific Method*. New York: Fordham University Press, 1970.
Rescher, Nicholas. *Peirce's Philosophy of Science: Critical Studies in his Theory of Induction and Scientific Method*. Notre Dame: University of Notre Dame Press, 1978.
Skagestad, Peter. *The Road of Inquiry: Charles Peirce's Pragmatic Realism*. New York: Columbia University Press, 1981.
Thompson, Manley. *The Pragmatic Philosophy of C. S. Peirce*. Chicago: University of Chicago Press, 1953.
Wiener, Philip, and Frederic Young, eds. *Studies in the Philosophy of Charles Sanders Peirce*. Cambridge, Mass.: Harvard University Press, 1952.

ウィリアム・ジェイムズ

Allen, Gay W. *William James: A Biography*. New York: The Viking Press, 1967.
——. *William James*. Minneapolis: University of Minnesota Press, 1970.
Barzun, Jacques. *A Stroll with William James*. Chicago: University of Chicago Press, 1984.
Bird, Graham. *William James*. New York: Routledge, Chapman and Hall, 1987.

Bixler, Julius S. *Religion in the Philosophy of William James*. New York: A.M.S. Press, 1926.

Bjork, Daniel W. *William James: The Center of His Vision*. New York: Columbia University Press, 1988.

Brennan, Bernard P. *The Ethics of William James*. New York: Bookman Associates, 1961.

——. *William James*. New York: Twayne, 1968.

Corti, W., ed. *The Philosophy of William James*. Hamburg: Felix Meiner Verlag, 1976.

Dooley, Patrick K. *Pragmatism as Humanism: The Philosophy of William James*, Chicago: Nelson-Hall, 1974.

Ford, Marcus P. *The Philosophy of William James: A New Perspective*. Amherst: University of Massachusetts Press, 1982.

James, Henry, Jr., ed. *Letters of William James*. 2 vols. Boston: Little, Brown and Co., 1920.

Levinson, Henry S. *The Religious Investigations of William James*. Chapel Hill: University of North Carolina Press, 1981.

Matthiesen, F. O. *The James Family*. New York: Alfred A. Knopf, 1947.

Moore, Edward C. *William James*. New York: Washington Square Press, 1965.

Myers, Gerald E. *William James: His Life and Thought*. New Haven: Yale University Press, 1986.

Perry, Ralph Barton. *The Thought and Character of William James*. 2 vols. Boston: Little, Brown, and Co., 1935.

——.*The Thought and Character of William James: Briefer Version*. New York: George Braziller, 1954.

Reck, Andrew. *Introduction to William James: An Essay and Selected Texts*. Bloomington: Indiana University Press, 1967.

Roth, John K. *Freedom and the Moral Life: The Ethics of William James*. Philadelphia: Westminster Press, 1969.

Seigfried, Charlene H. *Chaos and Content: A Study in William James*. Athens: Ohio University Press, 1978.

Suckiel, Ellen K. *The Pragmatic Philosophy of William James*. Notre Dame: University of Notre Dame Press, 1985.

Wild, John Daniel. *The Radical Empiricism of William James*. Westport, Conn.: Greenwood Press, 1980.

ジョン・デューイ

Alexander, Thomas, M. *John Dewey's Theory of Art, Experience, and Nature: The Horizons of Feeling*. Albany: State University of New York, 1987.

Bernstein, Richard J. *John Dewey*. Atascadero, Calif.: Ridgeview, 1981.

Blewett, John, ed. *John Dewey: His Thought and Influence*. New York: Fordham University Press, 1960.

Boisvert, Raymond D. *Dewey's Metaphysics*. New York: Fordham University Press, 1988.

Boydston, Jo Ann. *Guide to the Works of John Dewey*. Carbondale: Southern Illinois University Press, 1970.

Bullert, Gary. *The Politics of John Dewey*. Buffalo: Prometheus Books, 1983.

Cahn, Steven, ed. *New Studies in the Philosophy of John Dewey*. Hanover, N.H.: University Press of New England, 1977.

Campbell, Harry M. *John Dewey*. New York: Twayne, 1971.

Coughlan, Neil. *Young John Dewey*. Chicago: University of Chicago Press, 1973.

Cruz, Feodor F. *John Dewey's Theory of Community*. New York: P. Lang, 1987.

Damico, Alfonso J. *Individuality and Community: The Social and Political Thought of John Dewey*. Gainesville: University of Florida Presses, 1978.

Dewey, Robert E. *The Philosophy of John Dewey: A Critical Exposition of His Method*. The Hague: Martinus Nijhoff, 1977.

Dicker, Georges. *Dewey's Theory of Knowing*. Philadelphia: University City Science Center, 1976.

Dykhuzien, George. *The life and Mind of John Dewey*. Carbondale: Southern Illinois University Press, 1973.

Geiger, George R. *John Dewey in Perspective: A Reassessment*. Westport, Conn.: Greenwood Press, 1976.

Gouinlock, James. *John Dewey's Philosophy of Value*. New York: Humanities Press, 1972.

Hendel, Charles W., ed. *John Dewey and the Experimental Spirit in Philosophy*. New York: Liberal Arts Press, 1959.

Hook, Sidney. *John Dewey: An Intellectual Portrait*. Westport, Conn.: Greenwood Press, 1971.

——, ed. *John Dewey: Philosopher of Science and Freedom: A Symposium*. Westport, Conn.: Greenwood Press, 1976.

Kastenbaum, Victor. *The Phenomenological Sense of John Dewey: Habit and Meaning*. Atlantic Highlands, N.J.: Humanities Press, 1977.

Morgenbesser, Sidney, ed. *Dewey and His Critics*. New York: The Journal of Philosophy, 1977.

Nathanson, Jerome. *John Dewey: The Reconstruction of the Democratic Life*. New York: Scribner, 1951.

Peters, R. S., ed. *John Dewey Reconsidered*. London: Routledge and Kegan Paul, 1977.

Ratner, Sidney, Jules Altman, and James E. Wheeler, eds. *John Dewey and Arthur F.*

Bentley: A Philosophical Correspondence, 1932-1951. New Brunswick: Rutgers University Press, 1964.

Roth, Robert J. *John Dewey and Self-Realization*. Westport, Conn.: Greenwood Press, 1978.

Schilpp, Paul A., ed. *The Philosophy of John Dewey*. Evanston, Ill.: Northwestern University Press, 1939.

Sleeper, R. W. *The Necessity of Pragmatism: John Dewey's Conception of Philosophy*. New Haven, Conn.: Yale University Press, 1986.

Somjee, A. H. *The Political Theory of John Dewey*. New York: Teachers College Press, 1968.

Thayer, H. S. *The Logic of Pragmatism: An Examination of John Dewey's Logic*. Westport, Conn.: Greenwood Press, 1970.

Tiles, J. E. *Dewey*. New York: Routledge, Chapman and Hall, 1989.

White, Morton G. *The Origins of Dewey's Instrumentalism*. New York: Columbia University Press, 1943.

Zeltner, Philip M. *John Dewey's Aesthetic Philosophy*. Amsterdam: B. R. Gruner, 1975.

ウィラード・ヴァン・オーマン・クワイン

Barrett, Robert B., and Roger F. Gibson, eds. *Perspectives on Quine*. Oxford: Basil Blackwell, 1989.

Davidson, Donald, and Jaakko Hintikka, eds. *Words and Objections: Essays on the Work of W. V. Quine*. Rev. ed. Dordrecht, Holland: D. Reidel, 1975.

Dilman, Ilham. *Quine on Ontology, Necessity and Experience*. Albany: State University of New York Press, 1984.

Feleppa, Robert. *Convention, Translation, and Understanding: Philosophical Problem in the Comparative Study of Culture*. Albany: State University of New York Press, 1988.

Gibson, Roger F. *The Philosophy of W. V. Quine: An Expository Essay*. Tampa: University of Florida Presses, 1982.

——. *Enlightened Empiricism: An Examination of W. V. Quine's Theory of Knowledge*. Tampa: University of Florida Presses, 1988.

Hahn, Lewis E., and Paul A. Schilpp, eds. *The Philosophy of W. V. Quine*. LaSalle, Ill.: Open Court, 1986.

Heal, Jane. *Normativity and Holism*. Oxford: Basil Blackwell, 1988.

Hookway, Christopher. *Quine: Language, Experience, and Reality*. Stanford: Stanford University Press, 1988.〔フックウェイ『クワイン——言語・経験・実在』浜野研三訳，勁草書房，1998 年.〕

Ornstein, Alex. *Willard Van Orman Quine*. Boston: Twayne, 1977.

Romanos, George D. *Quine and Analytic Philosophy*. Cambridge, Mass.: The M.I.T. Press,

1983.
Shahan, Robert W., and Chris Swoyer, eds. *Essays on the Philosophy of W. V. Quine.* Norman: University of Oklahoma Press, 1979.

ドナルド・デイヴィドソン
LePore, Ernest, ed. *Truth and Interpretation: Perspectives on the Philosophy of Donald Davidson.* Oxford: Basil Blackwell, 1986.
LePore, Ernest, and Brian T. McLaughlin, eds. *Actions and Events: Perspectives on the Philosophy of Donald Davidson.* Oxford: Basil Blackwell, 1985.
Ramberg, Bjorn T. *Donald Davidson's Philosophy of Language: An Introduction.* Oxford: Basil Blackwell, 1989.
Vermazen. Bruce, and Merrill B. Hintikka, eds. *Essays on Davidson: Actions and Events.* New York: Oxford University Press, 1985.

D　日本の読者のための参考文献

①　比較的容易に入手できる一次資料の邦訳

チャールズ・サンダース・パース

『連続性の哲学』伊藤邦武訳，岩波書店，2001年

初期講演の中から比較的容易パースの思想の全体像が把握される6篇が訳出されている．

第1章　哲学と実生活の営み／第2章　論理学の第一規則／第3章　関係項の論理／第4章　因果作用と力／第5章　週刊／第6章　連続性の論理

『パース著作集』（全3巻）米盛裕二・内田種臣・遠藤弘編訳，勁草書房，1985〜6年

Collected Papers (8 vols.) の中から「現象学」「記号学」「形而上学」に関係する論文・手稿を抜粋し，訳出している．パースの多様な思想の概要を知るには便利である．

第1巻『現象学』米盛裕二編訳

第2巻『記号学』内田種臣編訳

第3巻『形而上学』遠藤弘編訳

『世界の名著48　パース，ジェイムズ，デューイ』上山春平編，中央公論社，1968年

パースの論文「探求の方法」（"The fixation of Belief"），「概念を明晰にする方法」（"How to make Our Ideas Clear"），「直観主義の批判」（"Questions Concerning Certain Faculties Claimed For Man"），「人間記号論の試み」（"Some Consequences of Four Incapacities"），「精神の法則」（"The Law of Mind"），「進化の三様式」（"Evolutionary Love"），「プラグマティズムとは何か」（"What Pragmatism Is"）Issues of Pragmatism）を収録．

ウィリアム・ジェイムズ

『プラグマティズム』（*Pragmatism*, 1907）舛田啓三郎訳，岩波書店，1957 年

『心理学　上・下巻』（*Psychology: Briefer Course*, 1891）今田寛訳，岩波書店，1939 年

『世界の名著 48　パース，ジェイムズ，デューイ』上山春平編，中央公論社，1968 年
　ジェイムズの『哲学の根本問題』（Some Problems of Philosophy）を収録.

ジョン・デューイ

『哲学の改造』（*Reconstruction in Philosophy*, 1920）清水幾太郎・清水禮子訳，岩波書店，1968 年

『確実性の探究』（*The Quest of Certainty*, 1960）植田清次訳，理想社，1936 年

『経験と自然』（*Experience and Nature*, 1958）帆足理一郎訳，春秋社，1959 年

『経験としての芸術』（*Art as Experience*, 1958）栗田修訳，晃洋書房，2010 年

『デューイ・ミード著作集』（全 15 巻）河村望編訳，人間の科学社，1995 ～ 2003 年
　デューイ及びG・H・ミードの主要著書，論文が訳出されている.
　Ⅰ　哲学・心理学論集（デューイ）／Ⅱ『哲学の再構成』（*Reconstruction in Philosophy*）／Ⅲ『人間性と行為』（*Human Nature and Conduct*）／Ⅳ『経験と自然』（*Experience and Nature*）／Ⅴ『確実性の探究』（*Inquiry of Certainty*）／Ⅵ『精神・自我・社会』（*Mind, Self and Society*）（G・ミード）／Ⅶ『学校と社会』（School and Society）ほか／Ⅷ『明日の学校』（*School of Tomorrow*）ほか／Ⅸ『民主主義と教育』（*Democracy and Education*）／Ⅹ『倫理学』（Ethics）（デューイ，タフツ共著）／Ⅺ『自由と文化』（*Freedom and Culture*）ほか／Ⅻ『経験としての芸術』（*Art as Experience*）／XIII　社会心理学講義・社会的自我（G・ミード）／XIV　現在の哲学（論集）（G・ミード）／XV『一九世紀の思想運動』（*Movements of Thought in the Nineteenth Century*）（G・ミード）

『世界の名著 48　パース，ジェイムズ，デューイ』上山春平編，中央公論社，1968 年
　デューイの『論理学――探究の理論』（*Logic: The Theory of Inquiry*）の１章から８章が収録されている.

ウィラード・ヴァン・オーマン・クワイン

『ことばと対象』（*Word and Object*, 1960）大出晁・宮館恵訳，大修館書店，1984 年

『論理的観点から』（*From a Logical Point of View*, 1953）飯田隆訳，勁草書房，1992 年
　「経験論の二つのドグマ」（“Two Dogmas of Empiricism”）が収録されている.

ドナルド・デイヴィドソン

『行為と出来事』（*Essays on Actions and Events*, 1980）服部裕幸・柴田正良訳，勁草書房，1990 年

『真理と解釈』（*Inquiries into Truth and Interpretation*, 1984）野本和幸・植木哲也・金子

洋之・髙橋要訳，勁草書房，1991 年
「根元的解釈」（“Radical Interpretation”），「概念枠という考えそのものについて」（“On the Very Idea of a Conceptual Scheme”）が収録されている．
『主観的，間主観的，客観的』（*Subjective, Intersubjective, Objective*, 2001）清塚邦彦・柏端達也・篠原成彦訳，春秋社，2007 年
「真理と知識の斉（整）合説」（“A Coherence Theory of Truth and Knowledge”）が収録されている．
『合理性の諸問題』（*Problems of Rationality*, 2004）金杉武司・塩野直之・鈴木貴之・延原幸弘訳，春秋社，2007 年
『真理と述定』（*Truth and Predication*, K. Sharpe (ed.), 2008）津留竜馬訳，春秋社，2010 年

リチャード・ローティ

『哲学と自然の鏡』（*Philosophy and the Mirror of Nature*, 1979）野家啓一監訳，産業図書，1993 年
『哲学の脱構築――プラグマティズムの帰結』（*Consequences of Pragmatism*, 1982）室井尚ほか訳，御茶の水書房，1985 年
『連帯と自由の哲学――二元論の幻想を超えて』富田恭彦訳，岩波書店，1999 年
「プラグマティズム・デイヴィドソン・真理」「連帯としての科学」など 6 篇の論文が収録されている．

その他

『現代哲学基本論文集Ⅰ』双書プロブレーマタ⑥，坂本百大編，勁草書房，1986 年
ラムジーの「事実と命題」（“Facts and Propositions”）が収録されている．
『現代哲学基本論文集Ⅱ』双書プロブレーマタ⑧，坂本百大編，勁草書房，1987 年
タルスキの「真理の意味論的観点と意味論の基礎」（“The Semantic Conception of Truth and the Foundations of semantics”），クワインの「存在と必然性に関する考察」（“Notes on Existence and Necessity”）が収録されている．

②　参考となる二次文献

各哲学者については多くの研究書が公刊されているが，その中で初学者にとって特に有益と思われるものを挙げておく．
伊藤邦武『パースのプラグマティズム――可謬主義的知識論の展開』勁草書房，1985 年
パースの基本的思想の解説．
魚津郁夫『プラグマティズムの思想』筑摩書房，2006 年
プラグマティズムを生んだアメリカ思想の背景からローティに至るまでの歴史的概説．
丹治信治『クワイン――ホーリズムの哲学』講談社，1997 年

クワイン哲学全般の概説.
富田恭彦『クワインと現代アメリカ哲学』世界思想社，1994 年
論理実証主義，ネオプラグマティズムなど現代アメリカ哲学とクワインの関係についての概説.
米盛裕二『アブダクション——仮説と発見の論理』勁草書房，2007 年
パース独自の推論「アブダクション」を中心とした論考.

プラグマティズム入門
パースからデイヴィドソンまで

2014年11月20日　第1版第1刷発行
2016年1月20日　第1版第2刷発行

著　者　ジョン・マーフィー
リチャード・ローティ

訳　者　高《たか》頭《とう》直《なお》樹《き》

発行者　井村寿人

発行所　株式会社　勁《けい》草《そう》書房

112-0005　東京都文京区水道2-1-1　振替 00150-2-175253
（編集）電話 03-3815-5277／FAX 03-3814-6968
（営業）電話 03-3814-6861／FAX 03-3814-6854
平文社・松岳社

ISBN978-4-326-15433-3　Printed in Japan